个体心理学

[奥] 阿尔弗雷德·阿德勒 （Alfred Adler）◎著

谢海伦　王明霞　张倩倩◎译

湖南文艺出版社
HUNAN LITERATURE AND ART PUBLISHING HOUSE

博集天卷
CS-BOOKY

图书在版编目（CIP）数据

个体心理学 /（奥）阿尔弗雷德·阿德勒
（Alfred Adler）著 ; 谢海伦，王明霞，张倩倩译 . --
长沙 : 湖南文艺出版社，2021.7
书名原文 : The Practice and Theory of
Individual Psychology
ISBN 978-7-5726-0208-5

Ⅰ . ①个… Ⅱ . ①阿… ②谢… ③王… ④张… Ⅲ .
①个性心理学 Ⅳ . ① B848

中国版本图书馆 CIP 数据核字（2021）第 103849 号

上架建议：畅销·心理学

GETI XINLIXUE
个体心理学

作　　者：	［奥］阿尔弗雷德·阿德勒（Alfred Adler）	
译　　者：	谢海伦　王明霞　张倩倩	
出 版 人：	曾赛丰	
责任编辑：	匡杨乐	
监　　制：	于向勇	
策划编辑：	刘洁丽　张　璐	
特约审稿：	薛　飞　董娅婷　杨浩波	
文案编辑：	罗　钦　刘　盼	
营销编辑：	王　凤	
封面设计：	蒋宏工作室	
版式设计：	梁秋晨	
内文排版：	麦莫瑞	
出　　版：	湖南文艺出版社	
	（长沙市雨花区东二环一段 508 号　邮编：410014）	
网　　址：	www.hnwy.net	
印　　刷：	天津丰富彩艺印刷有限公司	
经　　销：	新华书店	
开　　本：	875mm×1230mm　1/32	
字　　数：	270 千字	
印　　张：	13	
版　　次：	2021 年 7 月第 1 版	
印　　次：	2021 年 7 月第 1 次印刷	
书　　号：	ISBN 978-7-5726-0208-5	
定　　价：	52.00 元	

CONTENTS

目录

总序：下一个十年，中国需要什么样的心理学？

在回答这个问题之前，我们先把时间拉回到上一个十年。尽管在二〇〇八年汶川地震之后，越来越多的人高喊"心理学的春天来了！"，但多年以后，心理学在中国的发展依然举步维艰。一座大山横亘在心理学人面前：大众普遍对心理学缺乏认知，或对心理学存在太多的偏见。

十年前，大多数人都不知道心理学是什么，少数人虽然接触过心理学，但了解的往往是被妖魔化、病耻化的心理学。为此，我在很多大会上呼吁：中国心理学的发展需要表达者！

我们需要面向更多的人，在更多的场合去表达什么是心理学，让大众看见心理学，走进心理学。

幸运的是，近年来中国正在经历信息传播方式的变革。大众获取信息的方式呈现出去中心化的趋势，获取信息的渠道逐渐从传统媒体转向新媒体。新媒体的兴起，大大加速了信息的传播。在传统媒体时代，一起社会事件从发酵到尽人皆知，可能需要几天甚至更长的时间。微博和微信等新媒体的出现，让信息抵达受众的时间大大缩短，一起事件引爆全网可能只需要一天，甚至几个小时。

信息传播速度的加快也为心理学的普及带来了巨大的便利，让大众能够以前所未有的速度去接触并了解心理学。许多心理学的专业术语和知识也能够以碎片化的方式触达大众。比如"原生家庭""延迟满足"等，这些以前只有在专业场合才会听到的概念，慢慢被大众所熟知和讨论。

我特别感谢这些新事物的涌现，因为它们在大众和心理学之间架起了一座桥梁。但与此同时，我也观察到一个有意思的现象：越是与大众的痛苦相关的心理学理论和知识，越是容易被大众所接受。

过去几年，"童年决定论""父母皆祸害"等观点不断出现。这些观点让心理学有被归于宿命论的倾向。我身边有些朋友，他们接触心理学，并用心理学为他们不幸的人生寻找注脚，甚至会基于一些碎片化、鸡汤化的心理学知识，快速地对号入座，给自己贴上一些标签，然后心安理得地逃避，抱怨他人，抱怨过去，找到问题却不解决问题，让生活止步不前。

心理学并没有让这些朋友产生积极的改变，而是让他们从一种不幸的人生，不知不觉地滑向了另一种不幸的人生。

这就给心理学人提出了一个问题：我们需要把什么样的心理学带给

大众？

带着这样的思考，壹心理决定与中南博集天卷文化传媒有限公司合作，推出一套适合大众阅读的心理学丛书。我们将重新翻译一些改变人类历史的心理学著作，尝试构建一条系统的、可靠的、高水准的心理学学习路径。

这也是壹心理首次监制出品图书。我们邀请多位心理学专家成立了图书编审小组，从译文到专业术语，精译精审，力求做到专业和严谨。

这次合作出版的第一套书来自对我本人影响巨大的一位心理学家——阿尔弗雷德·阿德勒。我相信很多人曾读过他的作品《自卑与超越》。阿德勒不是一个只懂理论的心理学家，他用早年的生活演绎了什么是自卑，用成年后的生活演绎了如何超越自卑：一个身体存在缺陷的男孩，一步步成为他那个时代极负盛名的心理学家之一。

我们一共翻译了阿德勒的四部作品：《自卑与超越》《洞察人性》《儿童教育心理学》《个体心理学》。值得一提的是，《个体心理学》是首次在国内出版简体中文版，因为其英文版的出版时间距今十分久远（近一百年），语言相对晦涩，翻译难度大，壹心理的专家团队和三位译者前前后后对译稿进行了十几遍修改。为了让读者有更好的阅读体验，我们对心理学的专业术语和较难理解的内容做了注释，并对译稿做了适当的删节。

读完阿德勒的书籍，你也许会对心理学有更深入的了解。

心理学不只能帮我们找到内心问题的成因，更重要的是能帮我们找到解决内心问题的方法。当我们用心理学知识追溯内心问题，发现一些早期创伤时，我们不必在早期创伤里反刍。阿德勒告诉我们，决定我们目前状况的不是我们过去的经历，而是我们为经历赋予的意义。所以，我们只须看见过往，而无须与过往纠缠。

也许你经历过不幸，但你依然可以重新选择。你的人生不是由别人决定的，而是由你自己选择的。阿德勒的学说绝不是让你把自己塑造成完美的受害者，而是鼓励你成为掌控自己人生的创造者。

如果你正在遭遇人生挫折，想做出改变，不妨翻开这几本书，从中获取力量。同时，也请你记住，无论面对什么样的挑战，都不要轻易选择容易走的那条路。

世界和我爱着你！

黄伟强

写于壹心理银河系总部

二〇二一年五月二十五日

作者序

　　个体心理学是一门明确的科学，它的研究内容是有限的——对此，我们是坚定不移的。这种坚定而不容妥协的态度并非基于个体心理学创立者的立场或意图，而是当我们认为各种现象是相互关联的时候，坚持个体心理学的明确性与研究内容的有限性是我们要遵循的必然逻辑。在研究个体心理学时，我们不应改变人类心理学中已经被确立的基本原理，然后用其他原理去替代它们。此外，在研究了心理活动的各个方面之后，我们也没有必要对"性"这个因素进行特别的考察。个体心理学涵盖了心理学的全部研究范畴，因此它反映出了不可分割的人格统一性。

　　我们对前辈怀有崇高的敬仰与钦佩之情，因为我们在个体心理学方面所取得的成就不过是把他们这些天才的直觉发展成一门科学而已。同时，我们谨慎地提出了一些迄今为止从未在心理学文献中被表达的基本原则。

　　但是，这不意味着我们没有考虑学科未来的发展。目前我们所关心的是，如何以令人信服的证据来证明人格的统一性，从而打消所有的疑问。现在，我们能更迅速地发现人类心灵中最奇异的反常现象，并据此了解一些人格上的特性——让人们无法应对现实世界的特性。在当前的教科书中，"潜意识"现象已经被阐释出了好几个层次，每一个层次都可以作为"无知"现象的避难所。对我们来说，这种"潜意识"主要意味着患者无法理解自己的内心冲突与其所处的社会环境之间的关系。这与我们最早的结论是一致的，即梦越来越被清楚地视为应对某些问题的准备工作，它以类比的方式呈现出我们对生活优越感的渴望。当我们消除了自身已经习惯的生活模式的影响之后（这是重要的保障措施之一），神经质的行为或反常的行为才可能出现。这说明快乐和痛苦的情绪并不是产生反社会行为的原因和理由。当我们采取错误的应对方式修复了这些情绪之后，错误的应对方式会进一步成为我们维持自身平衡的保障措施。暗示与自我暗示的作用也被更加清晰地揭示出来，如果我们不将其与个体生活的整体背景相联系，那么暗示与自我暗示的作用永远也无法得到合理的解释。

　　我们认为，所有形式的神经症①和发育不良都有自卑和失望的表现，这一论点有着坚实的基础。如果以能否治愈这些疾病——甚至是最严重的疾病——作为标准的话，那么对这一论点的实际应用表明，个体

---

　　① 神经症（neurosis），没有任何可证实的器质性基础的精神障碍，起病多与心理社会（环境）因素有关。主要表现为焦虑、抑郁、恐惧、强迫、疑病症状，包括焦虑性神经症、强迫性神经症、恐怖性神经症、神经衰弱、躯体化障碍以及其他未分类型的神经症。——编者注

心理学已经以优异的表现通过了这一测试。为了鼓励我的学生，我还要补充一点，如果遵循适当的程序，那么我们个体心理学家在第一次咨询时就能对患者的基本心理异常有一个清晰的了解。这也就开启了治愈之路。

阿尔弗雷德·阿德勒

维也纳，一九二三年十月二十三日

中文版译者的话

在阅读阿德勒作品的过程中，除了他的文字所表达出来的思想之外，同样让我感触良多的是这一百多年来心理学所经历的发展以及文明的进步。

通过阿德勒的文字，我们能看到这位心理学先贤超前于他那个时代的思想。他提出，在男权社会中，男女地位的差异是一个牢笼，不仅囚禁了女性，还禁锢了男性。在他的文字中，我们可以看出他对女性解放运动的尊重与理解。他提出，男权社会中的男性特权同时伤害了那个时代的男性和女性，甚至让孩子从儿童时期就开始受到这种思维的影响，终其一生都难以摆脱。在读到他描述一些病例的内容时，我甚至会有一种感觉：这个患者如果生在我们这个时代，就不会被看作不正常的人，或患有神经症的人。她可能生来喜欢追求成功，想要战胜面前的所有对手；而他也可能只是有着温柔、敏感，不喜欢争强好胜的性格。在我对这些人感到惋惜的时候，我也意识到曾经禁锢着他们的枷锁，并没有完全从当代的男性和女性身上消失。我们回望过去，觉得旧时代的思想是落后而迂腐的；未来的人回望我们这个时代，或许也会产生同样的感受。但这种感受是好的，这说明时代在进步，身处进步洪流中的人们也在进步。我想这就是学习心理学的必要性，通过心理学知识，我们接纳了自己，也理解了他人。这些知识会帮助我们驱散眼前的迷雾，让我们看到自己和他人身上背负的枷锁，包括我们自己铸成的枷锁。现在，这些枷锁也应该由我们来打破。

在阿德勒的文字中，有一些内容带有他所处时代的烙印。比如，他对战争引发的创伤后应激障碍（PTSD）的论述。为了还原他的真实想法，我们在翻译的过程中并没有对这些内容进行删减，因为这也是一种真实，一种时代与历史的真实。我们可以透过这些有着百年历史的文字，看到心理学在我们的时代的普及和发展：我们更加理解他人，尊重差异；我们明白了和平的意义，也知道了我们的心灵是如此脆弱，像战争这样的强烈刺激会给人们带来不可逆转的伤害。

在翻译的过程中，我发现英文版原文中有不少抽象词语。比如"fiction"，我根据英文版原文翻译为"虚构情景"。但是，有些抽象词语并不常见，因此读者难免会觉得阅读困难，也许这是因为英文版的译文已经让德文原意变得不那么好理解。此外，书中引用和参考了阿德勒本人或其他研究者的著作，因为没有中文译本可参考，且外文版图书的出版时间距今久远，部分内容不好核查，故附上英文或德文原文，一是可确保准确，二是便于感兴趣的读者查阅。若有不妥之处，恳请读者指正。

学习心理学的过程，是一种"看见"的过程，看见自己，也看见他人。就像登高望远一样，希望读者能够借助这位先贤的思想，攀登人生的长梯，看到生命更多的可能性。

谢海伦

二〇二一年二月

第一章

个体心理学的假设与结果

个 体 心 理 学

THE PRACTICE
AND
THEORY OF INDIVIDUAL PSYCHOLOGY

一项针对很多心理学家的观点与理论的调查表明，心理学家的研究领域的性质以及他们的研究方法有一个特殊的局限性：人类的经验和知识似乎都被有意识地排除在他们的研究之外。心理学家也否定了艺术、视觉创造性，以及直觉本身的价值和重要性。当实验心理学家收集并根据实验现象来确定心理反应的类型时（他们更关注心理活动的生理学表现），其他心理学家还在使用传统的或是局部调整的系统来进行表达。通过这一过程，心理学家自然会发现在个体表达中心理活动与生理表现的相互依存和联系，因为这从一开始就隐含在他们对心理学的简略性的态度（schematic attitude）[①]中。

心理学家要么采用上述实验方法，要么尝试通过小规模的、可测量的个体现象来建立方程，以呈现心理状态与思维形式。这种研究方式将人类的主观思考与主观经验的影响全部排除在外，尽管有其优势，但事实是人类的主观思考与主观经验控制着所有这些联系的本质。

这些心理学的方法，以及它们作为人类心理研究方式所体现出的重要意义，让我想到过时且僵化的自然科学分类方法如今已经完全被另

---

① 前文提到一些心理学家的观点与理论研究方法有一个局限性：他们更关注心理活动的生理学表现，而忽略了全局，忽略了人在更高"维度"的价值。简单来说就是只见树木不见森林，对心理学的研究浅尝辄止。——译者注

一种观点所取代。这种新观点试图从整体关联的角度，在生理、哲学和心理学领域研究生命现象以及个体的变化。这也是"个体比较心理学"的研究目的。它从个体统一性的假设出发，试图获取个体完整的人格图景。我们认为，这种图景是个体的生命表达与其表现形式的不同变体。我们会比较不同的个体特征，将它们置于一个层面上，最后将其融为一体，形成一个复合的人物画像，从而实现"个体化"。①

你们可能已经注意到，这种认知人类心理活动的方法算不上特别前沿，甚至不是什么新鲜事。这种方法在儿童心理学的研究中尤为重要。艺术家，无论是画家、雕刻家、音乐家还是诗人，他们在作品中首先会呈现出一些个人的特征。从这些特征中，人们大体可以看出艺术家的个性与原则，艺术家在创作时隐藏在作品中的个人想法便得以重现。在任何一个社会中，如果没有科学的指引，人们的生活总是会处于"未来要去往何处"的迷茫中。科学指引的生活则与此相反：在做出判断时，秉持科学指引的个体会努力将自己的所有心理表现集中在一个目标上；如果有必要的话，他会集中在一个虚构的目标之上。

当我匆忙赶回家的时候，人们会看到我驾驶的马车，我的表情和姿势，这些都是一个正在赶回家的人应该有的模样。我的反应可能会与人们预期的有所不同，原因也多种多样。但是，我们个体心理学家必须把握的要点，那个唯一让我们感兴趣的、实际的、心理学上的要点，是这

---

① 威廉·斯特恩（William Stern）通过另一种方法得出了同样的结论。——原注。以下若无特殊说明，均为原注

个人回家的时候所走的那条路。[①]

　　如果我知道一个人的目标是什么，我就会知道接下来他要付诸什么行动。我能够把他每个连续的动作按照顺序排列，解析它们之间的联系，纠正它们的错误，并在必要时根据我的心理学知识来理解这些联系，从而做出调整。如果我只知道他做某事的起因、具体反应、反应时间[②]和频次等，我就没有办法知道他的内心真正发生了什么变化。

　　我们所观察的人如果没有朝着某个目标前进，那么他将不知道自己该做什么。如果他不知道决定他生活轨迹的目标是什么，那么他的整个认识反应系统，连同系统之间的因果联系，都无法让我们确定他接下来要采取什么行动。事实上，他的行动可以与任何精神上的结果相匹配。这种认识上的不足在联想测试中表现得尤为明显。通常，我们认为就算是心灰意冷的人也不会把"树"和"绳子"联系起来。然而，当我们知道一个人想自杀时，那么他说的"树"和"绳子"就另有深意——我甚至会把毒药和武器从他身边拿走，放得远远的。

　　如果更仔细地观察，我们会发现所有精神事件的发展都存在如下规律：**如果我们没有觉察到目标，就无法感受、思考、决定和行动。因为**

---

　　①　这是作者的一个类比，人们赶车回家的表情、姿态各有不同，但回家的核心要点是所要走的那条路。——编者注
　　②　在实验心理学中，反应时间指给出一个刺激，被试（指心理实验或心理测试中接受实验或测试的对象）从看到这个刺激到对它进行反应的时间间隔，是心理学中的一个经典指标。——译者注

所有的因果关系都不足以征服未知的混乱，也难以应对无计划的状态。所有的活动都会停滞在不受控制的探索阶段，我们的精神生活也无法有序进行。如果我们的心理和思想无法整合为一个整体，那么我们人格的方方面面和我们的个人风格就会被孤立起来。等到老了，我们就会变成像单细胞生物一样的机体。

毫无疑问，为精神生活设定一个目标，这会让我们更好地适应现实。一个小婴儿或是刚刚从禁闭状态中解脱出来的人，当然是没办法好好走路的。如果一个人不带任何目的去思考这个问题的话，他很可能会错过问题中的深层关键点。事实上，在一个人迈出第一步之前，他的目标就已经明确了。

同样，我们可以证明，人们所有的精神活动都是通过预先设定目标来确定方向的。在经历了短暂的儿童心理发展阶段之后，所有短期的和可以观察到的目标，都是由一个预想中的终极目标来支配的。我们的感知把终极目标认定为一个绝对固定的终点。换句话说，人们的精神生活就像一个优秀剧作家刻画的角色——他们不停地演出，直至在剧本的某一幕谢幕。

从个体心理学的角度对所有人格进行无偏见的研究之后，我们可以得出一个重要的结论：**只有将个体的每一种心理现象都视为其追求某个目标前的准备，我们才能够了解和掌握个体心理的意义。**

以一个记忆力很"差"的人为例。假设他很清楚自己的这一缺陷，并且某个心理学测验①表明，他背诵以及复述无意义音节的能力很差。根据目前人们对心理学的理解，也可以称之为"滥用"，我们可以得出这样的推论：出于遗传或病理方面的原因，这个人背诵无意义音节的能力很差。在这类研究中，我们通常会发现这一推论已经以不同的形式在前提中被表述了出来，我们只是在循环论证。最后，我们会得到以下结论：如果一个人的记忆力不好，或者他只能记得几个单词，那么他的复述能力就会很差。

个体心理学的研究过程则完全不同。在排除了所有生理原因的可能性之后，我们会问：患者的记忆能力很差，这背后有什么目的呢？只有对个体的整体生活情境有了深入的认识，我们才能确定其行为背后的深层原因。大量案例都展现了这样一种现象：患者试图向自己或他人证明，出于某些根本性的原因——这些原因无法说明或处于患者的潜意识中，但它们会在记忆力减弱后表现出来——患者才会拒绝做出某些行为或者某些决定（比如职业、学习、考试或婚姻方面的变化等）。我们也应该把这种记忆力减弱视作一种行为倾向，然后进一步理解记忆力减弱是个体对抗各种生活任务的一种方式。在每一次对患者复述能力的测试中，这种基于个体心理活动而产生的记忆力缺陷都可能会出现。接下来我们要问的问题是：这种缺陷或问题是如何产生的？它们可能是出于患者的"精心谋划"：患者强调了自己身上普遍存在的生理问题，并将其

---

①　这里指的是艾宾浩斯（Hermann Ebbinghaus）的记忆实验，实验中会测验被试记忆无意义音节的能力。——译者注

解释为个体疾病。另一些心理缺陷的产生则可能是因为患者在主观上陷入了一种反常状态，沉迷于对危险的悲观预期，从而削弱了对自己能力的信心，让自己的能力、注意力或意志力无法全部发挥出来。

在有关情感的案例中，我们也能观察到类似的现象。

以一位患有间歇性焦虑症的女士为例。在没有发现对患者有深远影响的人生经历时，我们仅仅假设她患有某种遗传性疾病、血管收缩系统（vaso-motor system）疾病或迷走神经（vagus nerve）性疾病就已经足够了。如果我们在她的病史中发现了一些可怕的人生经历或创伤情况，并且这些经历与她的疾病有关，那么我们对这个患者就有了更详细的了解。然而，在研究她的个性与个人意志时，我们发现了一种过度发展的权力意识——患者的焦虑情绪作为一种攻击性的"武器"，与这种权力意识息息相关。一旦这种权力意识有所减弱，它和焦虑情绪之间所形成的平衡就会消失，焦虑情绪就会爆发出"破坏性"的影响力。举个例子，当患者的丈夫未经她允许就离开家时，她就会变得非常焦虑。①

我们的科学（个体心理学）需要一个明显的个性化过程，因此我们不能对其进行泛化。为了进行一般性的指导，我想提出这样一条原则：一旦精神运动或者人生的核心目标被确定下来，我们就可以假定个体的所有活动都与其毕生目标相吻合。

这一表述还有一些小的附加条件，从而使它的适用范围更广。即使

---

① 患者的丈夫未经她允许擅自离家，削弱了患者的权力意识，让与患者相关的焦虑情绪浮出水面。——译者注

把这一原则倒过来陈述，它仍然有价值：**个体身上所有可以被正确理解的行为，必须结合起来，才能构成个体完整的生命计划和最终目标。**因此，我们坚持认为，在不考虑倾向、环境和经验的情况下，所有的精神力量都会受到一种指导思想的控制，所有的情感、感受、思维、意愿、行为、梦境以及心理的病理现象等都被一个统一的人生目标所支配。

我认为，个体的主观评估比他的倾向、客观经验和所处环境更重要，而且这种评估与现实之间往往有着确切而微妙的关系。然而，这种评估通常会让我们产生一种类似自卑性质的情绪。这一情绪取决于我们潜意识思维的机制、想象中的目标，以及我们对最终代偿和生命计划的尝试。

接下来我将要介绍的是我的假设，也是我在对精神生活的研究中得出的最重要的结论。请允许我再次强调这样一个事实：我要描述的是精神生活的动态性，一种对健康人和患者同样适用的动态性。神经症患者与健康个体的区别在于，前者的生命计划充满了更强烈的保护性倾向。而在"设定目标"和根据目标调整生命计划方面，两者没有本质区别。

因此，我将谈到个体的整体目标。一项深入的研究告诉我们，只有当我们认识到一个普遍的前提——精神活动具有追求优越感的目标，我们才能很好地理解个体心理的各种活动。很多伟大的思想家都表达过与此类似的观点；在某种程度上，每个人也都知道这个事实。但在大多数情况下，它都隐藏起来了，只有在个体精神错乱或陷入狂喜的时候才会充分显现。无论一个人是想在艺术领域独占鳌头，在职业领域登峰造极，在家中成为"一家之主"，还是想与天对话；无论他是妄自尊大，还是目中无人；无论他是在做白日梦，还是在欺公罔法，在他人生的每个阶段，他都被自己对优越感的渴望、近神的想法、对拥有特殊力量的信仰所指引和激励着。在爱情中，他渴望体验自己之于伴侣的力量感。在职业选择中，他的脑海中充斥着各种夸张的预期与恐惧。在对复仇的渴望中，他幻想自己扫除一切障碍，赢得了一场自杀式的胜利。为了控制一个物体或一个人，他会通过很直接的手段，成为勇敢、骄傲、专横、固执而残忍的人。另一方面，他也会在经验的驱使下，沿着迂回的道路，通过顺从、温和而谦虚的态度获得胜利。性格特征并不是独立的存在，它们会被个体调整以适应个体的生命计划，它们代表的是个体为冲突所做的最重要的准备。

这种对优越感目标的追求，有时候会表现得很奇怪，因为这一目标并不来自现实，而来自一种"虚构"和"想象"。法辛格①的《仿佛哲学》（*The Philosophy of 'As If'*）说得很对：目标本身虽然没有意义，在实践中却非常重要。这一巧合可以让我们得出这样的结论：从现实的角度来看，我们对优越感目标的构想是荒谬的，但它却是组成我们生活的重要部分。正是追求优越这件事，让我们理解了个体间的差异，感受到心灵的平静，收获安全感，并塑造和引导了我们的行为和日常活动，进而促使我们完善自我，不断成长。当然，它也在我们的生活中引入了敌对和斗争的倾向，让我们的情感变得复杂，并且总是让我们和现实产

---

① 法辛格（Hans Vaihinger），德国哲学家，虚构主义哲学创始人。——编者注

生隔阂，因为它让我们的内心产生了试图超越现实的想法。如果一个人严肃而认真地，哪怕是字面意义上严肃而认真地追求这种近神的目标，他都会被迫逃离现实生活。幸运的话，他会通过艺术和现实生活达成妥协，但更多人会选择崇拜宗教，罹患神经症，或走上犯罪的道路。[①]

我无法在这里进行详细的说明。但是，我们在每个人身上都能找到这种试图超凡脱俗的目标。这种超凡脱俗的目标有时只体现在人们的要求和期望里，有时也会在模糊的记忆、幻想和梦境中留下痕迹。我们如果刻意寻找它，反而很难找到它。然而，个体在生理上或精神上所表现出的态度或倾向都清楚地表明，这种目标源于我们对力量与绝对理想的追求。在那些神经症的病例中，我们总是能够发现患者自身与环境，与逝者，与过去的英雄之间存在着一种强化的对立现象。

检验这种解释是否准确是很容易的。如果每个人都想追求优越感，就像我们在神经质的人身上发现的那种夸张的优越感，那么人们都想压迫、贬低和轻视他人也就不足为奇了。斤斤计较、嫉妒、幸灾乐祸、自负、自夸、不信任、贪婪，这些可以代替实质斗争和冲突的态度一并在个体身上体现出来。尽管个体出于自我保护的原因需要这些态度，但它们对个体的重要程度要比个体实际需求的强烈得多。

同样地，除了人们在追寻毕生目标的时候所展现出的热情与自信这样的品质之外，个体身上也可以同时或交替展现出骄傲、好胜、勇敢、帮助他人与指引他人的态度或品质。心理研究要求研究者必须持非

① 请参考本书第八章《距离产生的问题》。

常客观的立场，他们的道德评价不应该对调查产生干扰。事实上，个体不同水平的性格特征会中和个体的善意与恶意。最后，我们必须理解，所有这些充满敌意的特征，尤其是在神经症患者身上，总是表现得非常隐蔽，甚至当人们注意到这种敌意特征的时候，表现出这种情绪的人会理所当然地感到惊讶和愤怒。比如，在有两个孩子的家庭中，年长的孩子会通过蔑视他人和保持顽固不化来获取自己在家中的权力，而这会造成很不愉快的局面。年幼的孩子则会采取更聪明的做法，以顺从者的姿态成为家中的"明星"，满足自己的所有愿望。当野心刺激这个年长的孩子时，他身上所有的服从意愿都会被摧毁，并表现出一种病态的强迫行为。因此，年长的孩子的服从行为会因为他的强迫性思维而失效。由此，我们可以看出，为了和另一个孩子达到同等的目标，他采取了一种迂回的手段。

对儿童来说，在他们很小的时候，他们对权力和优越感的追求会以奋斗的形式表达出来，他们的小脑袋只能暂时接受永恒的、真实的、在生理上根深蒂固的社群感（community-feeling）所许可的东西。他们从这些认识中发展出了温和的个性、对邻居的友善态度、友谊与爱。他们对权力的渴望以一种含蓄的方式表现了出来，并会有意无意地按照群体所提倡的路径发展。

在这里，我特别赞同一个基本概念：**个体身上每一种明显的态度的形成，都可以追溯到他的童年时代。**只有经过高度的内省，或者神经症患者接受了医生的心理分析治疗，这些态度才能产生根本性的改变。

　　我将以一个例子为基础，更加详细地讨论神经症患者是如何设立目标的。一个非常有天赋的男人，举止温文尔雅，赢得了一个品德高尚的女孩的爱慕。两人后来订婚了。再后来，男人把自己的教育理想强加给这个女孩，对她提出了非常严苛的要求。令人难以置信的是，女孩忍受了一段时间，但最终决定和男人断绝关系，结束对他更进一步的考验。随后，这个男人的精神崩溃了，罹患精神疾病。对这个男人的个体心理学调查表明，他的优越感目标——正如他对自己的未婚妻所表现的专横命令那样——早就把他脑海里所有的结婚念头都打消了。他的真实目的是暗地里设法寻求解脱，而他之所以要暗地里做这件事，是因为他觉得自己无法与他想象中的婚姻生活公开斗争。这种不自信从他的童年时代就开始产生了。那时，他是一个独生子，与早年丧偶的母亲生活在一起，和外界没有什么联系。在这段时间里，他和母亲不断争吵，并对此留下了深刻的印象，哪怕他从未承认过：他没有足够的男子气概，永远无法应付一个女人。这种心理相当于一种永久的自卑感，彻底干扰了他的生活，迫使他无法通过正常的符合现实社会要求的方法来获得威信，只能通过其他途径。

　　很明显，这个患者达到了他的目的，他准备悄悄地一个人生活。他对人生伴侣的恐惧，以及因此引发的争吵和不安把他"唤醒"了。不可否认的是，他对未婚妻和母亲采取了相同的态度。也就是说，他想战胜她们。这种对胜利的渴求所引发的态度，被弗洛伊德学派错误地解释为"迷恋母亲的乱伦状态"。事实上，这种被强化的童年自卑感是由患者和母亲之间的痛苦关系引起的，它促使这个男人通过各种保护措施避免在未来的生活中与妻子产生任何争执。无论我们对爱的理解是什么，在这个特殊的案例中，这种被强化的童年自卑感只是这个男人确保自己最终能战胜某个适婚女人的工具而已。由此，我们就理解了这个男人对未婚妻持续施压和悔婚的原因。这种解决办法不是"偶然产生"的，而是他在他母亲身上使用过的，并且经过了精心的准备和安排才使用的。他不会面临婚姻失败的问题，因为婚姻从一开始就已经被他否决了。

尽管这个人的行为并不令人费解，这种霸道的态度也只是打着爱的旗号的侵略行为，但我还是要做出一些必要的解释，来说明他精神崩溃的情况其实并不太容易理解。在幼年时代，这位患者被他的母亲打败了。在这种情况下，神经症患者会不自觉地加强对自己的保护，并与危险保持相当远的距离。[①]我们的患者利用自己的崩溃情绪来填补痛苦的回忆，从而又一次想起了那种罪恶的感觉[②]，并试图以抵触女性的方式来解决问题。这使得他在未来更加谨慎小心，甚至最后拒绝爱情与婚姻。他现在三十岁了，也许他将带着他的痛苦再生活十年或二十年，甚至更久。他以此保护自己免受爱情的伤害，也让自己永远不会面临新的失败。

他以现在被强化的经验来解释自己的精神崩溃，就像他在小时候拒绝吃饭、睡觉以及做其他事情，装成一副垂死模样一样。他的命运越来

① 请参考本书第八章《距离产生的问题》。
② 这里指的是患者在心理上想战胜母亲和未婚妻。——编者注

越悲惨，他使未婚妻因为悔婚而背负起所有的耻辱，他本人却在社会态度与"人品"方面都显得比她更加优越。你瞧，他已经达到他所渴望的目的，因为他成了那个看起来更加优越的人，他成了看起来更好的人，而他的未婚妻却成了罪人。女孩子应付不了这样的男人。通过这种方式，他完成了他童年的夙愿，成功地向所有人证明了他比女性更优越，他战胜了女性。

我们现在可以理解了，神经症患者的表现永远是不确定的，神经症患者本人也不会得到充分的满足。上述案例中的男人在世间艰难地活着，就是为了和女人作对。①

如果他知道自己内心的隐秘计划，他就会意识到自己的行为是多么丑陋和邪恶。这样一来，他就不能成功地实现让自己比女人更优越的目的了。他会像我们看待他那样看待自己，他会看到自己如何歪曲重点。他做的每件事都导向一个事先设定好的目标。他无法保证自己的名望会越来越好，但是，他的目标、他的生命计划以及他误解的人生却要求他拥有这种名望。因此，与上述案例中的情况类似的事情会再次发生在他身上：他的生命计划依然是潜意识的，因此他相信导致这一切的是无法改变的命运，而不是他要全权负责的生命计划。

我无法详细描述我所说的神经症患者与其最终问题之间的"距离"是什么，每个神经症患者和他的最终问题之间的"距离"是不一样的。

---

① 我们可以辨认出他身上的偏执特征。请参考本书第十九章《神经症和精神病患者的生活谎言与责任》。

在上述案例中，"距离"指的是婚姻。关于神经症患者是如何完成这一任务的，我会在第四章中关于神经症个体的"计划"那一部分继续讨论。我要指出的是，这一"距离"会通过犹豫不决的态度、原则、观点和生活谎言表现出来。在"距离"的演变过程中，神经症和精神病①起了主导作用。②这种"距离"常常会引发个体的反常行为，同时，反常行为也会引发各种性无能方面的问题。③这时，个体会通过构建一个或多个"如果情况不同的话……"的假设来总结自己的陈述，并让自己与现实生活达成和解。

个体心理学非常关注教育问题的重要性。从研究中可以看出，与心理治疗疗法相似，我们的分析是反向推进的。首先，我们会考察神经症患者的优越感目标，通过它来解释神经症患者会采取的冲突态度（conflict attitude）④的类型，然后再探究其重要的心理机制的来源。我们已经提到，精神动力学的基础之一是心理机制中不可或缺的艺术特性，它会对个人目标进行艺术性的创作和虚构，让个体进行自我调整，还可能延伸到现实生活中。

---

① 精神病（psychosis）是心理障碍的一种。患者的精神功能明显异常，且社会功能受损而不能与现实保持恰当的联系。患者在认知、情感、意志及行为等方面有明显的障碍，歪曲地反映现实，不能适应正常的生活，具有危害自身和社会的行为。——编者注

② "距离"也可理解为个体真实的想法和现实之间的差距，为了调和这种差距，个体会出现奇怪的、与以往不一样的、病态的行为或情绪。——编者注

③ 这里的"距离"可理解为精神动力学中的防御，此处主要指引起神经症性的防御机制，如压抑等。比如一对夫妻不是因为爱而结婚，男方就可能会出现心因性阳痿等病症。——编者注

④ "生存之争""众生之争"等，不过是同一类型的不同表现形式而已。

　　现在，我简单地解释一下近神的目标如何将个人与环境的关系转变为敌对关系，以及这种敌对关系如何驱使个体以直接而具有侵略性或是间接而具有防御性的方法达成这一目标。如果我们将这种敌对的态度追溯到个体的童年时代，我们就会发现一个很明显的事实：**在孩子的整个发展过程中，他的自卑感在他与父母乃至整个世界的关系中都有所体现。**在孩提时代，孩子的生理器官还不成熟，他无法独立生活，对世界也没有明确的认识，需要依赖更强大的人。在服从他人的过程中，他会时不时地感受到痛苦和自卑。这种自卑感让他时常感到不安，令他渴望有所行动。他会扮演其他角色，把自己的力量与他人的力量相比较。他会对未来有梦想，也会做好身心准备迎接未来。一个孩子所有潜在的可教育性都取决于未实现梦想的无力感。这样，未来才可能会给他带来补偿的机会。他的冲突态度也会反映在他的自卑感中，被他看成一种补偿，而这种补偿会永久性地清除他当前的不完整感受，让他能够把自己想象成一个优于他人的人。因此，他会假定一个目标，一个想象中的优越感目标，从而他的贫穷会转变为富有，他的从属感会转变为支配感，他的痛苦也会变成幸福和快乐。一个孩子感到不安的时间越长，程度越明显，他越会清楚地感受到身体或精神上的脆弱所带来的痛苦，也越能意识到他在生活中是如何被忽视的。他也会因此设立更高的目标，并且更充满信念地坚持下去。如果你想了解这种目标的本质，你就应该观察一个孩子在玩耍、选择职业或想象自己未来职业时的表现。这种心理现象被称为代偿动力（compensatory dynamics），它通常是以纯粹的、外在的形式体现出来的。每当一个孩子设立新目标时，他都认为自己会赢。[1]在这里，我还想提出，个体在构建生命计划时会产生一种变体（variant），这常常出现在攻击性较弱的孩子、女性和患者身上。这种变体包括滥用自己的弱点，进而迫使他人服从自己。这样的个体会持续采取这种方法，直到其生命计划和生活谎言被指出的那一天。

细心的观察者会发现，代偿动力有非常特殊的一面，但前提是把"性别角色"放在次要的位置。此外，正是代偿动力促使个体走向"超级人类"（superhuman）的目标。在我们现在的文明中，年轻的男孩和女孩都会感觉到自己被迫付出了非比寻常的努力。我们也承认，许多努力是进步性的。我们要保持这种进步的天性，避开让我们迷失甚至患病的歧路，并将其纠正过来。这是我们的目标，并且是让我们远远超出医学技术限制的目标。社会、儿童教育以及民间教育也正是基于我们的这一观点，发现了能够产生深远影响的根源。这一观点的目的是强化人们的现实感、责任感，让人们用彼此间的善意代替潜在的仇恨。为了达成这一切，我们必须有意识地培养人们对公益的责任心，即世界以痛吻我，我要报之以歌。

在儿童身上寻找权力幻想的人，会发现这种幻想已经在陀思妥耶

---

① 攻击性较弱的孩子、女性和患者，这些群体被视为弱者，但他们内心是渴望变强的，可能会设立更高的目标，想要成为更厉害的人，以超越同龄的孩子或填补心中的缺憾。比如，行走不便的人不会仅仅满足于变成正常人行走，他会渴望变成博尔特或者闪电侠等更厉害的角色，以此来回击嘲笑他的人。这种代偿动力如果被引入正道，就会使人变成史铁生、海伦·凯勒、霍金等身残志坚，对社会有用，充满善意和爱的人。——编者注

夫斯基的《少年》这本小说中得到了淋漓尽致的体现。我的一位患者的经历也尤为明显地体现了这一点。在他的理想与信念中，这样的愿望会反复出现：别人应该死去，这样我就会有更多的生存空间；别人应该受困于贫穷，这样我才会得到更好的机会。这种态度让我们想起很多人身上的冷漠与无情：他们把所有的罪恶都归因于"这个世界上的人太多了"。

（完稿于一九一四年）

第二章

心理上的雌雄同体与男性抗议*——神经疾病的基本问题

个 体 心 理 学

THE PRACTICE
AND
THEORY OF INDIVIDUAL PSYCHOLOGY

---

* 男性抗议（masculine protest），阿德勒人格理论术语，指个体为克服自卑感而追求更多男性品质的行为。根据阿德勒的观点，自卑感是人格发展的动力，使人产生对优越的渴望。该行为具有更多的男性品质以及较少的女性品质，使人更有力量，是男性和女性共同追求的行为。——编者注

在治疗时，奥地利医生约瑟夫·布洛伊尔（Josef Breuer）[①]提出了一个建议：我们应该询问患者的想法。这个方法首先被应用在癔症性麻痹（hysterical paralysis）的病例中，布洛伊尔会询问患者对疾病的看法以及病程的发展。他和弗洛伊德不带任何先入之见地询问患者，并证实了患者身上存在着显著的记忆缺失现象。这种缺失让患者和医生无法真正了解疾病的病因和病史。他们基于心理学知识、患者性格的病理学特征、患者的幻想和理想生活等方面，对被患者遗忘的记忆材料进行推理，并因此创立了精神分析的方法和观点。凭借这种方法，弗洛伊德寻找神经疾病的根源，发现其可以追溯到最早的童年时期，并因此揭示了许多心理现象，比如压抑和移情。在治疗过程中，不同的研究人员独立工作，针对多种多样的神经症形态，用相同的方法将患者从前的那些潜意识的躁动与欲望反复地暴露出来。弗洛伊德在性本能的变化和具体构成中寻找神经疾病产生的原因，但他的理论却经常受到攻击，因为这一理论与心理学之间并没有不可分割的联系。

我想强调实践个体心理学方法的一个基本原则：我们应该将个体身上出现的所有神经疾病的症状，追溯到它们最基本的共同特征上。在

---

① 精神科医生。——编者注

患者的协助之下，这种简化的方式是正确的。事实表明，每个患者的心理图景（psychical picture）都与其童年早期的真实心理状况相吻合。换句话说，神经疾病的心理基础和症状从童年时期开始就一直没有变过。多年来，个体在童年时期的心理基础上发展出了一个上层建筑。这个上层建筑体现了个体所有的发展趋势、性格特征和个人经历。在上层建筑中，我特别想强调的是"情绪残余"（mood residues）这一因素，这一因素可以追溯到个体奋斗进程主线上的一次或多次失败上。这就是神经疾病出现的真正原因。从"情绪残余"出现的那一刻起，患者只会思考如何弥补自己的失败，以及如何贪婪地追求无用的胜利。对他来说，最重要的是避免新的失败和命运的考验。我们可以假设，他表现出来的神经症症状本质上是一种逃避。患者的焦虑、疼痛、无力和多疑让他无法积极地生活。神经症让他产生强迫性的思维和行为，使他以为自己失去了活力，有理由保持消极状态，并认为自己身上产生的疾病是合乎情理的。

我发现自己不得不使用个体心理学的研究方法，来进一步打破患者这种幼稚的装病局面。在这样做的时候，我找到了家庭生活不和谐的根源。除此之外，还有一个因素在某种程度上助长了家庭生活不和谐这一问题，那就是遗传性组织缺陷体质（familial organic constitution）。儿童遗传性组织缺陷体质让我注意到，在儿童发展的早期，他们与生俱来的比较羸弱的器官、有机系统和内分泌腺，将他们原本正常的软弱感和无助感放大了。他们萌生了一种强烈的自卑感。由于器质性自卑的迟发性、缺陷性和不充分性，我们最初可以在儿童身上看到以下症状：虚弱，容易生病，行动不协调，以及产生外貌缺陷（这通常是由外部退化症状[①]引起的）。他们还可能比较笨拙，有许多多发于婴幼儿时期的缺陷，比如眼睛抽动症、斜视、左利手、聋哑、口吃、言语障碍等。儿童常常因此受到羞辱，成为被嘲笑的对象，被霸凌，所以不善于社交。在儿童的心理图景中，某些正常的特征会被显著强化，比如婴儿的无助，对拥抱和被温柔对待的渴求，进而会发展成焦虑、害怕孤独、胆怯、害羞、对陌生人感到恐惧、对疼痛过度敏感、拘谨、对惩罚感到恐惧，以及对每个行为后果感到恐惧。简而言之，这些特征会赋予男孩一些无可置疑的女性特质。[②]

不久，这种被压抑的感觉就显现出来了，这在那些有神经症倾向的孩子身上表现得尤为明显。儿童遗传性组织缺陷体质还会引发一种极度敏感的情绪，这种情绪会不断扰乱平静安宁的思绪。这类孩子渴望拥有美好的东西，想要满足自己感官的欲望，认识一切未知的事物。他们希望超越所有人，独自完成一切。他们幻想着各种伟大的目标。他们希望拯救别人，把自己想象成英雄，认为自己出身贵族，却像个阶下囚一样受到迫害和压迫。急迫的、永不满足的雄心壮志已经在他们身上初显。显然，我们可以预见到这种雄心壮志给他们带来的挫败感。正是在这个

---

　　① 比如，失明的孩子，眼周的发育是异常的，在常人看来就有些怪；腿瘸的人，腿部肌肉的发育就会薄弱。简单来说就是用进废退的表现。——编者注

　　② 作者的意思是胆怯、害羞、敏感和拘谨等是女孩的特质。但是，从现代的社会环境来看，这种划分存在一些性别偏见。——译者注

时候，他们邪恶的本能也得到了发展和强化。**他们等不及让愿望得到满足，因而助长了内心的贪婪和嫉妒。他们会贪婪而不安地追逐每一次胜利，变得不服管教、性情暴戾、欺软怕硬、恃强凌弱、疑心重重。**很明显，一个好老师能在多大程度上改善这种发展中的自我主义，一个坏老师就能在多大程度上加剧它的负面发展。在有利的环境下，极度敏感的情绪会转变为一种无法抑制的求知欲，或者让孩子变得比同龄人要成熟。而在不利的条件下，极度敏感的情绪会催生出犯罪倾向，或者让个体无力应对现实，使人试图用一种"准备好"的神经症症状来掩盖自己逃避生活要求的事实。

通过对孩子生活的直接观察，我们可以得出以下结论：在具有神经质性格的孩子身上，服从性的婴幼儿特质，即儿童身上的被动性（比如缺乏独立性和顺从性），很快会被违抗性和反叛性所取代。我们所提出的一种思路，准确地解释了儿童身上那种被动性和主动性混合的特征，女孩气质的服从会转变为男孩气质的叛逆。我们确实有充分的理由相信，这些叛逆的特征可以被解释为儿童的某种正常反应：在他人鼓励或强制儿童顺从的时候，儿童会进行反抗。此外，孩子反抗的目的是更快地满足自己的本能，获取自己想要的地位，引起他人的注意，获得自己的特权。当孩子在成长过程中到达这一重要阶段时，他们会感觉自己受到强迫性服从的威胁，感觉自己一切的日常生活——吃饭、喝水、睡觉、洗漱、排便和排尿都受到了威胁。儿童群体性感受的需求被扼杀了。他们对权力的渴望，在一种缺乏信心的"模拟演习"中，在他们对力量的幻想中体现了出来。

另一种具有神经症倾向的孩子也许是最危险的，他们会表现出顺从性和主动反叛性这两种截然不同的倾向。这两种倾向交织在一起，形成更加紧密的结合，顺从和反叛互为手段和目的。这样的孩子显然预料到了这种对立，并希望用最彻底的服从性（受虐狂）来满足自己无限的欲望。他们无法忍受被低估、失败、被强迫，也无法忍受等待以及延迟满足。[①]他们就像那些有着不同个性的儿童一样，会完全被行动、决定、未知或新奇的事物给吓坏。他们为自己已经意识到的致命弱点找借口，这样就可以逃避社会对他们的要求。

对于这种明显的双面生活，正常儿童会让其保持在一定的限度之内，并且能让其促进个体成熟性格的形成。但是，这种明显的双面生活不允许神经质个体全力追求自己的理想，还会通过个体自己建立的体系，焦虑感和怀疑感干扰个体做出决定。

其他类型的人会在一种"强迫"（compulsion）中逃避焦虑感和怀疑感，不断地追求成功。他们总是怀疑别人会攻击自己，轻视自己，不公正地对待自己。他们拼命扮演救世主和英雄的角色，经常对不合适的对象施加他们的力量（堂吉诃德主义）。他们贪得无厌地追求权力，寻

---

①　这里指的是被强迫做任何事，或者感觉被别人强迫。他们无法忍受被低估，无法接受失败，拒绝被强迫做事，也无法忍受等待以及延迟满足。——编者注

求被爱的证据，却从来得不到满足（就像唐璜①和梅萨利娜②那样）。他们从未在奋斗的过程中感受到和谐与平静，因为他们的本质是"双面"的。神经质个体身上有明显的"双面性"，比如许多作家所说的"双重竞争""人格分裂"等。这种"双面性"一定是建立在这样一个事实上的：**人的精神世界同时具有女性特征和男性特征。**这两者似乎都在努力追求统一，而为了让个体逃避自我与现实的冲突，这两者会故意在统一的过程中失败。在这一点上，个体心理学可以进行干预，来达到某种目的。我们还可以通过加强内省的指导，对意识进行扩展，来确保个体的心智可以压制目前还处于潜意识状态的情感力量。

对"男性""女性"等现象的评价和符号化，虽然看起来是武断、随意的，但和我们的社会生活是契合的。③这种渗透在传统文化深处，总是会唤起诗人和思想家兴趣的情感，很早就在儿童的心灵中留下了深刻的印象。因此，孩子们虽然偶尔有不同的看法，但是仍会将力量、崇高、财富、知识、胜利、粗俗、残忍、暴力和活力看作男性化的，而将它们的对立面看作女性化的。

儿童身上的女性特质体现在以下方面：对养育者的情感流露，林黛玉式的自卑敏感，对主观能动性的否定，对怀才不遇和生不逢时的抱

---

① 唐璜，西班牙家喻户晓的传说人物，英俊潇洒却风流无比，周旋在各种女性之间。——译者注

② 梅萨利娜，古罗马皇后，生性风流放荡。——译者注

③ 我们只需回忆一下这样的谚语，比如"君子一言，驷马难追"，以及一些诗人和作家的描述，比如"脆弱，你的名字是女人"，就可以看出这一点。——编者注

怨，过于温顺而怯于反抗。相反，无论是在男孩还是女孩身上，那种积极奋斗、对自我满足的追求、本能和激情的迸发，都被认为是一种男性抗议的表现。这种错误的评价又被社会广泛认可。在此基础上，儿童心理会出现一种"雌雄同体"现象。这种现象依赖于它内在的对立，是合乎逻辑的。然后，这种潜意识的冲动会从内部展开，频繁地、潜意识地向着一种强化的男性抗议的方向发展，从而解决这种冲突。

儿童对性的了解首先会加速其男性抗议发展的进程，性幻想和性冲动也会助长内心的冲突，进而导致儿童的性早熟。在错误的情境下，这种了解也可能导致性变态。对儿童来说，如果性别角色一直存在或者一直不清晰，那么心理上的"雌雄同体"现象就会加深，从而增加内在的心理张力。①

（完稿于一九一二年）

---

① Adler, "Der psychische Hermaphroditismus im Leben u. in der Neurose", in *Heilen und Bilden*, and *Problem der Homosexualitat*, 2nd edition.

第三章

个体心理学实践中
新的指导原则

个 体 心 理 学

THE PRACTICE
AND
THEORY OF INDIVIDUAL PSYCHOLOGY

1. 我们可以将神经症理解为患者试图从自卑感中解脱，从而获得优越感的尝试。

2. 神经症并不会向满足社会功能的方向发展，它也不会解决既定存在的生活问题，而是会在家庭的小圈子中找到一个突破口，从而让患者与外界隔离。

3. 许多人都会因为他们过激和偏执的性格而被批判，只有少部分人能通过一些手段获得各种形式的优越感。而且，在这种情况下，这少部分人还能够实现自我保护，从社会要求和生活选择中抽离出来。

4. 神经症患者会与现实脱节，生活在想象与幻想之中。他们还会使用各种手段逃避现实的要求，并且向这样一个理想目标进发——不为社会付出任何努力，也不肩负任何责任。

5. 这些疾病和磨难给他们带来了特权，让他们得以被原谅，从而代替了他们最初具有一定冒险性的优越感目标。

6. 神经症患者做出了如下尝试：通过建立"反强迫"的手段，将自己从社会的所有约束中解放出来。这种"反强迫"的手段的构成方式，让患者能够有效地面对环境的特殊性质及要求。

7. "反强迫"的手段具有反抗的属性，它会让人从良好的情感体验或所见所闻中收集信息，让人的思想或情感要么专注于那些激动人心的体验，要么专注于无关紧要的细节。它至少能够让人的注意力从生活问题上转移开。患者根据情景的需求，可能编造出焦虑、强迫、失眠、昏厥、反常行为、幻觉、轻微病变、神经衰弱、疑病症等症状，再加上他们真实的精神上的症状，以此为自己提供身患疾病的借口。

8. 逻辑思维也会受到"反强迫"手段的支配。在精神失常的患者身上，"反强迫"的过程可能会让逻辑思维无效化。

9. 逻辑思维、生存意志、爱、人类的共情能力、合作能力以及语言，都产生于人类共同生活的需要。与这些需要相反，神经症患者会自发地产生另一些选择，即孤立自己，追逐权力。

10. 要治愈神经症和精神病患者，我们必须彻底改变患者对整个成长过程中对他们造成不利影响的事件所持的态度，将他们脱胎换骨地改变后，交还给人类社会。

11. 神经疾病患者的所有意志与努力都是由他们追求名望的计划所决定的，这会让他们不断地寻找借口，回避解决生活中的问题。因此，他们自然会抵触社会情感的发展。

12. 因此，我们也就明白了"对人进行全面而统一的了解，是为了理解他（不可分割）的个性"这一观点是多么正确。我们必须接受这种观点，这是基于理性和个体心理学知识的要求。这些知识能够促进人格的整合。而比较法（comparison）作为我们研究方法中的一个主要工具，能让我们对个体努力获取优越感的驱动过程有一些了解。

（1）我们要理解我们所面对的患者在某种心理需求的压力下所采取

的态度。心理咨询师必须在相当大的程度上拥有设身处地为他人着想的能力。

（2）患者的态度和异常状况可以追溯到幼儿时期，会受到以下因素的影响：患者在儿童时期与环境的关系，他们对自己所犯错误的评价，根深蒂固的自卑感，以及他们对权力的追求。

（3）我们发现某些类型的神经症是由神经衰弱造成的，而另一些则源于恐惧心理、癔症、神经性强迫症或精神病。

（4）神经质个体在不同程度上回避了社会的要求，比如进行合作、具有同理心、能够爱人、适应社会以及承担社会责任等。

通过个体心理学的研究，我们发现神经质个体远比普通的正常人更会按照自己对权力的欲望来安排自己的精神生活。他们对优越感的渴望，让他们彻底拒绝一切外在的要求，也会拒绝他人对他们的要求和社会责任。我们发现了神经症患者的心理生活中的这一问题，也就更容易去深入了解其思想的内部联系。这必定会成为神经症的研究和治疗中最有用的假设——我们只有对个体有更深刻的理解，才能理清并分析每一个案例所包含的完整意义。

这种形式的论证以及由此得出的结论，是基于这样一种假设：个体受情绪制约的优越感所构建的虚拟目标，比理性思考的力量更强大。而这种假设似乎不适用于那些健康的个体。但是，我们发现无论是在健康的个体中还是在整个社会生活中，这种"理性思考具有更强大的力量"

的理想状态的反面事例却频繁出现。战争、政治虐待、犯罪、自杀、苦修——这些类似的方式意外地证明了一个观点：**人们身上的许多痛苦和折磨，都是自己在某种观念的影响下产生的，并且甘愿接受这样的过程与结果。**

猫天生就会抓老鼠，尽管没有人教它该怎么做。即使在刚出生的那几天，猫也做好了捕猎的准备。这种自然规律再怎么神奇，也比不上神经症个体会根据他的天性、命运、地位和自我评价来逃避外界的各种强迫性要求更神奇。他觉得外界的强迫性要求让他无法忍受。他会秘密或公开地，自觉或不自觉地寻找借口来为自己开脱。这些借口往往是他自己创造出来的。

正如神经症患者的童年经历所体现的那样，我们要在他们多年来对环境的持续冲突态度中寻找他们无法忍受外界的强迫性要求的原因。这些要求与环境的冲突是强加在孩子身上的，并没有合适的理由能够说明强迫性要求为何会以这种形式被表达出来。由于强迫性要求所主导的生理或心理地位，儿童会因此形成持久或强化的自卑感。这一冲突的目标是获取更多的权力和地位——由儿童的无力感和自不量力所构建成的优越感理想，或冲突引起的普遍补偿作用或超补偿作用。在个体追求理想的过程中，神经症患者总是能战胜社会限制和外部环境。一旦这种冲突发展出了更多的形式，它就会从内部演化成对各种强迫形式的反抗，无论这种强迫是来自教育、现实、共同利益、外部力量、个人弱点，还是来自工作、清洁、正常排泄、睡眠、疾病的治疗、爱、友善、友谊、孤独或与之相对的社交。总而言之，我们观察到的是一个不想遵守规则的、陷于错误环境中的人。当这种冲突发生在个体感觉到爱情和友情时，个体就会以不同的程度和形式表现出对婚姻和友谊的恐惧。在这里，我要提醒大家注意一些难以被常人察觉的"外界强迫形式"。在神经或精神出现症状的时候，患者经常无法接受它们。这些强迫形式包括：承认这种强迫形式的存在，关心他人，遵从内心，实话实说，认真学习以通过考试，遵守时间，信任他人，信任社会，能够向他人倾诉家庭、事业、子女、配偶或自己的秘密，从事一种职业，结婚，能够认识到他人想法的正确性，懂得感恩，生儿育女，扮演一个合适的性别角色，认识到爱的责任，在清晨起床，在晚上休息，承认他人的平等权利，认可女性的权利，对任何事物都坚持原则，忠诚，等等。这些方面的强迫特征可能是有意培养的，也可能是在潜意识中出现的，但是它们永远都无法被患者全然感知。

这种考察方式告诉我们两件事情：

（1）对神经症患者来说，强迫形式的概念已经被很大程度地放大，包含了各种关系。从逻辑的角度来看，正常个体不会认为这些属于某种强迫形式。

（2）这种对立冲突并不是终点，而是会进一步扩大。它会持续发展，然后发酵。这种冲突贯穿始终，并最终在某一个节点上向我们证明，神经症患者会为了战胜他人付出多大的努力。"我试图让环境臣服于我，而不是我臣服于环境。"在贺拉斯（Horace）写给梅塞纳斯

（Maecenas）的信中，贺拉斯指出了贪婪地追求社会地位会带来什么样的结果：头痛与失眠。

一位三十五岁的患者向我抱怨说，他多年来饱受失眠、焦虑、强迫性自慰（masturbation-compulsion）的折磨。最后一个问题尤其明显，因为患者已婚，是两个孩子的父亲，并且与妻子的婚姻关系非常好。关于其他折磨他的问题，他提到了一种"橡皮恋物癖"（rubber-fetichism），在情绪激动的情况下，他总是想说"橡皮"这个词。

在对他进行了大量的个体心理学检查之后，我们得出了以下结论：在他以压抑为明显特征的童年时期，他习惯性地尿床，并且因为比较笨拙，他被人看作愚蠢的小孩；他沿着充满野心的生命计划路线成长，成了一个自大狂。[①]他所处的环境给他施加了很大的压力，外部世界对他而言是绝对有害的，并且让他对人生的看法非常悲观。在这种情感的影响下，他认为外部世界的所有要求都是无法忍受的压迫，于是用尿床的方式来进行反抗。直到后来，他遇见了一位老师——他有生以来认识的第一个好人。自此，他对他人的要求所表现出的反抗、愤怒，以及对社会的冲突态度开始缓和。这让他在一定程度上减少了尿床的行为，并渴望成为优秀的学生，能够为人生的最高理想而努力。他以诗人和哲学家的方式，通过一种超脱的方式，化解了对他人强迫行为的敌意。他的想法十分情绪化，仿佛认为他是这世上唯一存在的生命，而其他生命体，尤

---

① 他认为外部世界的所有要求都是他无法忍受的压迫，于是他用尿床的方式来进行反抗。充满野心的生命计划路线指的是在心理层面的动力补偿式的野心与阴谋，赋予自我某种超人的能力或者天赋，也就是自大狂，与现实形成强烈反差。——编者注

其是人类，都只是表象而已。这种想法受到了叔本华、费希特和康德等人思想的影响。然而，他这种漠视他人存在价值的想法的更深层目的，是让他获得安全感，并逃避"当前的嘲笑与质疑"。这些都是通过"魔法"来完成的，就像有的孩子想要摆脱自己的无力感一样。橡皮成了他的力量的象征和标志，因为对一个孩子来说，橡皮是有形事物的消除者①，是一种可以实现的可能性。不过，这种情况的实现需要他的过度想象与泛化思维。因此，每当学校、家庭，以及他后来所遇到的男人、女人、妻子和孩子对他提出任何要求，或者他感受到行为上的威胁时，"橡皮"这个词及其概念就成了他内心征服一切的口号。

于是，他以一种极其富有诗意的方式，达到了成为孤胆英雄的目标，实现了他对权力的追求。然而，随着他在现实生活中的地位的稳步提高，他无法摆脱真实世界和社群感。所以，他并没有抛弃那些把我们所有人联结起来的爱和关系，也因此没有患上更严重的偏执型精神病，只是发展到了强迫性神经症的程度。

他的爱不是建立在纯粹的社会情感上的。事实上，"爱"是他受他追求权力的人生主线的吸引而产生的。由于"权力"的概念及其给人的感受也与"橡皮"这个词神奇地联系在了一起，他发现了一个方法，可以让他在对"女士丝袜"的幻想中解放自己的性欲。影响他的不是女人，而是女士丝袜。换句话说，不是一个人，而是一个非人的物体。因此，在确保他的权力安全的同时，他产生了恋物癖。他身上的一些特质

---

① 橡皮可以擦除铅笔的笔迹，是一种可以抹除其他存在的意象。——译者注

通常可以被看作恋物癖开始萌生的起点。如果他对自己的男性气概没那么有信心的话，我们就会在他身上观察到同性恋、恋童癖、恋老癖、恋尸癖和其他类似的特征。

他的强迫性自慰也有着相同的基本特征。这让他摆脱了现实生活中的"爱的强迫"，以及来自女人的蛊惑。

他失眠的直接原因是他的强迫性焦虑，这种焦虑让他努力克服睡眠的限制。无法抑制的野心迫使他花整晚的时间来解决白天发生的问题。但是，他没有取得很大的成就，因为失眠还有另外一面。失眠让他力不从心，这也是他患病的原因之一。由于他总是失眠，他到目前为止所取得的成就可以说只花了他一半的力气。如果他能够睡着，有了足够的休息，那么他能实现的就更多。但是他无法入睡，而且通过这种在夜间焦虑的强迫症状，他有了退路。他因此保存了自己的独特性和自己近神的形象。现在，所有的缺陷都不能再被归咎于他自己的性格，而要归咎于他那莫名其妙且致命的失眠情况。因此，他的无能也变成了一个令人不快的意外事件。要对这种情况负责的人并不是他，而是能力不足的医生。他如果没办法证明自己的伟大，就会怪医生没治好他的病了。可以看出，对他来说，保持一个患者的状态是非常重要的，他也并不准备让医生轻松治愈他的疾病。

他把自己疾病的各种症状之间的联系，作为保证自己对妻子、家人和下级拥有特权的正当理由。由于他是患者，他自视甚高的态度便永远不会受到损害。他总是靠自己的疾病来逃避现实。事实上，他也可以采取不同的态度。在上级面前，他可以是最认真、最勤勉、最听话的职员，他也会因此得到上级的充分认可，尽管私下里他总是想要超越他们。

他对掌控感过分强烈的渴求让他病了。他的情感生活，他的主观能动性，他的工作能力甚至思维能力，都被压抑在他对权力追求的自我强迫之下，这让他关于人性的情感如爱和友谊以及适应社会的能力等全都消失了。我们只有摧毁他的整个追求名望的机制，帮他培养出社会情感，才能医治好他的疾病。

（完稿于一九一三年）

第四章

神经症的个体心理学治疗手段

概况

在对心理治疗原则的价值的讨论依然如此盛行的时候，对心理治疗的广泛领域进行简化处理是一件相当危险的事情。因此，请允许我在这里提出我的观点。同时，需要声明的是，这些观点来自从一九〇七年以来一直供大众使用的一些研究材料，其中包括我的经验。一九〇七年，我在《器官自卑》（*Organ Inferiority*）这本书中提出，遗传性体质异常不仅仅表现在退行行为上，我们也应该意识到它所引起的显而易见的补偿行为和超补偿行为。这些行为主要是由强化的精神活动引发的。患者为了克服器官缺陷引起的心理紧张，继发性地强化了精神力量。这股力量会沿着新的、不同的路线发展。从观察者的视角看，这种代偿活动似乎经过了个体充分的检验，从而以一种非常微妙的方式掩盖了个体想象中的某些缺陷。为了防止童年时期产生的自卑感被揭露，患者最广泛采取的方法（一种权宜之计）是创造补偿性的心理上层建筑，也就是神经症的产生。这一上层建筑试图通过已被患者充分测试过的行为计划和防御方式，让个体在生活中再次获得有利的地位和优越感，其采用的所有方法和计划包括它所囊括的神经质性格、特质与症状——这些都在患者先前的尝试、经验、识别和模仿中获得了价值。即使是健康的人，也用过这些方法来达到自己的目的。如果我们能正确理解上层建筑的表达方式，我们就能确切地发现神经症源自个体想要努力获得他人认可的欲望。事实上，他是在强迫自己获得他人的认可。他不断地渴望着从不安和自卑中开辟出一个近神的领域，并让自己拥有掌控权。

我们先不考虑神经症行为的根源，因为我发现神经症行为是由各种各样的潜在的刺激行为引发的。这些刺激行为并不代表神经症的起因，而是其导致的结果。在一篇简短的论文《神经症患者在生活中的攻击性传播》[①]中，我试图描述这些被频繁强化的"情感活动"。为了达到某种目的或逃避某些危险，这些"情感活动"常常会转化为行为上的"攻击性测试"。我们通常所说的"神经质倾向"，其实已经是一种真正的神经疾病了。只有当内在需求强烈时，才会出现更加明确的、可以被称为疾病的神经症症状。患者出于以下目的，会特别需要疾病的症状，以及与之相关的"计划"：

（1）如果生活否定了患者所渴求的胜利，疾病就成了一种借口。

（2）因为患病，患者可以百般拖延，不去做任何决定。

（3）疾病让那些已经达成的目标变得更为亮眼，因为它们是患者克服了疾病的痛苦而达成的。上述以及其他方法清楚地显示出神经症患者为事物的表象所做出的努力。

在每种条件下，我们都能够轻易地做出推论。神经质个体的所有行为都被一个想象中的目标所指引。为了确保他的行动取得成功，他会毫不犹豫地遵循这条专门为他设立的道路。神经质人格通过以下方式确定

---

① *Heilen und Bilden*, 1914.

了它的表现形式：患者确定的、已适应的性格特征，患者已经验证过的情感准备，以及患者看待过去、现在和未来的神经症视角。这种确保自己获得优越感的冲动是那么强大，以至于每一种心理现象，如果从比较心理学的角度加以分析，都会表现出相似的特征，即将自己从无力感中解放出来，达到野心的顶峰。通过使用晦涩难懂的手段，神经质个体将自己从低谷提升到巅峰，成为至高无上的人。患者通过计划、思考，以及对世界进行把握，能够得到一种固化的秩序与安全感。因此，神经质个体会求助于他知道的每一条规则，每一种能够为他提供帮助的形式。其中重要的规则与形式，是那些与原始的对立图式（antithetic scheme）相一致的事物。因此，患者认为只有那些严格遵循优劣之别的情感价值才是重要的，而且据我所知，他会尝试将这些情感价值与他看起来非常真实的"男性气质"和"女性气质"联系起来。患者会伪造有意和无意的判断。这种判断似乎会通过某种心理累加器（psychic accumulator）令人产生情感紊乱，而情感紊乱反过来又适应了患者的个人生活。对于那些感觉上"女性化"的精神特质，比如被动的态度、顺从、温柔、柔弱、对失败的记忆、无知、无能、温和，神经质个体都会试图以夸张的方式将它们推进到"男性化"的一端，从而发展出仇恨、轻蔑、残忍和自我主义的特质。他会在每段人际关系中寻求成功。有时，他也可能会明确强调自己的弱点，并用这种方式让别人为他服务。这一过程极大地增强了患者的预防能力和预见性，并让他能够有计划地逃避一些迫在眉睫的决定。患者相信，他有责任在生活中提供自己有着"男性优势"的证明，比如在每次与天性的斗争、每段职业、每段感情中，他都要提供这些证明。或者说，在这些情况下，他会害怕自己因为失败而变成一个"娘儿们"。在他偏离这一目标的时候，他甚至可能试图间接地解决这一问题。如此，我们总会在患者身上成功地找到他的生命线（life-line），也会发现患者因为害怕错误和失败而偏离最直接的道路，转而寻找安全的旁道。神经质个体对性别角色的扭曲的结果，让他似乎表现出了"心理上的雌雄同体"倾向。事实上，他也相信自己具有这种倾向。从这个角度来看，我们很容易认为神经症的问题源于"性"。事实上，在"性"的领域中所产生的问题，在人的心理生活中也存在。我们身上原始的自卑感会迫使这些问题沿着旁道行进。对"性"的领域而言，这条旁道是自慰、同性恋、恋物癖、恋尸癖以及对性产生过度评价等行为。如此一来，患者就不会迷失，继而朝着优越感目标的方向进发。"我希望成为一个完整的男人"的简略图式，就成了神经症患者既抽象又具体的目标。这也是补偿性的终结，终结了被解释为"女性化"的自卑感。以这种方式被感知到的、个体会遵循的图式，自始至终都是对立的。此外，患者会有意识地在图式中伪造出对立的元素。因此，我们总是会认识到下面两个条件，它们是神经症患者追求目标时的潜意识前提：

（1）在任何情况下，人际关系都是一种斗争关系。

（2）女性的性别较低等，她们的反应可以作为衡量男性力量的标准。

这两个潜意识前提毒害并且扰乱了人际关系，让人们内心空虚，无法坦诚相待。男性和女性患者身上都体现出了这一点。这种空虚，通常会在患者症状加重以及疾病被发现之后减轻。在某种程度上，这种症状及其相关情绪是带有优越感的神经质欲望及其相关反应的替代品。在患者的情感生活中，这比直截了当的战斗、确定的人格特质以及反抗行为更能为患者带来对外界环境的虚假胜利。对我而言，了解症状的表现形式是心理治疗能够成功的主要条件。

由于神经症帮助患者实现了最终的优越感目标，同时患者的自卑感又明确地排除了他直接争取的可能性，因此他更倾向于采用迂回的办法。这种迂回的办法十分常见，却不容易被发现，有时还有着令患者受虐的特点，会让患者进行自我折磨。一般来说，我们会在患者身上发现心理因素干扰和疾病症状的混合体。这种混合体要么会在患者发病期间同步出现，要么会接连出现。当这种混合体和疾病机制的语境分离时，有时会令人产生混乱的错觉，就像患者的人格发生了分裂。这也表明，患者能够在这两种对立的路线中找到办法，达到自己的平衡状态，也就是想象中的优越感。正如患者在面对目标的时候，会同时进行正确或错误的论证，他的判断和感受也会完全独立于自己的目标。无论在什么情况下，我们都要牢记，神经症患者身上所具有的对立的观点、感觉、记忆、情感、特征以及症状，其实都是患者作茧自缚导致的。

因此，患者想要表现得非常恭顺，或者用他"歇斯底里的性格"来达成目标。他利用脆弱、恐惧、被动、需要关爱的特质绑架他人，他熟练地使用各种各样的技巧、情感和身份认同策略。这些策略伴随着恰到好处的适应性情感和性格特征。受到压抑的神经症患者会遵循明确且仅适用于自己的原则、规范和禁令。事实上，这些原则、规范和禁令都强化了他自己感觉到的、近神的人格。患者把获得某些理想化"收益"作为自己的目标，而为了达到这种目标，患者会用直接经验证明最合适的方法进行斗争。比如一位遭遇意外，苦受强迫行为折磨的神经症患者，会坚持不懈地试图获取一些物质上的"收益"。同样的道理也适用于患者身上主动的情绪因素，比如狂暴、愤怒和嫉妒，这些情绪会让患者更加安全地走在通往卓越的道路上。这些情绪通常会表现为疼痛发作、晕厥或癫痫发作。[1]所有神经症的目标都是确保患者认同的人格感受和生活轨迹是安全的。为了证明自己有应对生活的能力，患者会进行"计划"，也会产生神经症的症状。这些症状会成为必要的援助手段，或者说是一种"安全指数"，可以用来抵抗患者预期中会出现的危险。他也会不断地努力，防止他所预期的危险发生。在自卑感的影响下，他一直在为未来"制订"各种计划。

神经症患者的"计划"

患者有目的地坚持和重视从现实生活中萌生的自卑感，这使得他早在童年时期就不断地设立目标。这种目标是超越人类极限的，类似于献祭，会强迫个体按照自己严格规定的路线前进。神经症系统和神经症

---

[1] Cf. "Trotz und Gehorsam" in *Heilen und Bilden*.

患者的生命计划处于患者的自卑感和他所追求的优越感之间。这种补偿性的心理结构，这种神经"意志"，会利用一个人自我产生的和外来的所有经验，并且有目的地对这些经验进行扭曲，有时还会篡改它们的价值。另一方面，只要这些经验满足神经症患者的目的，他也会对这些经验不加修改地采用。

　　我们仔细观察，就会发现一种完全可以解释的现象，即这些"计划路线"在各方面都设立了警告或鼓励的标志，会对患者的行动进行提醒或号召。因此，神经症患者身上确实存在着一个盘根错节的安全架构，他在心理上形成了一个上层建筑，这个上层建筑会随着时间的推移而被改变，他适应现实的能力会比儿童正常成长中的适应能力更强。神经症患者的每一种心理现象都被这个僵硬的系统所渗透——打个比方来说，就像河流的河床可能如同浮雕一般凸显出来一样。这些心理现象包括神经质的性格表现、神经症症状、个体的举止、个体的生活方式等，还有当个体做出的决策威胁到他的近神状态时，他做出了逃避的选择。最后，这些心理现象还包含他的世界观，他对男性和女性的态度，以及他的梦境。在一九一一年，我就针对上述现象做出了解释。我对梦的看法与我对神经症的看法是类似的。我发现梦的主要功能在人类早期的行为中有迹可循，梦能够对生命计划提出有效的警告和鼓励，梦的目标是解决未来的问题。这在本书第十七章《梦与梦的解析》中有更详细的解释。

　　心理现象中惊人的相似之处是如何产生的？心理现象中似乎存在着

某种相同的事物，并且心理现象也被同一种趋势引领着。这种趋势是一种向上的，向着男性角色、向着近神的感觉而努力的趋势。这在我的神经学研究中有所阐述。[①]而从当时被普遍接受的观点来看，这一研究并不完整，并且走上了错误的路线。

从上述研究中，我们能够很容易地得出答案：神经症患者的目标有着催眠的性质，迫使他的全部心理活动进入整合适应的状态。一旦确认了患者的生命线，我们就会追随他的预设和既往病史，发现他果然表现出了我们所期望的状态。他对人格整合的强烈欲望来自内在的需要，是由他保护自己的倾向造成的。在患者对自己的性格特征、情感准备以及自身症状进行图式性"规划"后，这种心理活动路线就会变得安全而不可改变。有一些对患者的"情感障碍"和神经质"敏感性"（sensibility）的评估，能够证明患者身上存在着潜意识的计划。这些潜意识的计划是为了让上述特质保持在患者的生命线之内，从而使患者能够达到目的。这是一种神经症的诡计。

比如，广场恐怖症患者会用一种复杂的机制提升自己在家中的威望，强迫他的环境为他服务，防止自己迷失。而在街道或者开阔的环境中，他那种热切渴望的"共鸣感"会在不知不觉中在情感上释放为一种"连接"（junktim）[②]。这种连接有关孤独、陌生人、购物、寻找目的地等想法，还有对中风发作、被关禁闭、被大街上的细菌传染疾病等的幻

① *Neurolog. psychiatr. Zeitschrift*, 1905.
② "连接"是有目的地将两种思想或情感复合体结合在一起，而连接的这两个事物在现实中几乎没有联系。"连接"的目的是丰富个体的情感。——编者注

想。我们可以明显地看出患者夸张的安全指数和他的幻想之间的差距。通过这种方式，我们可以分辨出患者的目的，这一目的的达成会让他的最终目标以及他所认可的生命计划得以推进。焦虑发作的患者所采取的预防措施与此相似。焦虑症患者在做决定时容易打退堂鼓，无论这种决定是关于考试、爱情还是事业。这会迫使患者伪装出生病的样子，让自己联想到处死、囚禁、深海、活埋和死亡等。

神经性强迫症患者通常会构建和利用宗教与伦理上的罪恶感来获得拥有权力的感觉。比如，"如果我晚上不祈祷，我母亲就会死"的想法。换一种方式来叙述，我们就可以理解其中近神性的虚构："如果我祈祷，她就不会死了。"

这种夸张化的理想人格会伴随着神经质的焦虑情绪，患者用这种焦虑情绪来确保理想人格处于安全的状态。我们同时发现，在患者确定这种夸张化的"期望"会以失望告终之后，他会产生强化而明确的适应性情绪，比如哀伤、仇恨、不满、嫉妒等。在这些情况下，人们对原则、理念、梦想和空中楼阁般的理想的坚持发挥了非常大的作用。神经症患者会将这种坚持与某人或某些情况联系起来，并且剥夺这些事物的所有内在价值，从而显示出他的优越感。爱情在人类生活中的重要意义，以及神经症患者对爱情有着不切合实际的期待，希望在爱情中拥有高于他人的影响力和地位，会让"对爱情的期待落空"这一"计划"频繁发生。这样，患者就会用这种方式来逃避性别角色的问题。手淫冲动、阳痿、性变态和恋物癖，是间接的表达形式。

第三种预防失败或表现出明显自卑感的心理构建方法，简单来讲是一种对知觉、情感和感觉的预估。预估的意义在于，当患者受到威胁时，预估能起到警告或鼓励的作用，并且在做梦、疑病症、忧郁症，特别是错觉、精神病、神经衰弱和幻觉中都会起到这一作用。[①]比如，儿童在尿床时通常会做这样的梦：梦到自己在厕所里。这样，儿童就可以萌生出一种带有复仇意味的遗尿态度。同样，患有肺结核、麻痹、原发性癫痫、妄想性障碍以及心肺疾病的人身上也会产生这种图景。患者用这种图景来制造恐怖的氛围，或确保自己的安全。

为了将神经症和精神病患者的心理趋向清晰地展现出来，我建议用公式来表现人们对待神经症的态度，然后将这一公式与代表上述观点的另一个公式进行比较，而后者更符合现实情况。

第一个公式如下：

个性+经验+环境+人生需求=神经症

在这个公式中，我们认为个体被自卑感、遗传、"性体质"（sexual constitution）、情绪性和个性所削弱了。此外，患者的经验、环境以及外部需求都给他带来了巨大的压力，诱使他"在疾病中寻求庇护"。这一解释显然是错误的，并没有在继发假设中获得理论支持。继发假设认为，在现实中，神经症会对患者难以满足的愿望以及本能冲动进行调整。

---

① 由于对战争引起的神经症的研究，这种新观点似乎被所有学者所接受。——编者注

更合适的公式如下：

个体对（个性+经验+环境）的评估+个体对（经验+性格+情绪+症状）的计划=理想中的人格

换句话说，公式唯一明确而固定的点就是理想中的人格。患者为了更加接近他心中的近神形象，会对自己的个性、经验和环境进行有倾向性的评价。但这并不足以让他更接近自己的生命线和目标。他因此会使用一些之前使用过的有力手段，这些手段更容易激活他的人生经验——一些关于挫败、欺骗和痛苦感受的经验。这些经验是他深信而长久渴求的攻击性特质的来源。神经症患者的生命计划，由追求优越感的强烈渴望来维持，并且患者会有目的地对其进行规划。他会谨慎地回避看起来危险的选择，沿着先前测试过的安全方向和被扩张过的安全网络漫游。因此，关于心理能量（psychic energy）的存留与丧失的问题，并没有什么意义。患者会创造出如此多的精神能量，让他在自己选择的优越感的道路上继续前行，让他展现自己的男性角色和近神的形象。

神经症的心理治疗

在心理治疗学中，最重要的原则就是将患者的神经质问题或生命计划揭示出来。整体而言，因为患者成功地将神经质问题或生命计划这两方面与他的自我批评分离，这两方面才一直得以保留下来。神经症的某些潜意识过程与现实是对立的，它们是最重要的一部分，也是可以被我们最先理解的部分。我们可以通过患者为达成目标而采取的明确倾向对其进行解释。①潜意识过程与现实的对立，也是与社会要求的逻辑对立，存在于患者的神经质系统之中。患者的神经质系统与患者有限的生命体验和个体差异相关联，从构建生命计划的那一刻起，也就是自童年时期起就开始生效了。通过了解患者个性的艺术性和直觉性自我认同，我们可以更好地理解其生命计划的意义。我们因此可以觉察出我们是如何潜意识地把自己与患者进行比较的，又是如何潜意识地比较患者的不同态度和其他患者的类似行为的。运用我从研究材料中获取的两种经验，可以让我们所感知到的背景材料，即患者的症状、经历、生活方式和个体的发展情况看起来更有条理。

第一种经验，患者在刺激条件下建立的生命计划有着怎样的基础。这些刺激条件包括器官自卑、家庭压力以及遗传性的神经症。并且，我会把注意力放在患者在童年所产生的相同或相似的神经质反应类型上。第二种经验则来自上文所述的假设，这些假设认为，患者会通过经验获取以及虚构认同感。我会根据这些假设来预估我的感知。

我总是期望我的患者所表示出的态度，与其对自己的生命计划、在童年时期所遇到的人以及原生家庭的态度相一致。在患者与医生会面的时候，我们会发现类似的情感连接。情感的转移或对情感的反抗似乎是后来才发生的，而且是基于一些错误而产生的。在治疗过程中，医生可能在后期才会发现这些问题，但这时往往就太晚了。尤其是在患者意

---

① 可参考本书第十八章《潜意识在神经症中扮演的角色》。"感性"并不能保护个体不受有意隐瞒事实的影响。患者的"近神性"有时也会对医生要一些奇怪的花招。

识到自己隐藏的优越感之后，他可能会结束治疗，或者因为病情加重而无法继续忍受治疗。经过正规心理训练的医生清楚自己在任何情况下都不应该冒犯患者，因此以上情况可能是在医生没有意识到的情况下发生的。如果医生不清楚患者的问题性质，就要再三考虑自己的言论是不是无害的。因此，在治疗中，医生一定要小心谨慎，并且尽快了解个体的神经症系统，特别是在治疗刚刚开始的时候。一般来说，医生只要有相关的经验，是能够在治疗的第一天就发现相关信息的。

最重要的是，我们必须避免患者的主动出击。在这里，我只能给出一些建议，以防止医生陷入被患者"治疗"的境地。首先，即使是在最安全的情况下，我们也无法保证能成功治愈患者，要明白治愈只是一种可能性。心理治疗中重要的方法之一，就是把治疗的成功归因于患者，把患者当作医生的"同事"，像对待朋友一样对待患者。患者根据治疗的结果来支付治疗费用的情况，给我们带来了很大的困难，让我们无法做出完全治愈患者的承诺。我们最好在治疗的每一个阶段都能这样想：正如我们所知，渴望优越感的患者会利用医生的每一个承诺（比如医生对治愈时间的承诺）来让医生感到不安，所以医生要谨慎地做出承诺。因此，所有重要的问题（比如探视时间、友好和开放的接待服务、付款问题、免费治疗、医生的保密承诺等）都应该加以规范，并且要求双方都严格遵守。在任何情况下，对治疗疾病而言，患者主动去看医生都是很有帮助的。毫无疑问，在治疗眩晕症、疼痛感和广场恐怖症等过程中，患者的主动会在治疗一开始让我们省去大量的工作，因为患者身上通常会出现的攻击性不会在这些情况下产生。如果我们对治疗的阶段性成功表现出明显的喜悦，或因此而吹嘘的话，就大错特错了。因为如此一来，患者的情况马上就会急转直下。我们最好还是耐心地、不急不躁地、冷静而科学地把所有的精力都集中在治疗过程中遇到的困难上。

在我们的治疗过程中有这样一个原则，完全符合上述标准：不让患者把我们的地位看得比他们高，比如把我们视作老师、父亲和救赎者等，除非他们可以提供非常有说服力的理由。患者的这种行为常常代表着反抗行为的开始——**他们会将比自己地位高的人全部推下神坛，也会利用治疗过程中的失败来否认医生**。这是患者一直以来的习惯做法。医生面对神经症患者的时候，坚持自己处于优越地位或拥有更高的权力对治疗也是不利的。对医生来说，最好的方法是开诚布公，避免对患者做出承诺，提防自己犯下错误会带来的危险。对医生而言，更危险的行为是让患者为医生提供帮助，向患者提出请求，以及期望从患者那里得到什么东西。如果你以为患者能够保守秘密，就说明你完全不了解神经症患者的心理活动。

以上这些方法，将医生和患者放在了恰当、适宜的平等关系之中，也使神经症患者能够在友好和自由的谈话中顺利地公开自己的生命计划。让患者采取主动总是更好的策略。我发现，最安全的方法就在于寻找患者的表达和思维方式中所表现出的神经质的行为路线，并将其简单揭示出来。同时，在不引起患者注意的情况下，医生要教导他做出同样的尝试。医生必须确信神经症患者的行为路线的独特性和排他性，才能唤起患者内心的真实想法。而且，医生还要事先告诉患者，在他身上存在着烦人的"计划"，进而解释这些"计划"，直到患者对这些"计划"感到沮丧，产生疑惑，从而放弃，并用新的且更好的"计划"来替代它们。医生无法预测这种变化是否能够真实地发生，但是在患者和医生的关系还没达到让患者完全放弃的程度下，患者会更容易妥协。

正如患者在通往优越感的道路上存在着这些"计划"一样，患者身上也存在着明确的错误观念。这些错误观念会加深患者的自卑感，进而为神经症的进一步构建提供刺激。因此，患者更加难以放弃这些错误观念。医生必须让患者看到这些错误观念以及它们的倾向。

患者的原始感知图式会清晰地评估其感受到的所有印象，并有目的地将这些印象进行分组，比如高级和低级，成功者和失败者，男性角色和女性角色，一无所有和应有尽有，等等。之后，我们会说明、揭露、展示出这种分组方式是不成熟的、不可靠的，还会指出这样的分组会让患者对外界产生敌意。神经症患者通过自己的方式所获得的胜利，只存在于自己的想象之中。我们必须向患者展示其他人的观点。患者感知他们的优越感，通常会以一种类似神经质的样子表现出来，如扭曲的爱情关系。同时，**他们那不可企及的优越感目标会一步一步地被医生揭示出来。同样被揭露的还有他们是如何有目的地掩盖了这一优越感目标——这个目标关乎他们无所不能的掌控力，他们决断一切的力量。因为这一目标，患者缺乏自由和对人类充满敌意的症状也会显现出来。**我们发现，只要手头有足够的资料，我们就可以证明所有神经症患者的性格特征、情感与症状都可以作为他们的手段，让他们既能沿着既定的生命计划走下去，又能保证这一计划顺利进行。对我们来说，最重要的是理解患者情感和症状的起源，正如上文所说，情感和症状通常靠的是没有意义的"连接"，而"连接"也是沿着这一计划运行的。患者常常潜意识地展示出自己的"连接"。在其他时候，我们必须要从患者带有类比性的解释、他们之前的人生经历或他们的梦中提取出关于"连接"的相关信息。

在患者的世界观、人生观以及他们对未来的展望和对经验的分类方式中，我们同样会发现这种相同的生命线倾向。在每个人生阶段，患者总是会遇到虚伪的"事实"、有意隐瞒的事情、有目的且明显片面的思考方法、无限的恐惧以及不可能实现的期望，这些东西会在患者身上"战斗到最后一刻"。只有在对患者生命计划的统一趋势有了更详细的了解之后，我们才能成功地发现他们身上那些离经叛道的行为。

医生的治疗会被患者认为是不利于自己在神经症的道路上实现自己优越理想的障碍。因此，每一个患者都会试图与医生对抗，比如质疑医生的资格，诋毁医生的治疗，向医生隐瞒自己的真实情况，找一些新事件来反对医生的观点，等等。我们要特别注意这些问题，因为在医生所精心计划的治疗方案中，这些问题才能够清楚地揭示出患者是如何通过神经症的方法来保持自己优越感的倾向的。我们还要特别留意，随着患者的情况得到改善——当医生和患者总是可以达成友谊与和平的时候，患者的攻击行为仍会继续——患者的反抗尝试也会更有力量。患者会通过迟到早退、在治疗过程中浪费时间或不继续配合治疗的方法，来阻碍治疗的成功。这种明显有敌意的行为和所有其他抵抗方式一样，都表现出相同的心理倾向。只有当患者一次又一次地意识到自己的行为是非常自然的时候，这种敌意才会消除。我发现患者的亲属总对医生抱有敌意，而我有时会在不经意间将这种敌意激发出来。因为一般来说，患者的整个家族都可能会有神经症的传统。通过对神经症的传统进行揭露与分析，我可以最大限度地帮助我的患者。患者最终要得到治愈，还是要靠他们自己。我觉得最好的方式是坐好了，端正态度，完全相信我的患者只要认清了自己的生命计划，那么无论我在那一刻说什么，他作为患者都能够更好地理解我的意思。

附录

在附录中，我会节选一些关于上述神经症患者的生活类比方式的笔记——一位二十二岁患者的心理活动。他求助于我，是因为他遇到了强迫性自慰、抑郁、厌恶工作、总是感到胆怯和尴尬的问题。让我打个比方来解释：患者对自己的评估越极端，他就越需要提前计划，寻找能证明这一评估的证据（这种对自身的评估与自身的相关经验、性格特征、情感与症状有关），无论他对自己的评估是有意识的，还是在生活中失败的压力下进行的。这样一来，患者的神经症发作和他对神经症的选择就可以得到解释了。从鉴别诊断的角度来看，洞察这种联系是非常有必要的。由于混合型的症状表现总是存在的，医生对器质性神经疾病和病理学有确切的了解就是十分必要的。

　　为了让读者更加清楚地了解这个问题，像解决数学问题所需要的技巧那样，我们先假设案例的问题已暂时得到了答案。现在，让我试着用答案的草图来反推这一案例材料及其解决方法的正确性。让我们从一个暂且成立的前提条件开始：患者正在努力追求一种折中的办法，让他达到完美、优越和近神的目标。在我们不加限制的谈话中，患者很快就给我们提供了充足的证据来证明这一假设。他描述了他家族特殊的贵族地位以及这一地位的排他性和"贵族义务"，还有他的哥哥是如何因为娶了比自己地位低的女性而成了家里的众矢之的。这样一来，我就理解了他对贵族身份的执着，因为他也认为贵族身份不但很重要，而且会提高他自身的地位。此外，他试图用温和的态度或者强硬的手段来支配家中的所有成员。一种外在的行为也体现了这种"上升"的冲动：他特别喜欢爬到自己家的屋顶上，但他不允许家中的其他人这么做。只有他可以。在童年时代，每当他被惩罚时，他都表现得很兴奋，并且会与各种外界的强迫形式做斗争，不允许这些惩罚在他身上施加哪怕一丁点影响。他一般会违背其他人的要求，特别是他母亲的要求。他会在街上或公共场合自顾自地哼歌，来表示他对世界的蔑视。从某种程度上说，他在表现自己的优越感。在治疗开始时，他称他梦到了一个警示，提醒他不要被我唬住。他特别注意不去踩别人的影子（这是一种常见的迷信），因为他不想吸收其他人身上的愚蠢（这可以被明确解释为：我比你们都聪明）。对于一些奇怪的门闩，他只用手肘，而不用手掌触碰，因为他认为所有人都是肮脏的。也就是说，只有他自己是干净的。这种想法也是强迫性洗漱、对清洁的狂热追求、害怕感染、害怕与他人接触的心理动力。他的职业幻想是成为宇航员、百万富翁，让所有人都崇拜他。他还做了关于飞翔的梦。综合这些事件，我们可以推断出他对自己的高度评价。

　　让我们从患者间歇性的努力行为以及他的特殊性出发，更详细地看待这件事。我们能感觉到患者是非常不快乐的，也非常没有安全感。他总是回到自己体质虚弱的话题上，详细叙述他像女性一样细瘦的身材，强调他总是因此受到责备。在童年时代，他因为担心自己无法成为一个成熟的男人而备受折磨。有人说他要是个女孩子就好了，而这给他留下了深刻的印象。在他生命的早期，一个神经症的系统就已经发展出来了。这一点可以从他早期产生的反抗行为、愤怒的态度、对权力的渴望以及残忍的个性中得到证实。这些特征都有男性化的倾向，尤其会针对他的妹妹和母亲。这些特征有时候会变得很明显，例如，当有人建议他在一些小型戏剧表演中扮演女性角色时，他就会勃然大怒。他怀着巨大的恐惧，情绪激烈地指出他身上的体毛是很晚才长出来的，还有他身上的包茎问题（器官自卑）。他对自己是否有能力扮演一个男性角色有着深刻的怀疑。这促使他在很多方面都会夸张地表现出他所认为的男性化特质，并从事自恋的职业，关上通往爱情和婚姻的大门。因此，他发展到了强迫手淫的地步，且一直没有好转。无论他是如何公开而明确地表现出这种优越感的，只要我们审视他在行为上的预设前提，就会毫无疑问地感知到他身上根深蒂固的、被强化的自卑感。为了获取安全感，他被迫用间接的方式——手淫来解决恋爱的问题，这样他才能找到满足自己欲望的方法。他不得不稳定他的强迫手淫行为，让它作为一种安全措施来防止女性对他产生任何威胁。在产生抵抗情绪时，他就会头疼，因此他会用嗜睡来改善这种头疼。对他来说，爱情和婚姻的可能性尚且存在，因为他舍弃了一些原则，比如他不再认为自己只能和"贵族"①或一个即使在他看来也无法触及的理想对象结婚。

除了在半睡半醒中自慰之外，他还尝试了一些其他方法来扰乱自己的社会活动：他改变了自己的职业道路，甚至完全不去工作。这两种行为都很容易解释。他认为这种"犹豫不决的态度"是有用的，能够让他暂时从处理婚姻问题上转移注意力。他对伦理和美学的认识，让他不会去与他人搭讪或召妓。但是，这些偏见不能让我们对他内在的神经质倾向视而不见。

他身上这种"犹豫不决的态度"所衍生出的"计划"，让他进行了第二次安全感构建，也就是强烈的家庭感构建。他总会想起自己和独断专横的母亲之间的特殊关系。正是他在生活中遇到的种种困难，让他的母亲把全部注意力都放在他身上。这让他感觉到，确实有一个女性受到他的"专制统治"。他知道如何巧妙地描述自己的疾病，以吸引母亲的注意。他会夸大其词，无病呻吟。对他的母亲而言，这些话就像手枪中射出的子弹一样致命。他充满敌意的攻击和偶尔展现的温柔，总会让他的母亲言听计

---

① The *Almanach de Gotha*, the equivalent of *Debrett*. [Tr.]

从。这些都是他的武器，是他支配母亲的手段。在这个病例中，当关于性的问题被排除在外，这种亲子关系中存在着的他生命计划的缩影就是他想获取自己的统治力。为了避开其他女性，他养成了对母亲的依恋。在某些情况下，这可能会引起有关乱伦关系的争议。另一些人会认为，这也反映了患者生命线的"乱伦关系类比"（incest-analogy），一种神经心理上的"虚张声势"。这些都骗不过心理医生。

因此，心理治疗的目的是向患者展示他清醒时或梦中为实现优越的、理想的生命计划所做的努力。我们也要向患者展示，他首先可以否定那些生命计划，然后依托自己的自由意志，改变自己的生命计划和体系，从而与人类社会及社群的需求达成和解。

（完稿于一九一三年）

第五章

对幻觉理论的贡献

个 体 心 理 学

THE PRACTICE
AND
THEORY OF INDIVIDUAL PSYCHOLOGY

根据最普遍的假设，关于大脑和神经刺激的内容，包括感觉、知觉、记忆碎片、神经反射以及运动刺激产生的兴奋等，都只停留在神经物质及其化学变化的波动和振动理论的层面上。对个体心理学家来说，在这些知识中构建可信的甚至不可辩驳的联系并不符合我们的逻辑。只有民间心理学才会允许这种行为。因为用机械、电、化学或类似的刺激来构建心理活动是如此不可思议，所以我更愿意回到另一种假设上去：自然界和"生命"的意义必须包括一个心灵器官（soul-organ）。心灵器官的功能不从属于其他身体器官，而是协调它们。它从人类个体年幼时开始发育，最终发展出可以让人对各种刺激做出反应的功能。①

　　无论何时，只要我们检视心灵器官的运作方式，我们就会发现它参与了对内部和外部印象的反应，同时为个体的行为和实践扫清障碍。但是，我们在这里不仅要考虑个体的意志，还要考虑外界刺激的产生顺序、个体对刺激的理解以及刺激与世界的联系（无论这种联系来自意识还是潜意识）。另外，我们还要考虑我们对个体特性的预测和指引。生而为人，个体在人生的各个阶段都会遇到困难，烦恼与不安如影随形。人的性格发展有其变化规律，趋向于变得更健全、更具适应性，对生活

----

　　① 现今我们从神经科学和医学等方面来谨慎看待这段话，发现它有值得商榷之处。人的心理活动主要来自大脑的神经电活动和化学反应。——编者注

中出现的问题也会见招拆招。我们认为，个体自身的不安全感源于过往的经历，个体对环境的反应反映出其当下的感受，个体的目标可以被解释为个体对未来的期许。我们不能假定个体的注意力总会以毫无偏见的状态运作，冷静地提取记忆，并且将记忆与没有特定倾向的印象结合起来，最终形成整体。对不精通个体心理学方法的实验者和观察者来说，他们会对个体最明显的差异视若无睹，也永远不会意识到个体潜在性质（under-tones）的决定作用。举个例子，对有的观察者来说，恐惧就只是恐惧。如果想了解人类，更重要的是知道这种恐惧是会促使一个人逃跑还是寻求他人的帮助。如果我只是考察一个人的记忆能力、接受能力或快速反应能力，那么我根本不会知道他的真实目标是什么。因此，实验心理学本身并不能教会我们理解一个人的天赋和价值观究竟是什么，它永远不能告诉我们一个人会用他的精神力量行善还是作恶。事实上，有的人可能在测验中轻易成功，但在现实生活中却难以成功，因为测验的成功也取决于主试和被试、被试和测试范围之间的关系。

个体的每一种知觉和感觉都涉及复杂的活动。在这些活动中，特殊的心理情境起着非常重要的作用，且会对注意力产生很大的影响。即使是简单的感觉，也不仅仅是一种客观的印象或体验，而是一种创造性的活动，由人们的预期和其他错综复杂的想法构成，会引起整个人格的波动。知觉和感觉并不是本质上不同的事物，它们之间相互关联。我们在某个特定时刻所需要的、所期待的感觉，会融合成我们的知觉，帮助我们接近个人目标。我们所经历的快乐和痛苦，促使我们实现自己的预期目标，即这些感受激励着我们走向自己的目标。知觉是一种有创造力的活动。这种心理的创造能力在慢慢放大，并且与外部世界形成明确的联系，也可以用来解释幻觉的产生。心理的创造能力蕴含着同一种精神力量，允许我们在感觉、知觉、记忆和幻觉中产生具有创造性和建设性的心理活动，尽管程度会有所不同。

这种在人类心理中可以被概括地称为"幻觉成分"的个体性质，在人的童年时期会更加明显，更容易被辨别出来。因为幻觉与人们的理性思维以及社会生活的基本功能和条件相矛盾，我们不得不在极大程度上限制甚至排除这一因素。它所包含的精神力量，是被感觉、知觉和记忆的框架制约的。感觉、知觉和记忆很容易被阐明，也具有社会价值的属性。只有当个体的自我从社会中分离，并处于一种孤立状态时，这些限制才会被移除。比如，在梦中，自我会试图压倒其他感受，从而让人产生梦境。当一个人在沙漠中面对死亡时，那种恐怖的不确定感会缓慢地折磨他，让他因此产生幻觉，比如看到海市蜃楼。神经症和精神病会描绘出这样一种情景：一个孤立无援的人，在现实中为了自己的声望而努力奋斗。但是，他会带着狂热的情感冲进远离社会的虚幻领域，并构建出一个新世界。在这个世界中，理性思考没那么重要，幻觉就显得格外有价值。不过，社会情感作为一种规范，依旧会让他觉得幻觉并不真实。这在梦境和神经症的情境下都适用。

我的一个患者因为视神经萎缩而失明，一直忍受着幻觉的折磨，并坚持认为这种幻觉让他非常痛苦。我认为，他的视神经的易激惹①状态与这种幻觉疾病有关，即视神经被激活后又会被患者重新解释和合理化，让他回避自己的问题。在对患者特定的幻觉内容进行重新解释的时候，我发现幻觉的共同特征是都会让患者感到痛苦。因此，我假设在幻觉中有一种统一的工作机制，目的是将这种神经激活作为材料，让患者对其进行分配和利用。正是通过这种方式，我们得出了对（个体）心理学本质的解释。到目前为止，各种心理学研究一直在关注幻觉的本质问题，并反复强调幻觉是视觉范围内的刺激。个体心理学家在一开始就假定，我们不能把所有与生命和自然有关的基本特性单纯当作生命的客观事实、有机融合或电的形式来认识。我们会把幻觉看作心灵的一种表现：幻觉与感知和记忆所预示的真实而有逻辑的社会性内容相对立。幻觉的本质完全隐藏在我们的视野之外。因此，这种观察方式告诉我们，**幻觉的受害者已经把自己带离了社会性感觉的领域，他通过逃避理性逻辑和感知真相，一直在为实现一个不同寻常的目标而努力。**

对于这位患者，我们得费些心思，分析他产生幻觉的目的。每个心理现象与其语境分离后，似乎都有多重含义。②幻觉的真正意义是什么？幻觉为什么会出现？这些都是个体心理学所提出的问题。只有在对个体

---

① 易激惹：一种反应过度状态，可见于疲劳、慢性疼痛，或作为情感异常的临床特征，发生于老年性、脑外伤、癫痫和情感性精神障碍。这是一种剧烈但持续较短的情感障碍。患者受到刺激时，即使是极为轻微的刺激，也很容易产生剧烈的情感反应。——编者注

② 一些解释性艺术家，比如性心理学家，一开始会非常肤浅地强调现象的双重意义，然后再谈及个体的内在心理。

的整体人格和生活背景有所了解后，我们才能够得出答案。我们认为，幻觉是一个人处于特殊情景时的一种表现。

在这个案例中，我们知道患者的视力消失了，但他的幻觉却得到了增强。患者不停地抱怨自己的"感觉"。在我们看来，这不是让他痛苦的根源。例如，他会"看到"颜色、树木，也会"看到"阳光跟着自己进入房间。在这里，我必须提醒大家注意这个事实：这个人在生活中总会折磨身边的人，在家中横行霸道。从他早年的生活中，我们得到了这样一种印象：这个人相信自己的卓越之处在于他可以决定事情的发展趋势，并迫使家人持续关注自己。由于失明，他再也不能通过正常的为事业而奋斗以及维系家庭感情的方式来实现这一点。于是，他转而通过不断提及他痛苦的幻觉来达成这一目标。他只是改变了策略。由于他的睡眠时断时续，他在夜晚也会产生对他人的控制欲。在他的视觉范围内，大脑产生了神经兴奋。基于这种神经兴奋，他构建了一种能够帮助他的"幻觉"，把妻子完全拴在他身旁。他在幻觉中看到吉卜赛人来抢劫并虐待他的妻子。可能是出于对自己失明的报复心理，他幻想中的吉卜赛人会对妻子进行非常残忍的攻击，所以他反复地把妻子叫醒，来证明自己的幻觉都是假象。这同时也能防止他那饱受折磨的妻子弃他而去。

患者因为失明而失去力量。他变得更加焦虑，产生幻觉，产生了对控制欲的渴望。经验告诉我，在产生幻觉的人中，许多人有着相同的病因。

以下是一个极具启发性的病例。这个男人家境很好，受过良好的教育，但是非常自负、吝啬，不愿意直面生活。他在事业上遭到了重创。他没有能力抵抗这场可怕的失败，也无法接受，只能沉湎于酗酒。在几次由酒精中毒引起的震颤性谵妄①伴随着幻觉发作之后，他被送到了医院。这样他就什么事都不用做了。患者沉湎于酗酒的行为十分常见，也很容易理解——就像懒惰、犯罪、神经症、精神病和自杀行为一样，它们都代表了弱小、不稳定但雄心勃勃的人从失败的人生中逃跑的行为，也代表了他们对社会要求的反抗。②出院后，他完全戒掉了酒瘾。然而，他此前的所作所为已经被众人所知，这也使得他的家人不肯再关心他。他除了靠低薪的体力劳动谋生之外，别无他法。不久之后，他开始出现幻觉。这干扰了他的工作。他反复看到一个不认识的人，这个人对他做出嘲弄的鬼脸。这令他非常难受。有一天，他朝那个幻觉中的形象扔了一把锤子，想摆脱幻觉造成的恐惧。"那个人"敏捷地跳到一边，然后狠狠地揍了他一顿。

这种明显的幻觉有时候可能会让患者把一个真实的人误认为是幻觉，就像陀思妥耶夫斯基的《双重人格》③中所描述的那样。

这个病例还告诉我们一件事：只是让一个人完全戒酒是不够的，

———————

① 谵妄是一种神经认知综合征，又称急性脑综合征，表现为意识障碍、行为无章、没有目的、注意力无法集中。——编者注

② 随着心理学和神经科学的发展，目前我们可以以更加成熟的眼光看待神经症、精神病以及自杀行为等。——译者注

③ 《双重人格》是陀思妥耶夫斯基的小说。主人公戈利亚德金地位低下，又没有胆量做投机钻营之事，于是他想象出另一个和他一模一样的人物，即小戈利亚德金。小戈利亚德金是一个非常自信的人，实现了戈利亚德金的野心。主人公最终因为这种病态的幻想的折磨而出现精神分裂的症状。——译者注

我们必须让他从幻觉中清醒，否则他会成为其他逃避方式的牺牲品。因此，在第一个病例中，患者的家庭地位下降后，他不敢离开自己的家庭圈子，否则他获取威望的方法就会受到影响。在第二个病例中，患者因为害怕承认生活中的失败，换句话说，他害怕自己获取威望的方法失败，所以谎称自己病了，躲去了医院。

只有通过这样的方式，我们才能理解上文所说的内容。也就是说，幻觉就像酗酒一样，是一种安慰，也是未能实现人生梦想的借口。要拯救这位患者，必须把他从孤立中解救出来，让他回归社会。

在这里，我们可以看到酒精中毒的现象和酒精诱发幻觉的能力。酒精既会导致幻觉的产生，也会促进幻觉持续产生。即使患者之前没有酗酒行为，他也肯定会存在一些其他问题或神经症症状。

第三个案例发生在战争之后。有个男人经历了不人道的、可怕的战争，然后出现了记忆丧失、易怒、焦虑和被幻觉困扰的症状。[1]当时，他正在接受一项与申请残疾抚恤金有关的医疗检查。他失去了谋生的能力，他认为自己完全有权利获得这笔抚恤金。他说，他经常发现一个人影跟着他，特别是在他独自行走的时候。这让他非常恐惧。这些症状以及他身上明显的失神状况，让他不可能再像以前那样高效地工作。

当战争结束后，参加过战争的人常常抱怨自己的谋生能力下降了。不可否认的是，许多人确实会因为多年不工作而丧失大部分工作能力。

---

[1]　在阿德勒生活的时代，战争引发的创伤后应激障碍还没有被明确。此处所叙述的明显是创伤后应激障碍，而不是一般的神经症。——译者注

尽管如此，丧失的部分能力也是可以恢复的。然而，我们并没有发现这些人会为了恢复丧失的能力而做一些准备工作。值得注意的是，在某些情况下，人们甚至会一反常态地放弃希望。一旦了解了他们的经历，我们就会发现他们是一群有着神经质特征的人，总是在需要做出决定时退缩。当面对新的考验时，他们会像以前一样退缩，因为神经症而"怯场"。[①]他们"犹豫不决的态度"在残疾抚恤金的诱惑下，在对特权的狂热追求中得到了进一步的强化。这种态度可以让他们逃避未来的考验，也会让他们不再继续努力。他们把这种残疾抚恤金看作一种温柔和博爱，一种这个不公平的世界对他们的正义行为给予的肯定。对他们来说，抚恤金只具有物质层面的价值，仅仅是这个社会对他们经受苦难的补偿。所以，他们会表现出一些神经症的症状，以充分证明他们已经失去了工作的能力。

我们面前的这位患者一直是孤独的，他没有朋友，没有恋人，和母亲过着避世的生活。他唯一的兄弟也和他断绝了关系。正是战争让他接触到一个社会团体。

有一天，他看到一枚手榴弹在他身边爆炸，他害怕极了。这是他的幻觉，也可以解释为他的恐惧。他身上的病症让他可以再次远离自己不喜欢的社会团体。他对社会的态度变得更加充满敌意。这种"秘密"的反抗必须表现在工作之中，因为从最宽泛的意义上来讲，"工作"这个词就意味着个体愿意与社会合作。他比之前更讨厌工作了，他可能会认

---

① 此处说的依然是创伤后应激障碍的表现，而非一般的神经症。——译者注

为这种厌恶源于自己丧失了工作能力。他心不在焉的态度也说明他对工作缺乏专注。他自言自语地说，他一直都是社会的敌人，并且社会现在要为最后一次对他的攻击付出代价。这一代价会以抚恤金的形式体现。他就像征服者一样，接受贡品。当他从前线回来时，他就丧失了正常思考的能力，转而躲在渴望被拯救的幻觉中。当战争结束后，这一切仍然伴随着他，直到他领到了抚恤金。对他来说，这是胜利的象征。正如我对前文所述病例的评价，只有患者适当调整了对社会的态度，治疗的目的才算达成。患者的症状消失只是表面上的好转而已。在紧张程度较低的情况下，有时甚至不接受治疗，患者也可能出现症状消失的情况。

（完稿于一九一二年）

第六章

对儿童心理学和神
经症的研究

第一部分

　　如果一定要分析儿童与神经症患者在面对环境时有什么共同特征的话，我们认为这一特征是"缺乏独立性"。无论是儿童还是神经症患者，都没有强大到能够在不需要他人帮助的情况下独自处理生活中的问题。神经症患者需要的帮助远远超过社会对他们的需要。家庭、医生和其他人为儿童所做的事情，与他们会为神经症患者所做的事情一样。对孩子来说，我们这样做是因为孩子的无助和弱小，而对神经症患者来说，则是因为他们选择"生病"。这样一来，神经症患者就可以把更多的任务强加到上述那些人身上，让他们承担更多的责任，或让他们牺牲更多，以获取更多的个人利益。[①]

　　儿童和神经症患者的内心萌生出越来越多相似的心理需求，这足以证明我们的类比是正确的。最重要的是我们的"比较个体心理学"所得出的结果提示我们，我们必须从一个人的个性中找到一个关键点，一个能发现这个人的过去、现在和未来，以及他所追求的目标的关键点。在根据这一观点进行研究之后，我们的证据也一定会遵循这一假设：我们能够从个体的态度和表达方式中识别出他所受的外部影响。简而言之，

---

　　① 现代心理学认为，神经症患者患病的因素有很多，比如遗传和生活刺激。请读者辩证地看待阿德勒的观点。——译者注

我们能够从个体的生活方式中，辨认出他所受的外部影响。

从这个观点出发，我们坚持认为，个体心理学的任务应该是从完整的个体概念上进行解析，包括意志、性格、情感、气质，甚至每一个心理特征。我们会根据个体实现自己生命计划的具体方法，对其进行解读。如果患者想要康复，他就会配合治疗。如果患者想从生病中获益（比如得到家人的照顾），他就不会配合治疗。一个目标有多种达成手段，或者说不同的手段可能指向同一个目标。在这种情况下，我们可以肯定地说，我们无法从对单一现象的分析中获取任何有用的信息。我们感兴趣的是个体构想的元素和个体的本质。比如，在某一事件发生前，个体做了什么准备；在发生后，个体实现了什么目的。事件本身在这两者的交点上呈现出来。在个体的准备与目的中，与事件相关的所有事物的总和，即能量、气质、爱、恨、理解、不理解、快乐、痛苦、改善和恶化的总和，都按照患者确保预期目的达成所必需的程度出现。显而易见，思考、感受、意愿的有意识和潜意识的本质，都是由人格塑造的强烈愿望决定的。个体所经受的压抑因此而出现。这种压抑不是个体自我的解释，而是自我所使用的手段和机制。

心理构造中存在着层级关系。儿童对这种层级关系的评价，以及从环境中获取的经验，都会影响到他们设立的目标和生命计划。一旦这两者被确定下来，他们的性格和行为就会完全契合他们设立的目标和生命计划。当然，我们不能轻率地将个体所采用的不同手段都看作精神活动的目标中的根本差异。不管锤子和钳子是多么不同的两种工具，我们都可以用它们来钉钉子。对于有着多个有神经质倾向的儿童的家庭，我们有时会看到一个儿童采用反抗的方式来获取家庭中的支配地位，而另一个则会通过顺从的方式实现这一点。一个五岁的小孩有这样一个习惯：他经常会把手能够到的东西扔出窗外。被家里人狠狠地教育了一顿之后，他生病了，变得内心充满恐惧，生怕自己再把什么东西扔到窗外去。通过这些生病的症状，他成功获得了父母的关心，把他们拴在自己身边，成了他们的"主人"。在他的弟弟出生前，他一直是被父母宠坏的孩子。有一段时间，他通过反抗父母和变得懒怠的方式表现出自己对弟弟的敌意，又一次获得了父母的注意。他开始尿床和绝食，以此赢得了父母的关心。在某种程度上，他仿佛赢了年幼的弟弟。在实现了他的目标之后，他又变成了一个非常讨人喜欢的、勤奋的孩子。为了永久地保住他被偏爱的地位，他不得不生活在极大的压力之下，因此患上了非常严重的强迫性神经症。他尝试用暴力攻击的方式来获取至高无上的地位，而曾经受宠爱的弟弟则通过表现得非常友善、温柔，轻而易举地实现了这一点。同时，他的弟弟身上也表现出了轻微的口吃倾向。这也是一种反抗行为，说明弟弟充满野心和不安全感。[①]

　　神经症患者的精神活动的整个过程，即神经质的意愿、感觉、思维以及神经症和精神病的联系，都以一种长期存在且计划周密的形式体现出来。这是战胜生活的一种手段，其形成可追溯到患者的童年时代。正是在这一时期，基于个体的不同性格所产生的暗示，基于环境影响心理

---

　　① Cf. Appelt, "Fortschritte der Stottererbehandlung" —in *Heilen und Bilden*.

架构的本质，人们会进行一些尝试。这些尝试随后就成为他们持续发展的优越感目标。

为了理解所谓的"生命计划"到底包含什么，我们不妨想象一下孩子面对生活的方式。我们应该把意识的起源时间放在孩子有了一些人生经验的时候。在头脑中有了目标的概念之后，孩子才能成功地获取经验。否则，人生将会是毫无意义的探索，也无法让我们对事物产生任何评价。如果没有这些人生目标，对我们来说，对事物进行分类、学习新的观点、运用经验等，都变成了毫无意义的事情。因此，我们应该清楚，**如果某种经验没有目的性的话，人们也就不会形成这种经验**。的确，经验是由人塑造的。但是，这仅仅意味着人们会给经验施加一种明确的特性。施加这种特性的方式，则基于个体对这种特性的判断：这种经验会帮助他还是阻碍他达到最终目的。生命计划有着明确的目标，会在我们的经验中持续活跃，并且一直发挥作用。这就让我们产生了这样一种观点：**过去的记忆能够鼓励我们，也能让我们感到恐惧。只有在这些记忆中辨别出有指导意义的声音，我们才能更好地理解和评价这些记忆**。

在儿童成长的任何一个阶段，或他们回忆童年的过程中，我们也许会对某段经历或记忆进行检查，然后发现它们并没有"告诉"我们任何东西。这些经历或记忆具有多重意义。我们必须解读每一种解释，并为这些解释提供相应的证据。也就是说，让我们感兴趣的东西并不存在于事情本身之中，而是存在于事情发生前后的回忆之中。只有在感受到个体的心理活动拥有生命线之后，我们才能够更好地理解个体的心理活动。同时，生命线必须有两个端点。因此，我们的第一个任务就是将精神生活的这两个点结合起来。比如我的一位患者，她患有癔症、意识丧失、手臂麻痹和黑矇症①的症状。对她进行的考察表明，为了牢牢控制住她的丈夫，她除了每天对丈夫进行持续的攻击之外，还对其他人产生了深深的怀疑，特别是对她的医生。为了形象地展示出她对世界的敌意，我告诉她：她就像一个站在远处，伸出双手抵抗别人的人。后来，在整个治疗过程中都陪伴着她的丈夫告诉我，这正是她在疾病第一次发作时所做的事情：她突然伸出双手，好像是在抵挡什么人。患者的疾病第一次发作，是在她怀疑自己的丈夫对自己不忠的时候。通过患者的回忆，我们发现患者当时的行为和她童年时期的某个经历一致。在童年时期，别人让她独自待在一个地方，虽然只有一小会儿，却差点让她被坏人强奸。当这两个截然不同的事件被联系在一起的时候，我们才发现，她原来是害怕被人抛弃。生病以后的她觉得这种被抛弃的情况有可能再次出现，于是她想尽一切办法来对抗这种可能性。我们现在意识到，我们在一开始就应该做出这样的假设，即患者从自己的童年经历中得到了这样的结论：作为一个女孩，她需要有人陪伴。在童年时期，她父亲能够陪着她，实现她的心愿。父亲是那个最合适的角色，因为在童年时期，母亲对她的姐姐极为偏爱，所以父亲的爱在某种程度上补偿了母爱的缺失，并在她身上形成了一种平衡。

---

① 一种眼科疾病，在临床上以眼球震颤、固视障碍和怕光等为主要特征。——译者注

法国学派把疾病归因于人们早先的经验，而弗洛伊德，特别是荣格[1]，则认为患者是某种早期回忆的受害者。后来，弗洛伊德和荣格的这一理论被进一步修正，变得更加符合患者身上发生的实际冲突，但依然存在对患者的生命线理解不足的问题。因为患者身上发生的事件和实际冲突被一条活跃的生命线连接在一起了。生命线目标一直掌控着患者：在生命线的一端，个体的经验形成；在另一端，具体事件被纳入个人经验和冲突的范围之内。

对儿童心理学来说，我们要做出这样一个必要推论：对病因的解释和结论要从整个背景而非单一事实中得出。

针对上述病例，从个体心理学的角度来看，我们知晓了患者害怕独处的事实，就可以对她的疾病稍加解释。这种神经质状态具有多重含义，因此单一的事实并不能解释这一现象。我们必须将一个事实和另一个事实联系起来。患者早期的童年记忆中充满了她和姐姐竞争的思想和感受。与之相关的记忆继而浮出水面，姐姐总是有父母陪着，她却不得不独自待在家里。我们发现，在患者对童年时期的回忆中，这一情景反复出现。这更加证明了我们对患者生命线的假设是正确的。然而，患者的另一个症状，即偶发性的头痛，也可以用这种假设来解释吗？为什么这种头痛总是发生在经期？在回忆中，患者表示这种症状在她与偏心的母亲发生争吵后不久就出现了。当母亲抓住她的头发时，她正处在经期中，她径直跑到流经庄园的冰冷的河水中，希望自己要么因此生病，要

---

① 瑞士心理学家，分析心理学创始人。——译者注

么就此死去。这种愤怒会伤害别人，但也会危及患者本人的生命。她以前经常看到哥哥这么威胁母亲。但是，在她模仿哥哥的行为时，她也明显违背了女孩必须无条件遵守的一条规则：她竟然在月经期跳到冰冷的河水里！虽然她不明白自己的做法，只是依据直觉去行动，但实际上，她遵循了这样的思维过程：我的哥哥采用反抗的方式成了家里的主人；我的姐姐享受着母亲的宠爱；我是一个女孩，是妹妹，却孤身一人。只有疾病和死亡才会让我重获自尊！①她对平等的渴望是如此明显，以至于让她做出伤害自己的行为。无可否认，还有一些其他原因能够解释为什么这种渴望会一直处于潜意识之中。但是，患者真的没有必要意识到这种心理机制。对这一心理过程的充分认识反而可能会威胁患者的渴望。如果她亲眼看到我们所知道的情况，即她的主要生命预设、她的生命计划是建立在一种根深蒂固的女性自卑感之上的话，她的人格也会因此受损。为了让自己否认这一点，她从自己的经历中提取了一种概括性的想法：如果想要获得优越地位，她就不能被别人抛弃。

对于患者所有的行动、感情和思考的中心点，我们已经清楚了，我们也已经清晰地勾勒出患者的心理画像。通过这一心理画像，我们可以非常清楚地推测出患者身上还有很多其他的特征和个人属性。患者对独处的恐惧必然会让她利用最明显的武器——焦虑。只要我们把问题提出来，就可以获得患者焦虑的佐证。比如，每当她独自坐在马车后座上，

---

①　这是意识与潜意识的区别。如果患者能意识到自己所作所为的目的和意义，就会知道她要的不外乎是被关注和获得尊严，而不是真的要伤害自己。——编者注

而她的丈夫在马车前面驾车时，她总会感到恐惧。只有当她也坐在马车前面时，她才能恢复平静。患者这一态度的构建过程也不需要进一步讨论了。我们发现，患者内心的恐惧会在道路的每一个转弯处，以及马车每一次与其他车辆迎面相遇时发作。她会立刻抓住丈夫手中的缰绳，尽管她能够意识到自己并不会驾驶马车，而丈夫却是一个非常熟练的驾驶者。当马车跑得很快的时候，她也会感到害怕。这时，她的丈夫为了逗她，会让马跑得更快。让我们猜猜接下来发生了什么，这对理解一种表面上的"痊愈"来说很有趣，也很重要：患者并没有感到恐惧。因为她相信她不害怕的话，她的丈夫也就不会继续让马加快前进了。

一个全新的、重要的设想浮出水面。当有人要求我们回答以下问题时，我们也会成竹在胸：为什么患者在争取与男人平等的过程中，没有发展到要去主动"抓住缰绳"的地步呢？患者的经历让我们毫不犹豫地给出答案：事实上，她没有信心能够获得与男人一样平等的地位，因此她只能选择回头，把利用男人作为一种手段，一种支撑，一种对自己的保护，从而确立她对男人的优越地位。

第二部分

我们发现，觉得自己软弱无能的人，无论是孩子、成熟的大人还是野蛮人，都会采取同样的应对手段。对这种手段的理解和把握，把我们带回童年时期。在那时，我们知道最有效的反抗方法不是直接的攻击或行动，而是服从、恭顺以及其他孩子式的反抗方式，比如不睡觉、不吃饭、不干活、不洗漱等懈怠行为。

在某些方面，我们的文明会给予弱者特权。但是，从有神经质倾向的孩子的行为举止中，我们可以发现，他们似乎认为生活是持续的斗争。那么，不可避免的是，他们的每一次失败，他们对即将到来的每一次冲突的恐惧，都会引起紧张发作。这种紧张发作是一种"武器"，是自卑的人的一种反抗标志。神经症患者的敌对态度，从童年时期开始就给了患者明确的方向，体现为患者的过度敏感，无法容忍任何形式的压迫（包括文明本身对他的压迫），以及对整个世界的顽强反抗。正是这种态度不断激励着患者超越自己能力的极限。从这个角度来看，这似乎像是一个孩子在不断试错，直到他飞蛾扑火的行为给自己带来了伤害。通常，孩子会产生强化的敌对、竞争、攀比、谋划和幻想的行为，同时也会在身心两方面积累自己的特质，从而变得锋芒毕露。他会寻衅挑事，甚至虐待他人，迷信"魔法"，认为自己至高无上。他还会想出一些巧妙的逃避手段，比如害怕自己的伴侣，这些逃避手段会表现为变态行为。这些非正常的行为之所以产生，是因为孩子要么是在无法忍受的压力下长大的，要么是在温室中成长起来的，要么就是有身心发育迟缓的问题。与此同时，患者身上似乎有某种"诅咒"：患者与自己的任务之间总是会出现各种各样的障碍。①在这些"诅咒"之中，起着决定性作用并且可以充当借口的就是"疾病"。就像强迫性神经症患者所表现的那样，患者会过度评估某些不重要的细节，并且会毫无目的地追寻下

———————
①　参考本书第八章《距离产生的问题》。

去，直到错过行动的最佳时间。

为了逃避现实，患者会不惜伤害自己，乃至自杀。他会停止思考，变得忧愁与焦虑。这种"人为构建"的系统会干扰患者夜晚的休息，因此他就可以为白天的疲惫和随之减弱的工作能力找借口。因为患者的偏见和有目的性的引导方式会将他的注意力引向其他方面，所以他的感觉器官、运动器官和营养器官都失去了原有的机能。患者给自己贴上了痛苦的标签，执着于一些不愉快的回忆，让自己恶心和呕吐。患者会通过长期而精心的谋划，来逃避自己的人生伴侣。患者的理想和崇高的内心需求会强化这种逃避倾向，起初他会限制自己爱人的能力，随后则会将这种能力完全摧毁。

在许多情况下，患者的特殊个性让他对爱情和婚姻问题持有非常独特且局限的态度。由此，我们几乎可以预先确定患者的发病类型和发病时间。同时，这样的生命计划可以追溯到个体的童年时期。从以下案例中，我们可以得到一些答案。

一位三十四岁的妇女在几年前患上了广场恐怖症，在接受治疗的时候，她依然对铁路感到恐惧。来到火车站附近时，她会感觉到自己在剧烈地颤抖，以至于吓得落荒而逃。这件事以及其他类似的事件表明患者身上有一种"障碍"，仿佛她被限制在某个魔法圈的范围之内一样。她最早的一段记忆与她的妹妹有关，当时她想抢占妹妹的位置。这个事件具有非常清晰的多重含义。如果从这个事件联想到她的火车恐怖症，在这两者之间画一条线，然后对这两者进行一番比较，我们就会发现，这似乎暗示着她试图和铁路竞争，就像她和自己的妹妹竞争一样。然后，我们就会立刻意识到，患者正在躲避一些地点——在这些地方，她的控制欲无法得到满足。她记得在一些类似的与她对待自己兄弟的态度有关的事件中，她的兄弟总会强迫她服从他们的意愿。因此，我们可以预料到，这位患者在生活中会试图控制女性，并且躲避男性权威，无论她面对的男性是司机还是工程师。她无法接受爱情和婚姻。在少女时代的很长一段时间里，她常常拿着她的鞭子抽打她的男仆。我们可以预料到，患者会有这样的想法：她企图把男人当作附属品来对待。实际上，在她所有的梦中，男人要么以动物的形式出现，要么被她征服或被迫参与战斗。在她的一生中，她只和一个男人有过亲密接触。正如我们所预料的那样，这个男人是一个软弱的人，以自己阳痿为借口，终止了与她的婚约。她对铁路的恐惧相当于对爱情和婚姻的恐惧。

当然，我们也可以在患者的童年时期研究"男性抗议"的机制。这种机制在女孩身上表现得非常明显，并且会向各个方向扩张。我们很快就会发现，儿童的渴望和对环境的紧张情绪已经到了多么白热化的程度。在所有病例中，这种谵妄从不缺席。

患者在感觉到自己的虚弱之后，会发展出一种"狂热的软弱"。这让我们可以很好地理解儿童所采取的极端易怒、消极和神经质的手段。一个在其他方面都很健康的三岁女孩有着以下表现：她会不断地与母亲较劲，对各种形式的压迫与贬低都特别敏感，非常顽固，有反抗行为。她还会拒食、便秘，以及进行其他形式的反抗。她身上的消极情绪发展到了几乎让人无法忍受的地步。有一天，当她母亲温柔地建议她喝下午茶的时候，她这样回答："如果妈妈说喝牛奶，我就要喝咖啡。如果妈妈说咖啡，我就要喝牛奶！"她总是表现出一种想要成为男性的渴望。一天，她站在镜子前面问母亲："你也一直想成为男人吗？"当她知道性别是不可能改变的时候，她向母亲提议称她可以再有一个妹妹，但绝不可以再要一个弟弟。然而，当她长大后，她自己只想生男孩。直到后来，她依然明确地表现出对男性的高度评价。

由于这种"男性抗议"在女孩身上表现得非常清晰，我想介绍另一个相对健康的三岁女孩的故事。至少一开始，这个女孩喜欢穿哥哥的衣服，但她从不会穿姐姐的衣服。一天，她和父亲散步，她在一家男孩服装店前面停了下来，并且想说服父亲给自己买些男孩穿的衣服。当父亲指出店里没有适合她的衣服，因为女孩不可以穿男孩的衣服时，她指着一件男装小斗篷："在某些场合，这件衣服可能也适合女孩穿。"她请求父亲至少给她买这一件。这时，我们会看到一个并不罕见的男性抗议变体，她一边依赖于成为男性角色的最终目标，一边又坚持表明哪怕表面上看起来像个男人也足够了。

我认为这些情况非常典型，在上述两种情况中，我们都观察到一种相当普遍的困扰，这让我们有必要提出这样的问题：迄今为止，有什么教育学的方法能调和女性不喜欢而又无法改变的事情？我们都清楚，如果这种调和不成功的话，我们将会一直面临刚才详细讨论过的问题：一种长期的自卑感会不断地引起女性的不满，女性会进行各种尝试和计划，来证明自己在面对所有障碍时仍保有优越地位。此后出现的那些反抗"武器"，一部分源于现实，一部分源于想象，它们构成了神经症的外部形象。当患者采取一些手段来消除身上更不利的因素时，以上各种尝试和计划的优势便显现出来了，这些手段让一个人能够以更加彻底而微妙的方式生活。患者身上的情绪，一方面源于自卑感，另一方面源于渴望，渴望"准男性"的认可。但是，当女孩成为男性的背景，当女孩看到自己的发展机会受到限制，当经前不适、月经、分娩和更年期带着更多不利因素出现的时候，这种自卑和渴望的情绪会进一步加剧。上述女性在不同的人生阶段对神经质的反抗对自身有着决定性的影响，因此我们可以提前预测这些反抗行为。由此，我们可以了解到神经症的根源之一。不幸的是，我们必须承认，无论是在教学方法还是在治疗手段中，我们都没有找到任何办法来防止这种自然情况和社会强迫所产生的后果。根据以上这些观点，我们可以暂时得出以下结论：我们有必要在预防和治疗两方面，尽早让儿童认识到器官性征的不变性。儿童不应该将其器官视为无法克服的缺陷，而应该把它们看作生活中固有的困境，而且其他人也知道要接纳这种困境，与这种困境进行斗争。这样一来，我认为如今的女性在工作中产生的不确定感和顺从感就会消失，那种过分渴望被认可的感觉（这种感觉总让女性觉得自己低人一等）也会消失。①

　　这是一个十岁男孩的案例。我想用它来说明当普遍发生在女性身

---

① Cf. Schulhof, *Individualpsychologie und Frauenbewegung* (Reinhardt, Munich, 1914).

上的"男性抗议"的思想进入社会关系时，男孩身上也会发生类似的事情，从而产生相同的效果。一开始，因为大众对男性特征的态度，男孩会因社会环境的高度评价而感到荣幸，同时也会感觉到强加在自己身上的责任变多了。因此，男孩与世界的关系也就变得日益紧张。正如当今的文化所倡导的那样，人们认为男人天生就该坚强，男人要承担更多的责任，这种文化在很大程度上是建立在这种紧张关系之上的。任何阻碍这种文化所包含的"侵略性"的正常压力，都会让患者身上强大的敌意、恶意、对权力的渴望和幻想浮出水面。男孩常常害怕自己不能很好地履行职责，害怕自己不能成为优秀的男人。因此，我们很早就能发现，在器官自卑的影响下，那些忧郁或被宠爱的孩子会开始制订"计划"。无论遇到什么困难，他们都会急迫而贪婪地追求优越感。这往往会让他们利用自己的弱点，让他们产生一种普遍的犹豫态度，会怀疑，会动摇，会想要逃避。这种文化还可能导致儿童采用公开或隐蔽的方式进行反抗，或者明确地表示自己不想要遵守规则。现在，我们已经找到了神经质的基础，应该停下来想想这种基础所造成的危害。

下一个病例是一个近视非常严重的男孩。他费尽心力，却还是无法应付他两岁的妹妹。从他多次和他人争吵的行为中，我们可以看出他好斗的性格。他也无法掌控自己的母亲。但是，他的父亲有着很高的地位和影响力，能够支配他人。父亲也秉持着非常严格的原则，总是对"女性统治"骂骂咧咧。这孩子在各个方面都很像他的父亲。当他处于困境，想要证明自己和父亲像以前那样平等时，事情就有点困难了。由于近视很严重，他对其他男孩常玩的游戏一直不在行。有一次，他想用父亲的打字机，却遭到了父亲的拒绝。父亲让男孩别异想天开地想着当什么"科学家"了。[①]父亲是一个充满激情的猎人，偶尔会带着男孩一起去打猎。这种"打猎"似乎最终成了一种特殊的男性态度，向男孩证明他和他父亲是平等的，而他比"女人们"更加优越。每次父亲不带着男孩打猎的时候，男孩都会遗尿。这让父亲变得非常焦虑不安。后来，每次父亲对男孩严格教导之后，男孩在夜里都会尿床。在我与男孩进行了几次谈话之后，这些内在的联系就被揭示了出来。而且我进一步发现，男孩的尿床行为源于他梦中出现的一些必要元素。很明显，这些元素代表了一场针对父亲的暴力反抗。在晚上尿床之前或之后，他通常会梦到自己的父亲（没有带他去打猎的父亲）死掉了。当我问他对未来的计划时，他回答说他想成为工程师，就像他父亲一样，并且还想要一位管家。我问他是否像父亲一样不愿意结婚。他驳斥了结婚的提议，说女人没什么价值，只对漂亮衣服感兴趣。由此，这个男孩的态度，以及他对生活的计划，就这样清晰可见了。

下一个病例是一位八岁的男孩，他患有淋巴疾病，并且智力和身体方面的发育都有些迟缓。他的男性抗议的表现和上一个病例类似，却又完全不同。他来我这里，是因为他患有强迫性手淫。他的母亲几乎把全部精力都放在他的弟弟和妹妹身上，却把他留给仆人照顾。他的父亲

---

① 与别人的意见相反，在我们看来，这并不是父亲的经验之谈，而是父子之间不平等关系的表现。

是一个脾气暴躁的人，总是对别人发脾气。这孩子的自卑感体现为生性腼腆、胆怯，总是对任何关心他的人抱有感激的态度。杂耍者的把戏让他产生了浓厚的兴趣，这也是他所发现的影响最深远的代偿方式。他把精力都放在童话和剧院的表演上。和其他孩子相比，他更容易受到别人的影响。他总想找到一根魔杖，让这根魔杖引领自己去往魔法世界。他允许别人对他做任何事情。这实际上源于他在父亲身上看到的被他扭曲了的图景：父亲会强迫别人为自己做事。这在某种程度上是一种自我欺骗。他也意识到了部分问题。只有保持笨拙、无能，他的计划才能一直被推进。所以，他一直如此。

过了一段时间，他的母亲发现了他的手淫行为，于是把注意力放在了他身上。他就这样对她产生了影响。他的地位也大大提高了。为了不失去这一切，他必须继续手淫。所以，他继续这样做下去。

他与父亲平等的目标偶然表现在一种欲望中，并具有一种强迫性。他会戴着成年人的硬礼帽，嘴里还叼着烟头，就像渴望长大的小孩子那样。

最后，我简单地将儿童时期的神经质行为扩展到人类历史上来。和当今时代相比，过去的人更加信仰个体以及外来的魔法。在今天，我们怀有一种对人类行为和自我缺乏信心的自卑感。男性神经症患者对妻子的恐惧和恶意，与女巫狂热、女巫审判类似。女性患者对男性的恐惧以及她们身上的男性抗议，则类似于她们对魔鬼和地狱的恐惧。对此，她们想要使用自己的"巫术"（witch-craft）。对女性的羞辱，伤害了她们在爱情中单纯和天真的个性。我们的教育主要是为了让男女之间相互吸引，而不是相互评价。在强加所谓的男性权威时，个体会沉溺于虚假的想象，更难保持心理健康。

结束语

1. 我们所面对的个体生理和心理机制会鼓励个体设定某个目标。因此，"生活"的概念产生了。生活要求我们行动。通过行动，我们确立了精神生活的最终属性。

2. 我们对目标的追求会持续吸引我们。同时，这种吸引会被个体身上的无力感所制约。个体所谓的"本能"，实际上是朝着某个特定目标行进的生命线。尽管个体意愿中有着明显的矛盾，但他还是会努力朝着这个统一目标迈进。

3. 个体没有为所要做的工作做好充分的准备，会导致某种不堪容忍的局面，还会引发个体的无数次代偿行为。最后，他终于感觉自己足够强大，可以满足环境的要求。所以，当心理处于怀疑状态的时候，儿童会寻找一个心理上的"储藏室"，并在其中保存最初对权力的感受和能量，来自儿童的不确定感。

4. 在心理学的研究中，我们最重要的任务是预测个体的试探行为和他对力量的运用。这来自个体本身的力量，以及个体利用环境所采取的行动。而且，这些行动预先经过了个体充分的检验。

5. 我们要将单个的心理现象理解为一个完整的生命计划中的部分元

素。如果我们尝试做出的假设没有遵循这一原则，而是试图在儿童的心理生活中分析某些表象，不去理解它们的统一内涵，那么这种解读就必然是失败的。因为儿童内心的"事实"不应该被看作既定的成品，而应该被看作朝着目标前进的准备动作。

6. 我们认为个体身上发生的任何事件都必然伴随着某种倾向。因此，我要提醒大家注意下列我认为重要的指导原则。

个体会在现实层面：

（1）发展某种可以获得优越感的能力；

（2）应对环境；

（3）认为世界是充满敌意的；

（4）积累知识和成就；

（5）利用爱与服从、仇恨与蔑视、社群情感与对权力的欲望。

个体会在想象层面：

（1）产生一种"如果……就好了"的想法（幻想，象征性的成功）；

（2）利用自身弱点；

（3）在做决定时拖延，寻求保护。

7. 无可置疑，个体生命线的先决条件是这样一个因素：一个全知全能的、近神般的崇高目标，但它必须保持在潜意识状态才会产生作用。这个目标可能会在一个很明确的程度上具体表现出来，并上升到意识层面，而后发展为精神病。这一过程与个体的经验和心理构成有关。个体的权力目标与社会情感之间有着不可弥合的矛盾，这一目标也必定是潜意识的。

8. 上文的矛盾最常见于"男性……女性"的对立形式之中，尽管在必要时，我们还会发现其他明显的矛盾。这也暗示着儿童所渴望的是不同力量的总和。这种矛盾的对立性通常会将女性元素解释为具有敌意和被征服的一方。

9. 在神经症个体身上，上述现象会非常明显。因为患者会在一定程度上利用自身的敌对态度，拒绝对儿童时期的错误判断进行彻底矫正。在这方面，患者根深蒂固的唯我论立场有很大帮助。

10. 神经症患者都表现得好像总是要证明自己整体上比别人（尤其是妻子）更优越一样。这是一种神经症性的防御。患者只有想着自己比别人优越，才能获得良好的体验，才能有近神感，才不会觉得自己是虚弱而自卑的。

（本章内容为作者于一九一三年在国际医学心理学和心理治疗大会上发表的演讲）

第七章

三叉神经痛的心理治疗*

个 体 心 理 学

THE PRACTICE
AND
THEORY OF INDIVIDUAL PSYCHOLOGY

---

* 根据阿德勒的看法,三叉神经痛有一定的心因性,但患者仍要根据自己的实际问题接受治疗。因为阿德勒的观点毕竟是20世纪心理学家的智慧结晶,百年来,医学已经有了更大的发展,人们对各种疾病的了解也更加深入。——译者注

与其他心理研究方法相比，个体心理学具有更明确的特点，因此我们必须谨慎地限制它的应用范围。在一开始，我们就要谨记，个体心理学只对源于精神问题的疾病有价值。同时，在运用手头的材料进行分析的时候，不应因患者有任何智力错乱（比如低能、智力缺陷或谵妄）而将问题复杂化。神经症如何治疗，治疗到什么程度，依然是悬而未决的问题。但是，我们可以对其进行分析，并且证明治疗精神病和神经症的主要原则是相同的，而且这可能对异常心理态度研究有重要作用。我自己的经验可以证明，在精神病因患者智力退化而变得更加复杂且无法好转的时候，可以通过运用个体心理学的方法，更深入地改善和治疗这种疾病。

要充分运用个体心理学的方法，首要条件是判断我们能否识别出心因性疾病。

科学界对典型的精神病症，比如神经衰弱、歇斯底里症和强迫性神经症的心因性起源做出过有力的论证，致使一些质疑和批评难以占据一席之地。这些批评强调了个体的体质因素，并将所有的症状归类为遗传性退化，这种退化包括功能性、器质性和心理方面的退化。但是，这些批评没有考虑从器官自卑感到神经症心理发展的转变。我在很早之前就已经证明，这种转变并不总是发生，也不会像其他转变那样，能够让个体变为天才，或是让个体犯罪、自杀、罹患精神病。[1]在我的书籍和其他文章中，我得出了这样一个结论：如果个体在心理上感知到腺体或器官的遗传性缺陷，就会产生一种神经质的性格，让某个有着遗传缺陷的孩子对他所处的环境产生一种自卑感。[2]在这种情况下，起决定性作用的是孩子所处的环境，以及孩子自身对这种处境和天生缺陷的适应能力。经过更仔细的研究，我们发现，神经疾病与其说是一种性格疾病，不如说是一种"处境疾病"。生理退化所引起的外貌变化包括身材和容貌缺陷，此外也会产生一种显而易见的、根深蒂固的器官自卑暗示。并且，如果这种生理退化和器官自卑相结合的话，那么除了客观症状之外，还会引起儿童心理上的自卑和波动。比如，有先天性听觉疾病、耳朵畸形、色盲、散光或其他伴有斜视的屈光异常等问题的儿童，会以类似的方式产生器官自卑。这些疾病在并不威胁生命的时候，更可能引发精神障碍。佝偻病可能会影响身体的发育，让个体变得非常矮小笨重。扁平足、弓形腿、膝内翻、脊柱侧弯等佝偻病症，可能会降低儿童的活动能力和自尊感。而肾上腺、甲状腺、胸腺、垂体、内生殖腺的功能不全，特别是一些非显性的遗传类型疾病，常常会引起外界对患病个体的歧

---

[1] 参考《器官缺陷及其心理补偿的研究》（*Studie über die Minderwertigkeit der Organe*）。

[2] Adler, "Ueber neurotische Disposition" —in *Heilen und Bilden* (1914).

视，让患者无法产生积极的治疗意愿。因此，这不仅影响了患者的器官发育，还会给患者带来羞耻感和自卑感，对患者的心理发展也起了消极作用。同样，皮肤渗出性疾病、淋巴胸腺疾病、虚弱体质、脑积水和轻微的低智情况，都会引起个体强烈的羞辱感和自卑感。先天性的泌尿与消化系统缺陷既会导致客观症状，也会让个体产生主观自卑感。由于婴幼儿时期所犯的错误，这种自卑感通常会以某种间接的形式找到表现的出口，比如尿失禁和大便失禁等。个体的生理需求以及对惩罚和痛苦的恐惧，也会导致其在饮食和睡眠中进行过度预防。

这种从主观和客观角度对器官自卑所进行的思考与论证，对我来说有着重要的意义。因为它揭示了神经症的发展过程，特别是神经症个性的发展过程，而这种发展会利用遗传性的器官缺陷。同时，它也为我们展示出体质型器官自卑的继发性，以及心理因素在神经症病因学中的重要意义。我们能够很容易地找出器官和心理之间密切关系的实际基础，即儿童较为弱势的器官。即使是健康的儿童，与成人相比，他们的器官也是较为弱势的。所以，健康的儿童也会产生一种自卑感和不确定感，但这种感觉是可以承受的。然而，在绝对、永久而且深切地感受到器官自卑的情况下，我在所有的神经症患者身上曾发现的那种无法忍受的自卑感就会出现。我们的文明有一个特点，儿童总是会渴望扮演成年人的角色。他们会梦想着获得成功，但那些成功从本质上来讲只会给他们带来麻烦。近视的人希望能看到一切，听觉异常的人希望能聆听一切，患有表达缺陷或口吃的人会想要不停地说话，患有遗传性黏液生长、鼻中隔偏曲或腺样体肥大而无法嗅闻的人会想要不断地闻一些东西。①行动缓慢、笨重的人一生都会想当第一名。在家中排行老二或老幺的孩子也是如此。那些腿脚不利索的孩子总是会害怕迟到，为了各种原因疲于奔命，他们一生似乎都强迫性地沉溺于竞争比赛里。那些不会跳跃的孩子，最有可能产生飞行的欲望。这种机体条件限制与愿望、幻想和梦想之间的对立，是一种非常深入的精神代偿，我们可以从中推断出心理基本规律的本质。它可以这么被表述：对器官自卑的间接修正会成为心理代偿或超代偿，帮助个体克服自卑的主观感受。

因此，存在神经质倾向的儿童，其外在行为和内在心理的间接发展轨迹在童年的早期已然显现。尽管个案之间有着巨大的差异，但是儿童产生这些行为，都是因为他们渴望在所有的关系网中成为最志得意满的人。他们野心勃勃、自负，有着想要了解一切、讨论一切的欲望；他们想靠身体力量、美貌或衣着出众而闻名；他们想成为家庭或学校的风云

① 在所有这些由"不正常的自卑感"引起的器官自卑的例子中，器官功能的改变或改善，感觉器官印象价值的增强，比如敏感性的增强、外围感觉感知的增强，都被看作改变器官自卑功能的方法。脚可以被理解为一只萎缩的手，但当它适应地面时，也可以达成一些了不起的成就。患者鼻子、喉咙和气道中的流动感，这些通道收缩的感觉，还有通过加强鼻腔吸气（对气味的渴望）来诱导分泌物流动的方法，都会在神经性哮喘、喷嚏症状以及花粉症的治疗中起到重要作用。在菲舍尔的《又一》（Auch Einer）一书中，我们可以看到一个对神经性鼻腔刺激及其相关自卑感的巧妙的描述。个体对这种"缺陷"的夸张和人为强化，可以确保他逃避婚姻，不陷入社会和爱情关系。这位天才的哲学家所观察到的事实得到了如此精妙的描述，让我们有理由假设，他所观察的正是他自己。（《又一》是一八七九年出版的德文小说。"又一"是书中主角的化名。该小说以作者为第一人称，而"又一"是作者在旅途中遇到的旅伴。这位旅伴身份神秘，不愿以真名示人，只自称"又一"。他的口头禅是"公道自在人心"。"又一"的一个突出特点就是患有打喷嚏和抽鼻子的强迫症。——译者注）

人物；他们想让所有人的注意力都集中在他们身上，不管他们做的是好事还是坏事。所有这些都是儿童不正常发展早期阶段的特征。这种儿童会轻易产生自卑感和不安全感，并表现为恐惧和胆怯，而这两者都是神经质的性格特征。处于这种（神经质特征）固着（fixation）^①状态中的儿童，会特别想要达到自己的目的。换句话说，他们会产生这样的感受：我不能被抛弃，必须有人（比如我的父母）来帮我；大家必须对我友好，待我温柔（在这里还要加上一句：因为我是软弱的、低人一等的，所以别人必须要这么做）。所有这些内心的对白都变成了精神刺激的指导原则。儿童身上恒久而易被激发的极度敏感、怀疑、易怒个性，会让别人对他们的羞辱和轻视没有施展的空间。但这种情况也可能被逆转。儿童可能会发展出非凡的敏锐力，能够预见自己的感受，摸索出一切可能导致自己被羞辱的可能性。这样，他们就可以通过采取明确的预防措施和灵活的思维方式来主动干预，从而预防这种羞辱。或者，他们可以通过对自己痛苦的夸张描述，在某个更加强大的人心中唤起怜悯与同情。儿童也可能利用真实或伪装出的疾病、昏厥，甚至自杀的冲动，来唤起他人的怜悯之心，或是对某种羞辱进行报复。^②

　　有神经质倾向的儿童，会对他们想象中的或实际存在的压迫进行反抗，具体表现为仇恨、报复、狂怒、有施虐欲望、对禁忌行为上瘾，

---

　　① 固着在心理学上是指一种对刺激的保持或不断重复的心理模式。这里指的是设法克服的自卑感会持续影响有神经质倾向的儿童的心理发展。——编者注

　　② See Adler—"Ueber den Selbstmord insbesondere im kindlichen Alter"—in *Heilen und Bilden*.

以及通过懒惰和叛逆不断扰乱教育计划。这些孩子很难乖乖地吃饭、洗漱、穿衣、刷牙、睡觉和学习，他们也会讨厌别人提醒自己排便。他们会"策划"一些意外事件。比如，如果他们被逼着吃饭或是被催促去上学，他们就会恶心呕吐。儿童也会（用大便或小便）弄脏自己或是尿床，这样人们就总会在身边照顾他们，他们就不会被抛弃，不用独自一人睡觉。儿童还会在人们睡着时把他们叫醒，让他们表达爱意，或是跑到父母的床上去。简而言之，他们会尽一切努力来获得别人的认可，要么是通过反抗的方式，要么是利用周围的人对他们产生的怜悯之情。

上述情况无论是发生在日常生活中，还是发生在神经症孩子的动态症状和既往病史中，抑或是源于神经症孩子的性格特点，都有着清晰一致的特点。有时候，我们会面对符合想象的"完美小孩"，他们非常听话。然而，他们也会时不时地产生莫名其妙的愤怒。有时，我们也会因为他们身上的过度敏感、长期的受害者心理、持续的抑郁，以及各种无缘无故的疼痛（头痛、胃痛、腿痛、偏头痛、对冷热变化的夸张抱怨以及疲劳）而真正认识他们，走向为他们寻求治疗的正轨。因此，我们很容易理解，他们采取顺从、谦虚、随时愿意服从他人的态度，只是为了获取别人的认可和回报，是获取爱意的手段。神经症患者也是如此，我在《心理的雌雄同体》一书中，讲到"受虐狂的心理动态"（*dynamics of masochism*）时，对此进行了论述。①

我们现在在有神经质倾向的儿童身上发现的某些表现，与前面的

① "Psychische Hermaphroditismus" in *Heilen und Bilden*.

描述密切相关。他们坚持做一些没必要又招人烦的事来引起父母注意，即使这种"注意"是让父母生气。有时，这种倾向还包括顽皮的天性，比如假装自己听不到、看不见、跛脚、哑巴，或是笨手笨脚、健忘、疯癫、口吃，以及喜欢做鬼脸、到处磕绊、弄脏自己等。虽然正常的孩子也会做出类似行为，但是，有神经质倾向的人才会有通过患病来进行反抗或获得认可的"欲望"，这能让一个人真正地利用疾病的症状，坚持去玩这种伪装的游戏，做出一些愚蠢的行为。这些儿童可能心怀恶意，或者想要折磨别人。但是，我承认，他们偶尔也是想要逃避他人的压迫，才会长期坚持做出这些病态的行为，或是保持坏习惯。而这些行为和习惯要么是他们亲身经历过的，要么是他们观察到的，包括咬指甲、抠鼻子、吸吮拇指、摆弄生殖器或肛门等。他们身上即使有胆怯和恐惧的心理，也会因为这些目的而稳定下来。儿童会利用这种状态来达到自己的目的，比如不被别人抛弃，或是逃避他人的要求等。在上述所有例子中，相应的器官自卑的假设也起到了作用（详见我关于器官自卑的书籍）。

根据这些有神经质倾向的孩子的特点，他们的病症可能会过渡到癔症、强迫性神经症、意外性神经症、意外性癔症、神经衰弱、痉挛性抽搐症、恐惧性神经症以及那些有着明显单一症状的功能性神经症（口吃、便秘、精神性阳痿等）。基于经验，我认为上述所有病症是综合性的精神神经症（integrated psycho-neurosis）。为了达到抵抗阈限的下限，来压制一些发育良好的攻击本能[1]，儿童在懵懂状态下做出的可接受的反应态度具有典型的上层结构特征，被赋予了神经症症状。而其中个体身上的受暗示性[2]（夏尔科[3]和斯顿贝尔[4]的观点）、催眠状态（布洛伊尔的观点）、神经症心理的幻觉特征（阿德勒的观点），也就是身份认同，在多大程度上会得到增强，这里就不予讨论了。然而，可以肯定的是，个体身上的每一次幻觉发作，以及他身上永久存在的神经质个性，都是在他儿童时期的态度影响下统一萌生的。由于儿童幼稚的愿望、想象和错误评估，这种态度呈现出了反常的形式。

孩子的幻想绝不仅仅是柏拉图式的。它是精神刺激的表达，而这种表达完全决定了儿童的态度，也必然决定了他们的行为。这种冲动被分为不同的强度等级，并会在有神经质倾向的儿童身上急剧增长，弥补他们日益增加的自卑感。我们的研究首先会让孩子回忆某些事件（婴儿时期的经历、梦境），他们对这些事件有着明确的态度。在讨论"攻击本能"时，我已经指出："个体婴儿时期的经验非常重要，我们必须对他们做出这种解释：儿童的权力本能及其局限性（比如愿望和对愿望的压抑），正是通过这些经验得到了表达。而且，无可辩驳的是，儿童与外部世界的接触——无论是引发了不愉快的体验，还是让他们对文化所抵

---

① 攻击本能是正常发育产生的本能，有助于个体的自我保护。——编者注
② 受暗示性心理强度不同，意味着每个人受暗示性的强弱不同。受暗示性强的人容易被催眠。——编者注
③ Charcot，法国神经学家，现代神经病学的奠基人。——译者注
④ Struempell，德国心理学家。——译者注

触的行为有了膨胀的欲望——都会以器官自卑感的形式表现出来，从而迫使本能发生转变。"[①]有神经质倾向的儿童的本能会产生可被觉知的扩张，这种扩张间接地来源于儿童身上的自卑感，表现为一种想要克服弱点和渴求胜利的倾向。而且，这种本能的延伸会在儿童的梦境、幻想、对英雄角色的向往以及整体态度中表现得非常清晰。它们都是儿童代偿性的尝试。

在更为隐蔽的神经症层面上，我们的分析还揭示了儿童的性愿望和性冲动在极少数情况下具有乱伦的性质。我们也发现，有一些儿童会尝试做出真正的性行为，并且这种性行为是直接指向陌生人的。**在弗洛伊德做出精彩分析之前，这些事实在儿童心理学领域并不为人所知，而且我们也肯定会因此抛弃之前关于孩子天真与纯洁的假设。**但是，如果我们记住本能在儿童身上经常会无限扩张，有神经质倾向的儿童在器官自卑感的形式下会产生补偿平衡，那么我们将更好地理解它们。除了性之外，我们也会在其他方面感受到儿童本能的扩张。我们会发现儿童身上其他非常强烈的本能，比如对暴食、全知、肮脏、支配、施虐和犯罪的欲望。儿童还会进行反抗、发怒，也会努力学习，并且进行一些非凡的尝试，而这些尝试会让个体以某种方式变得独一无二。只有当我们成功地证实儿童早期觉醒的统治欲及其表现形式，这些倾向才会真正变得清晰明了。

---

① 器官自卑感产生的原因一直在那里，一旦遭遇外界带来的不愉快，个体就会很敏感，很容易受伤。比如，一个女孩找工作时被拒绝，而她又比较胖，那么她可能就会认为自己被拒绝是因为身材不好，但事实可能是她不符合招聘要求。——编者注

这种对力量的渴望可以表达为：我想成为男人。它深深地渗透在男孩和女孩的心理之中，让我们在一开始的时候认为它的出现是为了平衡"非男子气"所带来的不愉快的感受。事实上，神经质心理是在（心理）机制的胁迫之下产生的，这种机制就是我们先前已经描述过的心理上的雌雄同体和随后而来的男性抗议。^①对有神经质倾向的儿童来说，自卑感固着会导致本能活动的代偿性刺激，这是心理异常发展的开端，这种发展会以夸张化的男性抗议告终。这些心理因素是神经症患者对世界持反常态度的原因，并在很大程度上催生了前面所描述的那些特征。这些特征既不能从性本能中也不能从自我本能中推断出来。相反，在患者身上，这些特征会表现为一些"伟大的思想"，实际上这些思想常常会改变或阻碍性本能，甚至阻止性本能的产生。

本能的过度扩张和被文明否定的本能满足，这二者之间的对立也伴随着某些其他特征，比如内疚、怯懦、犹豫、对失败和惩罚的恐惧。我已经在我的《论神经症性格》（*The Neurotic Constitution*）一书中对其进行了详细的描述。我们通常会在患者身上观察到萌动的施虐欲、夸张的服从性，以及自我惩罚的意愿。我们可以从这些性格特征中推断出患者心理机制的本质和早期病史。本能扩张在触及社群情感的边界时，会遇到最强的阻碍力量。这实际上是对个体的一个提醒，会对个体产生各种各样的阻碍，降低其器官的本能。**神经症患者会觉得自己是罪人，所以变得非常认真与公正，但他们的这种态度一直是由"我真的很邪恶，**

---

① Adler, "Psychische Hermaphroditismus" in *Heilen und Bilden*.

被无法控制的性欲所控制，沉溺于无限的自我放纵，可能会犯下任何罪行"的虚构想法决定的。因此，他们有义务采取具体的预防措施。而由于他们只一味地追求个人权力，因此他们成了整个社会的敌人。

这种虚构的想法虽然明显有些过火，却让神经症患者避免了失败。[1]他们身上渴望安全感的倾向有助于第三类性格特征[2]的形成，而这些特征都和"预防"这一主导原则相适应。在这些预防措施中，猜忌多疑的特征最为突出。同样频繁出现的还有对整洁、秩序、节俭的夸张要求，以及反复检查确认事物的行为。正因此，神经症患者永远无法做完任何事情。

所有这些特质都会干扰个体的主观能动性，也会影响个体身上社会责任感的发展。它们还与个体身上因内疚而产生的犹豫密切相关。患者会预先考虑所有事情，也会考虑因此产生的后果。神经症患者处于一种极端状态，会对所有偶发事件进行预估，而他们的休息则受到对未来的假设和期待的干扰。一个宏大的防御机制渗透在他们的所有思想与行为中，并在他们的幻想与梦境里不断显现出来。这种防御机制会因一些提示，或是患者潜意识安排的失败、遗忘、疲劳、懒惰和各种各样的痛苦而被迫强化。在这种防御机制中，神经性恐惧起到了非常大的作用，

---

[1]　在这方面，神经症患者类似于内斯特罗伊（Johann Nepomuk Nestroy，奥地利剧作家）剧中的角色，他会说："一旦我开始做这件事（我就会成功）……但是我从来没有开始过！"同样可以参考《论神经症性格》一书。

[2]　前文并没有提到第一类、第二类特征。译者猜测，第一类特征是前文所说的本能过度扩张，第二类特征是对惩罚的恐惧等。——译者注

它有着多种表现形式，比如恐怖症、焦虑症、癔症和神经衰弱。神经症恐惧会直接或间接地闯入神经症患者的防御机制，阻止外界的攻击企图。患者会进行心理锻炼，让自己获得安全感，这有时会明显强化直觉力和直觉渗透力。如果锻炼以失败告终，也会让患者的直觉看起来得到了强化。正是基于这一点，一些神经症患者声称自己具有心灵感应的能力，能够认识到宿命，或是拥有暗示的力量。之后这些特征会和第一类特征相结合，后者源于患者追求伟大的思想。与此同时，我们必须把这些伟大思想的独特性看作一种代偿，一种对自卑感的防御。我还认识到了其他一些防御手段，包括手淫（用来拒绝性行为，预防由此产生的麻烦）、精神性阳痿、早泄、性欲缺失以及阴道痉挛等。它们总是会发生在那些既不能帮助他人，也不能给社会做贡献的人身上。同样，患者也会对自己婴儿时期的错误、功能性疾病以及疼痛进行评估，如果它们能够增添自己的顾虑，让自己逃避日常生活，那么这些现象就会固着下来。通常，患者身上的问题一开始会出现在对婚姻或对某种职业的适应过程中。在这种情况下，患者寻求安全感的倾向会以一种病态的方式表现出来，而病态地寻求安全感时，可能会遇到某种危险，从而被视为一种警告。安全感似乎失去了它本来的意义，与安全感相关的事物也隔断了联系，而神经质的行为总是有逻辑的。患者一开始会逃避社交，对自己施加各种限制（比如头痛），干扰自己的学习和工作。他会用最阴暗的色彩来描绘自己的未来，并且开始囤积这种痛苦。他会听到一个隐藏的声音始终在小声地警告自己："你身上有这么多的缺陷和弱点，前途一片渺茫，你怎么敢下定决心去做这么重要的事呢？"这种现象还没有更好的命名方式，我们现在称之为"神经衰弱"。在神经衰弱患者的头脑中，充满了这种想要获取安全感的计划和倾向——它们存在于所有的神经症中。我们发现，患有神经症的个体总是会选择退避。

第四类能够反映出神经质态度的迹象，是个体的行为、幻想、梦境和以"性"表现出来的细节象征，它们可以显示出个体想要成为"男性"的欲望，这和第一类特质一样。在我的《论神经症性格》和《心理上的雌雄同体》（*Psychic Hermaphrodism*）中，我已经详细地讨论了这些问题。神经质个体在追求安全感的过程中，注定会脱离他所不确定的现实处境。然而，根据我们的分析，那些有神经质倾向的儿童对真实性别角色的判断依然不清楚。我的许多男性患者在儿童时期和青春期之前都有着女性化特征或是继发的女性特质（secondary feminine marks）[1]，后来他们将自卑感归因于这些特征。另外，他们可能患有外部性器官异常、隐睾症、粘连、发育不全和其他生长异常疾病。在觉得需要借口的时候，他们就可以借助这些问题。根据儿童幼年时期的照片，我有这样一个发现：男孩如果长时间穿女孩的裙子、蕾丝衣服，戴项链，留鬈发和长发，同样会产生不安全感和怀疑感。在更严重的情况下，割礼、阉割、阴茎脱落或生殖器糜烂的威胁也可以产生同样的效果。如果父母发现孩子在手淫的话，经常会用这样的威胁来吓唬自己的孩子。对男孩来

----

　　① 相较原发性的女性特质（指男性先天就有的女性化特质，如温顺、敏感等），继发的女性特质就是男性在儿童时期和青春期之前，从生活环境中学习到的有关女性的行为习惯或观念等。——编者注

说，他们最强烈的倾向始终不会改变：他们想长大为一个男人。这种渴望可能会被符号化为成年男性的性器官。同样的渴望也会体现在女孩身上，因为和男孩相比，她们的处境会让她们产生自卑感，这通常会让她们产生代偿性的男性态度。因此，有神经质倾向的儿童的整个观念世界和所有的社会关系，都会逐渐分为男性的和女性的这两类。儿童想要扮演男性角色，也就是英雄角色的愿望，会一直存在。在女孩身上，这样的愿望以最奇怪的形式表达了出来。就像成年人那样，她们会把任何形式的侵略活动，以及对权力欲望、财富、胜利、虐待、反抗、犯罪等的追求，都错误地归类为男性特征。而痛苦、等待、忍耐、软弱和所有受虐的倾向，则被认为是女性特征。神经症患者永远不会将这些女性特征视为最终目标（因为这些特征实际上是受虐的特征），它们存在的目的是为男性化的胜利扫清道路，也就是为第一类渴求认可的强烈欲望扫清道路。第四类特征中的其他特征则从属于男性抗议，其中包括对性欲望和感觉的强行夸大、裸露癖、施虐冲动的萌生、性早熟、强迫性手淫、色情狂、冒险欲、强烈的性渴望、自恋，以及喜欢卖弄风情等。同时，患者身上也会出现一些女性化的幻想（比如对怀孕和分娩的幻想、受虐冲动和自卑感），这是一种提醒，警告他们男性抗议会得到强化。为了预防这种强化产生的后果，个体所采取的保护措施可以表达为：己所不欲，勿施于人。①另外，对患者来说，外界强迫的概念不断地被放大，哪怕他们对此有最轻微的怀疑，也会用不断的斗争来进行有力抵制。正因此，对他们而言，正常的人际关系，比如爱情、婚姻以及其他的适应行为都会被看作"没有男子气概"，也就是女性化的。患者会因此拒绝这种关系。

　　我们在神经症患者身上可以观察到大量相互关联的性格特征，它们基于一个明确的"计划"而相互协助或是相互排斥，而这些计划能够让我们推断出患者身上异常态度的性质。归根到底，一切都要追溯到患者对男性和女性特质的夸张与错误评价上。如果我们要对上述陈述做出什么批评的话，也许就是这种关联的形式太过图示化，不可能尽述单一特征之间丰富的相互关系，充其量只能给出某一部分联系。但是，这也是研究神经症性格所能够得出的最重要的一部分联系。我相信，鉴于这些事实，我们可以合理推断出心因性疾病的存在。我现在转向正在讨论的问题，即三叉神经痛是不是一种心因性疾病。我可以从性质相似的疾病

---

　　①　有一个患有神经性哮喘的男性病例，经过治疗，患者的症状已经很久没有发作了。当患者想要开展某项事业的时候，他就会产生明确的怀孕幻想。这种怀孕幻想的产生还会伴随着胸口的压迫感，并且最终以患者对成功和伟大的幻想而告终——他幻想自己成了百万富翁、慈善家或是拯救整个国家的英雄等。在这种感觉产生的时候，患者身上还出现了跑步时才会有的呼吸急促现象。患者怀孕幻想的动态意义在于，它涉及女性化的忍耐和痛苦，这是患者的自我批评，同时也增添了他的怒火："你只是个女人，如果你在受苦，那也是你应得的！"于是，男性抗议就产生了。一种强化以后的着力点利用了怀孕的幻想和哮喘的症状，将其看作一种预期性的弥补方式。现在，患者可以被允许做一个男人，并且用敌对的方式来面对自己的环境。"因为我病了，所以我可以比别人更放肆。"这种疾病用真实的症状向世人证明自己生病了，但这只是一个借口。（原文中的"己所不欲，勿施于人"指的是不要把自己抗拒的女性角色所承受的痛苦施加在别人身上。——译者注）

中获取信息，并得到肯定的答案。就我所研究的三个病例而言，三叉神经痛的心理结构和精神动力体现出了惊人的相似性，并且表现出非常明显的心因性特征。因此，针对这一观点的所有批评完全不成立。就我们的问题来说，还有一点同样重要：三叉神经痛不仅符合上述神经症的主要特征，而且它的每一次发作都代表着某种精神事件的转移。现在，我们可以尝试解释神经症的心理特征与个体发作之间的关系。

我的患者O先生[①]是一位二十六岁的政府工作人员。他来找我，告诉我他的医生建议他对自己所患的三叉神经痛进行手术治疗。他的病已经持续发作一年半了。有一天晚上，这种疾病突然侵袭了他的右半边脸。从那时起，这种病痛每天都以急性发作的方式反复出现。在过去的一年中，他被迫每三四天就注射一次吗啡。因为这种疼痛实在是太剧烈了，而注射吗啡会让他的疼痛得到缓解。他尝试了许多治疗方法，包括服用含有乌头[②]的药物，或者进行电疗和热处理，但都没有成功。他还接受了两次酒精注射，但那只加剧了他的疼痛。在南方待了很长一段时间之后，他的病痛得到了一些缓解，尽管还是会时不时发作。他现在十分沮丧，为了不毁掉自己的事业，他决定接受手术。但因为他那位严谨的外科医生不能保证手术后病情得到缓解，所以他才决定来征求我的意见。

在这个时候，我收集了大量神经痛发作和三叉神经痛的心理起源的数据，并且我也可以利用之前的观察结果。综合一些分析报告和个体发

---

① 原文对患者进行了匿名，这里简称他为O先生。——译者注
② 乌头具有镇痛的作用，在临床上常用于痛症的治疗。——译者注

作病例的比较报告，我得出了这样的结论：三叉神经痛及其在个体身上的发作，通常出现在与羞辱感相关的愤怒情绪的影响之下。[1]得到这个结果之后，我们就能够理解三叉神经痛患者的异常态度，并且意识到由此产生的疾病是情感过程的等价物。[2]没过多久，我获取到的信息证明了这一点。患者其实是在期待着被羞辱，或者可以说是一直在等待这种羞辱，而这种羞辱的概念也因此被严重扩大了。一般来说，一个神经症患者实际上会或多或少地寻求或"安排"这种羞辱。因为只有这样，他才能够得出这样的推论：我一定要保护自己，我没有得到应有的赏识，我总是被噩运缠绕，等等。这种态度不只是三叉神经痛的特征，也是神经症的普遍特征。当我们回顾并分析患者童年的某些病态状况时，有神经质倾向的儿童的心理习惯总是非常清晰的。这是一种自卑感，会被男性抗议补偿。回到我的患者身上，我的分析揭示了以下几个事实。

1. 他患有隐睾症，这是他自己发现的。他自卑，对未来很迷茫，不知道自己有了这种缺陷还能不能成长为成熟的男人。他还记得自己在六至八岁的时候性侵过女孩，那时他是想了解男女性别之间的差异。在和其他孩子玩游戏时，他会扮演英雄，至少是将军或家庭中的父亲角色。这些带有感情色彩的回忆有着同样的意义。

2. 他有一个比他小五岁的弟弟，家里人明显偏爱弟弟，父母让弟

---

[1]　Cf. the formulation in "Aggressionstrieb" in *Heilen und Bilden*. 三叉神经痛也可能发生在他人产生愤怒情绪的情况下。

[2]　对于那些批评我的立场，指责我讲的是"唯智论"的浅薄观点，我不想浪费一个字来回应。

弟进他们的卧室睡觉。他小时候用了很多方法进他父母的房间睡觉。他害怕一个人待着（他会在梦中惊醒），而且他偶尔会成功地表现出这种恐惧的严重程度，让母亲把他抱到她的床上睡觉。然后，他开始出现幻听，而幻听也给他带来了恐惧（恐惧是为了获得安全感而采取的手段）。有时候，他会认为那是窃贼的声音，而这些声音总是来自父母卧室的方向，所以他不得不去那儿查看。他身上表现出的明显的男性抗议，针对的是自己性别角色的不确定性。这种幼稚的行为代表了患者逃避病态童年处境的最常用方法，明确地传达出：我感到不安全，我不成功，我没有得到足够的认可（我见证了别人对我弟弟的偏爱），我必须得到帮助，我想要成为父亲，我想要成为男人。另一方面，我们可以想象，他产生了这样的错误评估：我不想成为女人！这个"我想成为男人"的想法，只有加入"我也可能成为女人"这个与之形成对比的想法，才是站得住脚的。[1]疾病，尤其是伴随着痛苦的疾病，也是一种能够让他回避弟弟所受到的偏爱，扮演父亲的角色，获取平等的感觉，学习到如何充分履行自己的性别义务，以及保护自己男子气概的方法。经过分析，我们发现，这位患者总是会回忆起真实的或夸张的疼痛，以及对这种疼痛的伪装。我对这些头痛的本质很感兴趣。它们几乎总是来源于牙痛。我们在分析中，第一次觉得我们在这个特殊的案例里对患者选择三叉神经痛这种神经症的理由有了更深的理解：患者小时候是一个强壮

---

① 在新一代的心理学家中，尤利乌斯·皮克勒（Julius Pikler）从完全不同的前提出发，对"对比思维"（contrast thinking）得出了类似的结论。同样可以参考《论神经症性格》一书。

的男孩，除了牙痛之外，他可能并不了解其他的疼痛形式。因此，可以假设，患者在他生命的某个阶段把以下条件画上了等号：痛苦=自卑感=环境对他认可的增强。

我们已经彻底明白了患者病态的童年是怎样一种动态发展的过程了。他可能被迫扮演一个低人一等、痛苦而女性化的角色，这间接地导致了他身上夸张的男性抗议。那些被看作顽固的反抗行为，至今仍会让他母亲在回忆时感到不寒而栗。孩子可以在很多场合表现出自己的叛逆，我在上文中已经提到了，比如吃饭、洗漱、刷牙和睡觉等情景。因此，有一点非常重要：我能够想到的所有三叉神经痛患者，都是在吃饭、洗漱、刷牙以及睡觉的时候疼痛发作的（这与其他人的叙述一致）。在接触到寒冷的东西时，神经痛也会发作。我的患者在第一次产生疾病症状后，就辞职回到他母亲居住的乡下，这满足了他孩提时代的渴望。母亲对生病的儿子格外关心和爱护，细心监督他的饮食，总是给他倒热水洗漱。在维也纳治疗期间，他不得不在那里吃饭，他的神经痛剧烈发作。而当他在家中吃饭时，疼痛却没有发作过。后来，他有所好转，能够去办公室上班，但他必须住在维也纳。在来到新住所的第一天，他用冷水洗漱的时候，神经痛又一次来袭。

另一种神经痛发作可能与他渴望得到社会认可有关。这样的话，他身上的疾病发作可能与真实的、假想的或是害怕发生的羞辱相关。他想在任何时候都扮演最重要的角色，如果他偶尔没有参与别人的谈话，或是听不到别人的谈话，他就会很烦躁。在这里，我们可以清楚地看到他儿童时期的病态图式：父亲、母亲和弟弟在一起，只有他自己是低人一等的。其他神经症患者之所以会出现社交恐怖症、广场恐怖症等症状，是因为他们的防御机制采取了恐惧的手段，以避免失败。偶尔，这些症状也会表现为呕吐、偏头痛等。在我们的案例中，对羞辱的恐惧引导着患者以神经痛发作的形式将恐惧表现出来。在我所知道的其他三叉神经痛的病例中，患者会以自己的疼痛为借口，不参与任何社会活动。偏头痛[1]、恶心、周身明显的风湿疼痛、坐骨神经痛、脸红和面部充血现象，都会先于三叉神经痛发生。[2]

患者关于"性"方面的思考在这种三角关系中（父母、兄弟、自我）起到了重要的作用，这也是疾病发作的根源。他的性生活既正常，又令人满意。然而，他身上有一个显著的特征，这也是许多神经症患者身上会出现的典型特征，那就是当竞争对手出现时，他的爱才会变得强烈。也就是说，当爱情与一些男性特征，比如争抢和战斗联系起来的时候，他的爱才会变得强烈。这一特点贯穿了他的整个情爱生活，并让他回忆起他病态童年的三角关系情景。由此可见，他的情爱生活在一定程度上被他追求威望的想法毒害了。当他在南方生活的时候，他遇到了一个姑娘。他开始追求她，但当他发现她并没有多少嫁妆时，他便打消了

---

[1] 参考亨申（Henschen）的三叉神经痛的风湿性起源学说。

[2] 老年人，特别是老年女性的三叉神经痛的案例尤其复杂，最具体的原因是年龄造成的真实或想象中的羞耻感。我们的社会是如此不人道地对待老年妇女，这构成了我们的文明最可悲的一部分。就我的患者而言，神经痛发作是由以下原因引起的：缺乏兴趣，害怕被嘲笑，害怕他人对别人表示偏爱，害怕照镜子，以及害怕选衣服（可能因此被人嘲笑）。另外，患者还恐惧可能会影响自己的地位，让自己变得贫穷的钱财花费。

求婚的念头。但当另一个求婚者出现时，他的爱意又一次燃烧起来。比如，当他看见那两个人单独在一起，女孩对另一个男人微笑的时候，他的爱意和随之而来的痛苦同时加剧。在治疗过程中，我们可以把他身上的一些神经痛发作归咎于这件事情。当女孩在信中告诉他，她和另一个男人在一起过得很愉快的时候，他的神经痛就会发作。在他的信件被我们拿走的时间里，他有几次疾病发作与此有关。他开始纳闷，为什么这个女孩这么长时间没有给他写信，她很可能和别人在一起过得很开心。他开始出现做白日梦和幻想的症状。他让那个女孩结婚，然后又煽动她违背婚姻的誓言。我们必须承认，在他生病前不久，因为某件不同寻常的事情，他身上的这一特性被明显强化了：在他短途旅行期间，他的一位同事勾引了他的情人。他计划了各种报复手段。在人生的这个重要的情感阶段，还发生了一件事。他觉得他的一位上司的妻子在向他示好。显然，这位上司也注意到了这一点，开始在办公室里故意惹恼他。为了不破坏自己的事业，他屈服了，但他不断地进行着秘密的反抗。在上司休假回来的前一天，他的三叉神经痛第一次发作，而且是如此严重，他忍不住大声喊叫，只有注射吗啡才能让他平静下来。他第二天没有去上班，而是请了病假去接受治疗。他对所有的医生，包括我，都再三重申希望能尽快回到工作岗位，并且承诺他会配合一切，让这一天尽快到来。①酒精注射本来会让他立刻恢复健康，但是正如前文所说，这也会带

---

① 注意，这里的意外性神经症和癔症的心理动态一致性，同样只会出现在有神经质倾向的人身上。

来剧烈的疼痛。不过，我们现在知道为什么酒精注射会如此加剧他的痛苦，因为他潜意识努力的真正目标是要保持工作能力丧失的状态，即不回到自己的办公室。只有一种想法是他所不能抑制的，那就是他想作为男人，作为一个胜利者来摆脱这一局面。用他在儿童时期的病态情景中所使用的语言来表达，就是：我想要妈妈陪着我！当他和母亲在一起的时候，他的病情有一点好转，但这是在神经痛接二连三地迅速发作，特别是在吃饭的时候发作的情况下才好转的。这些发作看起来十分危险，而且可能会让他因为无法进食，最终饥饿而死。因为疾病所带来的恐惧与惊吓，他的母亲更加会满足他的愿望。

通过对他在治疗期间的一个梦的分析，我们可以看出他潜意识的错误态度和神经症出现的最重要条件。这个梦是这样的："我发现自己赤身裸体地待在我某个恋人的房间里。她咬了我的大腿。我大叫一声醒了过来，伴随着剧烈的神经疼痛。"

引发这个梦的事件发生在前一天晚上，具体情况是这样的：患者收到了一张从格拉茨①寄来的明信片，而寄信者的签名里有他弟弟和他梦中女孩的名字。吃晚饭的时候，他食之无味，还伴随着轻微的神经痛发作。在解释这个梦的时候，他补充说，这个女孩曾经是他的情人，但是他很快就感到厌倦，和她分手了。在他做这个梦之前不久，他弟弟认识了这个女孩。他警告过他弟弟，但是，正如这张明信片所传达的信息一样，没有什么效果。这更让他心烦意乱，因为自从他父亲死后，他就接

_____

① 奥地利东南部城市。——译者注

替了父亲的位置，强力地影响着自己的弟弟。

"赤身裸体。"他讨厌在女孩子面前脱衣服，这显然与他的隐睾症有关。

"她咬了我的大腿。"他解释说，这个女孩有着各种反常的倾向，曾经咬过他。我提了一个诱导性的问题，问他是否听说过有人被咬过大腿，他讲了一个鹳的故事。①

"我大叫一声。"他总是在剧烈的疼痛发作时大叫。然后他的母亲会从隔壁房间出来安慰他，最后，如果有必要的话，会给他注射一针吗啡。

对这个梦的解释是如此清楚直接，我们没有必要再做进一步的详细讨论。患者通过一系列导致疾病发作的想法，来回应他感受到的羞辱感，但这种疾病发作又可以让他实现自己象征性的目标，即对他母亲的支配。换句话说，他把自己变成了一个有支配力的人。他那被阉割般的耻辱——隐睾症——也会因此失去力量，即使这种迂回的方式会让他受到病痛的折磨。他通过痛苦和孤独来保护这种男性优越感，就像他在儿童时期的病态情景中所做的那样。②

---

①　这个比喻对有经验的心理学家来说非常简单。我们正在治疗一个患者，他的疾病让他害怕和痛苦。对他的进一步询问表明，他很早就知道女性在分娩时所经历的痛苦。在童年时期，有人对他说分娩的疼痛就像鹳咬了他母亲的大腿，这让他理解了这种痛苦。"她咬了我的大腿"在这里有这样的意思：她让我成了一个病人，通过和我弟弟的关系，她羞辱了我，阉割了我。我们必须得记住，他患有隐睾症。

②　比如，利用明显的"女性化"武器来保护自己的优越感。我已经指出这种机制，它很容易误导我们，让我们以为神经症完全是"女性化的产物"。对神经系统动力学的检查可以防止这种错误的发生。"女性化"假设就像"受虐倾向"一样，都是站不住脚的假设，都只是借口，它们是"男性角色"反抗的女性化手段。

　　在梦中，顺从的女性气质转变为男性抗议，并不总是像这个病例那样清晰。有时候，某些特定的表象会误导我们，让我们在一开始时误认为患者有同性恋的倾向。男性和女性患者在生活中和梦中所扮演的男性角色，可以用男性抗议来解释。如果一个同性对手参与其中，那么患者的胜利通常是以性行为作为象征的。无论是在梦中，还是在幻想中，神经症患者在这种性行为里都会扮演某种男性角色。

　　我们对患者的治疗是在非常有利的条件下进行的。他以前的治疗并不成功，浪费了很多时间，事业也受到越来越大的影响。但幸运的是，治疗条件变得越来越好了。他调到了另一个办公室，在那里，被上司欺负的感觉肯定会减轻一些。现在，他的治疗取得了暂时的成功，已经持续了好几个月。他目前在一个新的办公室工作，并从母亲家里搬了出来。他的朋友和熟人对他的变化表示惊讶，因为他从一个暴躁不安的人变成了一个平和、适应力强的人。他也不再觉得自己与工作之间的关系具有强迫性。对我们来说，这有特殊的意义，因为他之前的错误态度已经得到了纠正。而这种纠正不仅会防止神经痛的发作，也会防止其他形式的神经症的产生。

　　我的另外两个病例是两个已经度过更年期的患者。当她们认为自己在社会中的地位很低的时候，她们就会出现严重的疾病症状。她们在儿童时期就有神经质的倾向，就像第一个病例一样。对她们的分析显示，她们身上都存在着器官自卑、自卑感和男性抗议。她们一生都在这样一个主导思想下度过：我想要成为男人。这种态度很容易追溯到她们童年时期对性别角色的不确定感。因为我们这里讨论的是年纪更大的女性，所以总的来说，和男性患者相比，她们身上的这些联系更加复杂，发病也更加频繁。她们要实现男性抗议是极其困难的，也很难改变自己的命运。尽管存在这些障碍，我们的治疗还是让患者病症的发作次数明显减少，严重程度也明显降低，从而让患者能够更好地享受生活。我期待这两个患者最终能够被完全治愈。

对于另一个可能被看作神经症心因理论的对立理论，即神经症的毒性基础理论，我一样持反对意见。因为既然我们可能将症状分解为不同的精神状态，那么这一理论就完全不成立。不管在神经症和精神病中发现了什么毒性，这些毒性也只有通过强化童年时期的自卑感，以及随后产生的男性抗议，才能起到作用。换句话说，这种毒性只能通过唤起羞辱感，才能让有这种倾向的个体患上神经症，就像意外事故是意外神经症的起因一样。①

对于这一疾病的器官性病因补充，可能要在交感神经紧张和血管神经的应激性加剧（就像在某些精神刺激中会发生的那样）的方向上寻找。这种疼痛类似于强迫性脸红、偏头痛、慢性头痛、癔症和与病理性后遗症有关的癫痫昏迷，它们都来自急性血管病变。对医生来说，在治疗中，识别疾病发作的性质会起到非常重要的作用，因为这可以确保患者的安全。然而，治疗的起点始终是对心灵平衡状态造成影响的神经症性紊乱。

（完稿于一九一一年）

---

① 意外事故会引起个体对病痛感的觉醒，也会揭露个体的缺陷。

第八章

距离产生的问题

个体心理学在实践上的重要意义在于，它可以确定个体的生命计划和生命线在多大程度上由个体对生活和社会的态度，他对生活中正常和必要问题的态度，他获取声望的计划，以及他的群体意识决定。如果读者可以接受我的某些结论①的话，那么现在我们把目光转向自卑感，这是影响正常人和神经症患者心理生活的基本因素，也是决定因素。与自卑感本质相似的是"一种通过设立目标来提高自我意识的冲动"。它是"代偿"功能，也是"生命计划"，迫使个体在充当"男性抗议"角色的同时，又会"惧怕做出决定"，并通过各种攻击手段和失常行为来达到目的。让我们进一步假设神经症和精神病个体的精神生活中存在这样的问题：患者有对"指导原则"的固着，而健康个体并没有。健康个体会认为他理想中的"指导原则"只是给出了一个"大致方向"，而且只能作为一种手段使用。因此，我猜想：从整体上看，神经症和精神病可以被解释为自我意识的一种"安全机制"。

人类持续追求优越的努力为文化的进步提供了条件，同时也完善了人类的生活方式和技能。这种生活方式和技能中的机会和现实，即使没有以合适的方法得到利用，也会有一定的效用。这时，我们必须足够明

①　Cf. for instance—Adler, *The Neurotic Constitution*, and Adler-Furt-mueller, in *Heilen und Bilden* (1914).

确地以适当的角度来看待"结局"在精神生活中的重要意义，而不是随意地对此加以解释。所谓"性心理学"不成立的具体证据就包含神经症患者的性态度，许多人想当然地把"性心理学"看作生命计划的某种缩影。个体心理学也不承认这一观点。

在我们的研究中，我们发现"获得快乐"的倾向是一个变量，而不是一个决定性的因素，它会完全适应生命计划所规划的方向。与大众所普遍接受的观念相反，个体身上的性格和情感特征经历了个体的充分验证，会为达到一个虚构的优越感目标而进行持续的准备。只要我们发现了这一事实，那么那些认为"性变态、犯罪倾向由遗传因素主导"的理论，自然也就站不住脚了。因此，我们有理由去定义神经症的基本要素，并对那些从儿童时期就有疾病倾向的个体进行研究，不管他们的疾病倾向是来自器官自卑、错误的教育系统，还是糟糕的家庭传统。无论是深深的无力感，还是杞人忧天的态度，所有似曾相识的计谋、偏见、把戏和得意，都与天马行空的想象以及高人一等的感受相关。我们早已熟知这些想法、偏见、计划与状态，它们本身也十分相似。患者身上的每一种特征、每一种表达，都与他渴望平静和胜利的目标紧密相连，因此我们有理由认为，所有的神经症表现都展示出了一种信仰，这种信仰与个体的人格缺陷和强大野心之间的矛盾有关，而这正是神经症产生的必要前提。只有这样，我们才可以理解神经症。

我们学派已经证明过，心理上的过度劳累其实也会体现在想象、梦与幻觉当中。个体的驱动力本质上是一种准备工作，一种探索，一种

"如果是这样"的假设的扩张，一种压制他人的斗争，一种对出路的探寻，也是一种可以对抗危险的安全感受。在这里，我们必须永远记住，个体行为的后果并不完全来自个体所做的决定。通常，患者患病的证据或臆想的信念所产生的社会性后果，足以满足患者对社会认可的渴望。然而，在某种程度上，神经症患者获取的所有经验对他而言都仅仅是材料和手段。通过他的生命视角，这些材料和手段会顺着他的神经质倾向赋予他新的独特的意义。患者有时会同时利用明显对立的态度①，即"双重竞争"、分离关系、两个极端、矛盾对立。在这里，还应该补充一些其他内容：患者对外部事实的扭曲，甚至可能会演化为屏蔽现实的程度。而且，患者对情感生活和感觉进行了有意的塑造，由它们会衍生出外部导向的反应。记忆和失忆，有意识和潜意识，有知识和无知识，在患者身上相互作用。

　　一旦理解了这一点，并且明确认识到神经症的每一种精神表现都有两个前提条件，一方面是缺陷、自卑的感觉，另一方面是为达到近神的目的而进行的被催眠般的强迫性努力，那么就像克拉夫特–埃宾（Krafft-Ebing）②所指出的那样，神经症症状的"多重意义"就没有办法再糊弄我们了。在神经症心理学的发展中，这种多重意义产生了不小的阻碍。个体心理学学派原则上致力于研究精神疾病的"图式"，即坚持探索患者反复行进的路线。我们的工作已经证明，患者身上的真实材料是非常

①　我们想知道大家是否真的很难理解所谓"内在"和与其相反的"外表"，并把两者都看作达到目的的手段。
②　德国精神病学家，在精神和神经失调等多方面都有研究。——译者注

重要的，但更重要的是患者对这些真实材料的评价。因此，对个人的准确理解和对个体主义的讨论是必要的先决条件。另一方面，在患者对生命计划的完善过程中，患者对彻底的优越感的顽固坚持让他与现实的要求产生了矛盾，也就是与社会产生了矛盾。为了从无助的行为和经验中解脱出来，患者被迫用疾病的形式反抗社会生活中的正常决策。一个明显的心理社会因素因此进入了神经症研究的范畴。神经症患者的生命计划总是按照他自己对社会、家庭、两性关系的个人理解来运作。从这个角度来看，这说明患者会对自己的生活缺陷和伙伴的敌意态度进行不加分辨的预设。患者身上也会出现人类的普遍特征，虽然没有经过内在的调整，未经强化，却也会给我们留下这样一个印象：神经症和精神病离精神生活的本质并不遥远，它们确实只是精神生活的变体。

患者对确定的神经质生命线的坚持，根植于一种自卑感，而这种自卑感的目标是我们学派所提出的"向上运动"（upward movement）。如果沿着患者的生命线，沿着我们所指示的方向前进，我们就可以理解患者是如何以自己的方式（这意味着他只会操控个人所获取的经验和观点）来强化自己的自卑感，并以此来推卸责任的。因为他会认为自己的自卑感是来自遗传、父母的失误或其他因素，而最后，我们通过他的行为和策略认识到他对"完美"的坚持，那么如果我们在某个特殊时刻发现他的行为偏离了预期方向，我们一定会非常惊讶。为了让读者更好地理解这一点，我会将这种"偏离"细分为四种模式，每一种都值得我们留意，因为患者会在某个特定的点上，试图在自己的预期行为和决定之间准确无误地设置一个"距离"。总体来说，患者设置障碍看起来像是一种"怯场"，而这种怯场会表现为神经症症状和疾病。这一疾病与患者有目的性的"距离"相一致，经常表现为患者身体状况的变化。患者会用不同的强度塑造这种疾病，这让他能够从世界与现实中脱离出来。这样，每一位神经学家在要考虑疾病的多方面等级的时候，都可以将患者的疾病常态与患者自身的经验相对照。

1. 退行运动（retrogressive movement）。包括自杀，自杀未遂，严重的广场恐怖症，精神性癫痫发作，强迫性脸红和严重的强迫性神经症，神经性哮喘，偏头痛和严重的癔症疼痛，癔症引发的瘫痪，意志丧失，缄默症，各种严重的焦虑发作，拒食，健忘症，幻觉，酗酒，吗啡成瘾，等等。另外，患者还可能经常出现犯罪倾向。患者经常会焦虑，也经常会梦到跌落和犯罪，这说明他身上夸张的预防措施在起着作用——他对可能发生的事情充满恐惧。对患者来说，外部强迫的概念被极大地扩展了，他过分敏感地拒绝所有社会与人道的要求。在一些严重的病例中，患者会终止所有有益的活动。对患者来说，能够证明自己患病，自然有积极的一面：这种证明能够判定患者的个人意志，让患者能够消极地战胜正常的社会需求。这对其他三种模式也同样适用。

2. 中止（cessation）。我们对患者有一种印象，好像患者周围有一个魔术圈，让他无法与生活的事实进行更加密切的接触。他无法面对真相，无法对他的价值进行思考，无法做决定。患者罹患神经症的直接原因来自工作任务、考试、社交、爱情以及婚姻关系。如果它们以问题的形式出现，并影响生活的话，患者就可能因此患病。焦虑，记忆力减退，疼痛，失眠及随后引发的工作能力丧失，强迫现象，阳痿、早泄、手淫及完全丧失性能力的性变态行为，哮喘，癔症性精神病，等等，都是患者为防止外界过度入侵而采取的保护措施。这同样也适用于第一类不那么暴力的外界攻击。患者会经常做梦，梦到自身被限制，无法实现理想或参加考试。这会具象地勾勒出患者的生命线，让他在这条路线的某个特定的点上突然停下来，构建自己的"距离"。尼布尔（Niebuhr）[①]在《罗马史》（*History of Rome*）中写道："国家的虚荣心和个人的虚荣心一样，都害怕失败，因为失败意味着承认自己权力的不足，这比其他不光彩的事情都更严重，这种失败会让人放弃努力，懦弱地接受事实。害怕失败让人们卸下伪装，而接受失败让他们得以活下去。"

3. 犹豫不决，也就是心理上和现实中的"来回"摇摆不定。通过这种方式，患者可以让他心理与现实的"距离"更加安全。这一距离会以上述疾病，或是与疾病相伴的犹疑，即一种"太晚了"（致命性的延误）的想法作为终结。我们会千方百计地消磨时间，这让强迫性神经症有了充分发展的机会。一般来说，我们会在患者身上看到如下机制：他会将一种困境召唤到生活中，并将其神圣化，然后试图去掌控它。我们总是会发现患者有清洁强迫、病态的谨慎、害怕与他人接触（这同样也是患者对"距离"掌控的空间表现）、拖延、进度倒退、破坏工作进

---

① 德国历史学家。——译者注

程、总是不触碰某些东西等特征。就像我们经常发现我们延误了工作和决策，是因为我们对无关紧要的活动和娱乐有着"不可抗拒"的强迫性关注一样。等到我们要采取行动时，已经为时已晚。或者我们会发现，就在要做决定的前一秒，某种困难会突然出现，而它通常是我们自己构建出来的（例如怯场）。这一行为与前一种模式明显有关联，但区别在于，在前一类情况中，患者往往会中止决策行动。患者经常会梦到一种"来回不定"的运动，或者梦到自己在执行生命计划时突然开始拖延。患者的优越感和对安全感的渴求，会通过一种"虚构"的假设被揭示出来。患者总是会谈到这种"虚构"的假设从未被他忽视，也从未被他理解。患者说了这些话，但是并不理解它们。患者会从一个假设句开始辩解："如果我没有（得这个病的话），我就会是第一名了。"我们可以清楚地看到，只要患者坚持自己的生命线，那么他就永远不会从这个生命谎言中解脱出来。一般来说，这种假设句会包括一些无法实现的条件或是患者的计划，是否对其做出改变，完全取决于患者自己。

4. 个体对"障碍物"的构建和掌握，正是这种"距离"的标志。在这里，我们会看到一些不太严重的病例，这些患者可以正常生活，偶尔也会有过得精彩的时候。有时，这些疾病是自发产生的，或因为一些治疗，从更严重的疾病中继发性地产生。有时候，医生和患者都会轻信患者身上的疾病"残留"（remnant）不过是原来存在的"距离"。但是，患者会以不同的方式利用它，而它还有更强的社会意义。就像患者以前构建这种"距离"是为了断绝关系，现在，患者构建"距离"是为了胜利。我们现在可以很容易地猜到这种方式的"意义"和目的：有了这种"距离"，患者既不受自己判断的影响，也不受他人对他的自满和威望的评价影响。如果这个决定对他不利，那么他可以退回到自己的困境和他（自我构建）的疾病证明上。相反，如果他胜利了，那么他就会想：如果我身体好的话，那还有什么是我不能实现的呢？我虽然生病了，却依然达成了这么多成就，这些可以说是我只用了一半能力就完成的啊！

患者对这一类症状的"安排"是：轻微的焦虑和强迫状态，疲劳（神经衰弱），失眠，便秘和胃肠功能不佳（这既会消耗患者的体力，也会消耗他的时间，并且患者还会把这作为一种刻板的消磨时间的方法），头痛，记忆力减弱，易怒，喜怒无常。患者会固执地寻求一个顺从自己的外在环境，并且一直都对这种环境抱有敌意。另外，患者会有带有迷信色彩的手淫及处理秽物（精液）等行为。自始至终，患者都会测试自己，以判断自己是否有足够的能力。患者还会有意识或无意识地承认自己在病理上有着一些缺陷。通常这一结论不会被表达出来，却很容易被我们辨认出来，它隐含在神经症的"计划"中，处于患者的生命计划的保护之下。一旦患者有效地建立了这种"距离"，他就可以允许自己求助于某些其他方面的力量，或者会与他自己的态度相抗争。他的计划路线是由以下因素组成的：潜意识地构建一个"距离"，并对这种"距离"进行或多或少徒劳的攻击。我们必须清楚地认识到，在神经症发展的阶段中，患者与他的症状、抱怨、绝望和可能产生的内疚感的斗争，主要是为了强调症状在他眼中和环境中的重要性。

最后，我发现，在这些神经症的生活手段中，所有与成功有关的责任感似乎都被抛弃了。这一因素在神经症中占有多高的地位，我稍后会进行解释。因此，神经症患者总是没法融入社会，与陌生人建立关系，只能退缩到与家人、亲属生活。如果患者经常进入更广泛的社交圈子，那么他总是会表现出对自己的直系亲属圈的倒退回归倾向。

但是，与个体心理学学派的观点相一致的是，我们很难把神经症患者和健康人的行为进行比较。最后，分析认为，不管是哪种心理行为，都应该被理解成个体事先准备好的"答案"，来回应社会所提出的问题。因此，我们经常会在个体身上发现他自己提出的前提假设、安全机制以及生命计划。

我们所说的几种"距离"类型与神话和诗歌的创造有相似之处，这让我们的论点更有说服力。但这没什么奇怪的。它们都是人类心灵的创造物，源于类似的思想和思维方法，自然会相互影响。在艺术形象的生命线中，我们同样可以感觉到"距离"的象征。它在悲剧人物中体现得最为明显。

因此，那些为社会寻找新的陌生道路的人，更可能会面临与现实脱节的危险。上述几种类型中都存在着虚荣心和不安全感的相互作用，它们会让"命运的突变"浮出水面，而且会在个体的"距离"之内限制他采取果断的行动。

第九章

女性神经疾病患者
的男性心态

我在一系列神经症机制的著作中阐述了一个统一的结论：男性抗议，即排斥女性特征或女性特有的感觉，是触发神经症疾病的主要原因。神经症的最初形态可以追溯到一些病态的儿童记忆情景中。在这种情境中，权力最为细微的迹象也会被表现得一清二楚。一方面是儿童对未来性别角色的不确定性；另一方面，儿童会使用一切可用的手段，让扮演男性（霸道、主动、残忍）角色的趋向更加明显。

神经症患者会对女性化路线产生普遍的厌恶情绪，而对男性化路线进行强化，这体现在他们的行动、愿望和梦境之中。除此之外，对儿童来说，对"性"的探索源于极度的兴奋，这并不意外。许多患者都谈到他们对性别角色的困惑一直持续到童年晚期，有些患者甚至一生都带有夸张的男性抗议的明确特征，所以他们对各种层次的社群的适应，无论是职业、家庭、爱情还是婚姻，都变得支离破碎。而在女性患者的案例中，患者的回答给我们带来了更大的震动。患者们明确坚持，一直以来，她们都希望成为一个完整的个体，并以各种方式表达了这一愿望。根据研究结果，我认为这充分证明了这些神经症患者所描述的事物只泛泛地反映在了她们的意识层面，而引起神经症患者的症状、行为和梦境的强大力量，则蕴含在患者的潜意识中。以下案例选自我的部分研究分析，借此我们可以清楚地观察一些女性神经症患者的调整情况。

第一个病例中的患者倾向于用智慧、勇气和谎言来弥补自己不是男性的事实。

一名二十四岁的女性患者患有头痛和失眠的症状，会爆发非常剧烈的愤怒情绪，而这种情绪主要针对的是她的母亲。她讲述了这样一段经历。一天晚上，她回家的时候，看到了这样一幕：一个男人正在怒斥一名妓女，因为这名妓女刚刚与他搭讪了，而男人的其他朋友都在温和地试图安抚他。与此同时，患者产生了一种无法抑制的欲望，她想介入其中，向那个激动的男人解释他的行为有多么不合情理。我们对她的分析表明，她想像一个男人一样行事，以超越自己作为女性的保守性。她想像男人一样，甚至超越男人。

就在同一天，她碰巧旁听了一场面试。面试官是一位受过良好教育的男教授，风趣但沉迷于自身的"男性抗议"，对面试者开了很过分的玩笑，还经常评价面试者像是一只"鹅"。患者怒气冲冲地站起来，离开了面试现场，一整天都闷闷不乐，心里想着应该如何在面试的时候愚弄面试官。那一天，她直到第二天凌晨才睡着，还做了这样一个梦："我全身都裹着轻纱。一位老人走到我面前，他抱怨说，这轻纱根本没有用，因为人们能够透过它看到东西。"

这位老人具有德国著名病理学家①的特点。患者强调，这个人物形象总是出现在她的梦里。然后，她突然想起了一些人，比如那位严格但风趣的面试官。这些人身上有一个共同点，即都有过人的智慧。"毕竟，

---

① 这位德国病理学家是指阿德勒本人。——译者注

人们可以看透轻纱。"这句话是她自己从治疗过程中提取出来的。

"全身都裹着轻纱。"她明显是在对照《米洛斯的维纳斯》①。就在前一天，她还提到过这座雕像，称赞它是一件艺术品。而她的其他想法，可以联系到《美第奇的维纳斯》②的遮掩姿态，也可以联系到《米洛斯的维纳斯》的肢体缺失。这很容易解释。

她接下来的第三个想法对梦中老人的评论提出了质疑：难道她就不能像舞者一样，用披肩来遮盖住裸体吗？

我已经不需要继续解释了。做梦的人是想要隐藏她的性别身份。在《美第奇的维纳斯》中，雕像人物的手放在性器官之上，而在《米洛斯的维纳斯》中，雕像人物并没有手臂。这都清楚地表达了做梦者的愿望，也就是我们前面刚刚揭示的：患者想要做一个男人，而不是女人。

患者一天中的两次经历和失眠的情况，还有她想在面试中表现得像个男人，想战胜严厉的面试官，以及通过轻纱来欺骗我的想法，都代表了一个连续体中的一部分，而这个连续体的内容是由女孩的神经症决定的。在她的梦中，她提出了一个疑问：这种性别转变是否能够成功？这种与儿童时期的病态情景有关的疑惑，必然与某种原始的不确定性，即对未来性别角色的不确定性相对应。后来，神经质的性格特征会与这一儿童阶段相结合。显著的男性特征和防御倾向成了这一阶段的主要特点。这种防御倾向是为了避免女性化，进而被推到次等地位的风险。

---

① 雕塑作品，即《断臂的维纳斯》。——译者注
② 雕塑作品。——译者注

　　第二个病例中的患者是一位神经质的母亲，她害怕在生孩子之后没有办法用正确的教育方式引导孩子。

　　患者是一名三十八岁的妇女，经常焦虑，甚至偶尔会出现心悸以及乳房疼痛和"阑尾炎疼痛"的症状。因此，她来接受治疗。而这与她唯一的孩子，一名十岁的女孩有特殊的关系。这位母亲一直监视自己的孩子，总是对孩子的进步感到不满，不断对这个心智有些欠缺，但性情善良的孩子吹毛求疵。家中每天都会发生激烈的矛盾，而且她常常会用一顿鞭打来解决自己与孩子之间不必要的争吵。她还会请孩子的父亲来评理。与很多类似的案例一样，孩子因此陷入了潜意识的反抗态度中，并在吃饭、穿衣、睡觉、洗澡、学习的时候制造了不小的麻烦。①

　　她的病情第一次发作是在她十九岁的时候。当时，她与现任丈夫秘密订婚不久。她的订婚状态持续了八年，遭到了家人的强烈反对。她心烦意乱，十分窝火。结婚后不久，她的病就不再发作了，但在孩子出

———————

　　① 弗里德永（Friedjung）用一系列统计数据描述了独生子女的命运。他认为，在这种命运中，心理因素起到了很关键的作用，比如母亲的溺爱、焦虑心理等。上述病例以及其他类似病例，都证明并进一步扩展了他的观点。这说明女性对再次分娩的恐惧，或许是导致她们不安、吹毛求疵、只养育一个孩子的原因。这种日夜不断的过分关怀，都是为了证明"一个孩子已经带来够多的麻烦了"。而且，在案例中，母亲和女儿的神经症都是由她们的器官缺陷引起的，并逐步发展变化。她们两个从小都很娇弱。母亲的月经从十八岁才开始，而且因为分娩乏力所产生的并发症（生殖系统无力），她在生育时饱受难产的痛苦。孩子在出生后不久，就开始长时间地患有支气管炎症（呼吸系统缺陷）。母亲的兄弟死于喉部疾病，父亲死于肺炎。后来，她的女儿在得了猩红热后出现了肾炎和尿毒症（肾脏缺陷），接着又出现了舞蹈症（大脑缺陷），而且伴随着智力障碍的问题。内科医生警告她不要再怀孕。因此，在每一个案例中，女性患者的神经症状都反映了一个正在动摇我们的文明根基的问题——女性对女性化的恐惧，对即将到来的分娩和婴儿的恐惧。莫尔（Moll）最近证实了上述观点。

生后又重新出现。孩子出生后，她的丈夫会用体外射精的方式来避孕。一位医生提醒过他这种习惯可能会带来的风险，并且把他妻子的疾病发作归因于这一情况，所以他又采取其他措施来避孕。这种转变惊人地有效，他妻子的疾病发作暂停了一段时间。突然，病情又开始发作，而他们的性习惯并没有发生什么变化。到现在已经第三年了，任何治疗都不起作用。但两人的性关系是完全令人满意的。

如果真的有一种纯粹的神经症或焦虑性神经症的话，那么毫无疑问，三年前，她得的肯定就是这种病。她就是这种病的典型患者。她身上的男性抗议非常明显：有反抗行为，过度敏感，控制欲和虚荣心强。她的自卑感被她虚构的、异常强烈的性欲望完整保留了下来。这种性欲望在她八岁的时候就开始存在，一直让她对爱情和生孩子充满恐惧，并且激发了她对女性角色的恐惧。在与丈夫相识并订婚后的很长一段时间里，她利用这种恐惧为自己创造了一个可靠的防御机制，而且她会潜意识地（通过幻觉）"安排"这一机制。此外，她还会幻想自己感到胸痛和胃痛，这样就可以逃避不合规矩的性行为。在潜意识的幻想中，她让自己扮演一个多情而意志薄弱的姑娘，一个盲目追求性堕落的人。她用恐惧和神经症来保护自己，这样她就不会被看作一个性欲旺盛的女性。这种与她的女性特质所进行的斗争，是在她的潜意识层面进行的。但从童年时期开始，这种斗争就在她的自我意识中沉淀了一些东西，其中包括一种明确地想要成为男人的欲望。因此，每当情况变得紧张的时候，无论是表面上无所谓的体外射精让她联想起怀孕的事情，还是她在过去三年中的不利经济状况，都让她觉得潜在的危险更加重要。她的反应会以症状发作的形式出现，而这是为了反抗她的女性角色和她的丈夫。疾病会在晚间发作，这让她的丈夫无法正常休息，也让他感同身受，明白她在夜晚被孩子的哭声吵醒会有多么烦躁。用这些方法，她总是能够拒绝丈夫的要求。她呼吸困难的症状是对丈夫的一种警告，提醒他怀孕会带来患上肺结核的风险。这样，她就可以避免社交。只要她想，她就能够把自己的丈夫拴在家中。这样，多年来，她强迫她那个有些虚张声势的丈夫一直都屈服于她。

我想指出我们的分析中最重要的结果：患者吹毛求疵和折磨他人的方式，是为她潜意识的目的服务的。她想用急躁、持续的不安和忧心忡忡的态度来证明，即使只有一个孩子，也会给她带来太多的麻烦。当她的朋友坚持告诉她"感谢上帝，你只有一个孩子"的时候，她的朋友所认为的"正确"印象不过是她想表现出的一面而已。她会毫无感情地跟随孩子，纠正孩子的错误，从一种易激动的状态转移到另一种状态，小心翼翼地阻止孩子与其他伙伴进行交流。患者的这些行为源于一种潜意识的态度，用逻辑的形式可以这样表达：我的女儿不能像她妈妈那样，她绝对不能性早熟！

其他有不同态度的母亲尽管会做出不同的举动，却有相同的行动趋势：她们日日夜夜都会陪在孩子身边。她们总是会爱抚自己的孩子，忙着照顾他们，经常用不必要的预防措施来干扰孩子的夜间睡眠。她们不倦地监视着孩子的进食情况、排便功能、体重、个头、体温等。如果孩子生病了，那么对母亲的毁灭性影响就开始了。"理智会变成愚蠢，善良会变成痛苦。"这一过程会持续到孩子发现自己的力量，并控制住母亲的时候。孩子会从最细微的养育关系中怀疑自己的母亲正在支配自己，从而挺起胸膛，对她进行永久的反抗。

患者的梦代表了她一系列精神反应的某个部分，可以清晰地展示出患者神经症的动态症状，即心理上的雌雄同体以及由此触发的男性抗议。梦中总是会出现"上与下"的象征符号。她的一个梦是这样的："我正在躲避两只豹子，爬到了一个柜子上面。然后，我从恐惧中醒来。"

分析揭示出她对第二个孩子的一系列想法，而她要在"上面"向男性角色寻求庇护。她在梦中的后一个表现是她神经症的主要症状，也就是恐惧，这是她对抗女性生育的一个最主要的安全机制。同时，在她的梦境中，"向上"的努力揭示出她有主动控制自己父母的企图。而在她的想象中，她的父母就等同于迫在眉睫的危险。

第三个病例中的患者的男性抗议是一种想要逆转事物的尝试。

患者有一种对"逆转"（reversal）的渴望，试图逆转一切事物，这与患者想要成为男性的想法有关。我对一个女性患者的复杂梦境和她的神经症状的分析[①]可以证明这一点。在我对这个梦进行分析并证明"逆转"存在之前，我觉得我有义务在理论层面简要地阐述本书中的一个主题：睡眠。在我们对心理的解释中，我们会把睡眠看作一种安全机

---

① Cf. *Zentralbl. f. Psych.* 1910 Heft 3.

制，它是大脑功能的一种状态。在这种状态下，部分精神系统的矫正功能会暂停。从这个角度来讲，"深度睡眠"表示的是这种暂停的程度。从生物学角度来看，这是一种经过设计的机制，让我们通过休息来保护我们身上最新出现的拥有最精细组织的特定大脑功能，而这些功能一定与矫正有关。然而，矫正功能是通过我们的感觉器官集中而勤恳的活动产生的，这些活动中也必须包括人体的运动机制。感觉器官的功能是确保我们的安全，而身体之外的区域，在某种程度上，当处于睡眠状态的时候，来自感觉器官的保护就会失效。在某种程度上，这种功能在睡眠中会失效，因此从广义上来说，这时我们对外部世界的调节功能就暂时丧失了，也随之失去了正常的矫正功能。梦中所虚构的内容表现为一种原始的、类比的、形象的对抗自卑感的安全机制，它发展得异常丰富。在这种梦境虚构中，人们对真实的自卑感的反应是：好像存在着某种危险，再次将他们压迫向更"低级"的地方。因为患者认为这种压迫是女性化的，是故意夸大的安全感倾向，那么已然察觉到的部分就会通过男性抗议来做出反应。所以，梦就这样产生了，它通过幼稚的心理表达方法，代表了一种抽象、浓缩和颠倒的象征，同时反映出性的本质。而梦境中关于幻想的描述，同样来自最初被强化过的安全感倾向。梦的象征性，即梦的虚构表现，某种梦的复合体，会被分解为其所包含的动态内容。当布洛伊勒（Bleuler）[①]谈到性事件的象征意义时，他似乎已经模糊地想到了这一点。而对弗洛伊德和他的学派来说，梦具有真实而纯粹

① 瑞士精神病学家。——译者注

的性意义、性表征、反常的（性）思维联系和乱伦情结。从这个角度来看，弗洛伊德和我对梦与神经症的分析之间的区别在于，弗洛伊德会把患者有意识夸大的虚构内容看作真实的经验，但他忽略了它们的目的，还会鼓励患者放弃这种"已经成为意识元素的幻想"。而我的观点更加深入地剖析了这个问题，试图通过向患者说明"你的想象是你自己创造出来的"来打破这种想象。而且，我们还会在自卑感和男性抗议中追溯这种想象的起源。患者的矫正能力曾被限制在他的情感态度范围内，在梦中则会被释放出来，被用来产生、融合男性抗议与现实。因此，许多神经症患者的逆转进程必须与一种原始的虚拟情景相结合。而这种虚拟的目标，是明确扭转从男性抗议的角度来看低等和固有的关系。这种将一切逆转的倾向，会对神经症的本质产生决定性的影响。我们的患者与常人不同，她会试图逆转道德、法律、规则。而她的反抗进程的出发点，是基于自己对女性角色的错误低估，她觉得女性角色太过危险了。为了让自己从中解脱出来，她努力追寻自己的女性气质，并且希望能将其转化为男性气质。患者在讲述的过程中，只提了几件事。她是因为母亲意外怀孕而来到这个世界上的，母亲在她小时候这么告诉她，而那时她正跟着哥哥学游泳。所以，她想扭转一切，包括她的诞生，以及她是后出生的妹妹的事实。她做出一切行为都是为了这个目的。起初，她也试图在我面前扮演上级的角色，指点我，还会打断我的谈话。一天，她还坐在了我的椅子上。

　　接下来要谈到的梦发生在治疗的后期。"我在看一场拳击比赛。

然后，我爬到了围栏里。比赛负责人开始让我们急转弯，我倒在了另一个人身上。我在别人上面。比赛负责人说：'现在我们要转向相反的方向。'突然，我们发现自己又回到了原来的位置。"

我那位聪明的患者是这么说的："参加拳击比赛可能意味着失去生命。我可能听过这样一个诙谐的说法：生活就是一场拳击比赛。我跳到其他人身上，这是我之前知道的一个概念，意思是我是一个男人，在别人身上，这应该与性交有关。顺便说一句，在维也纳，人们说'我睡在他身上'，意思是我想占有他。这一场景的空间概念暂时得到了解释：我跳到了很多人身上，意思是我想要占有他们。很明显，你一定是那个比赛负责人，因为你老是告诉我，我正在把事情倒转过来，我希望事情以其他的形式发生。如果你对此有什么要说的话，我会在我适合的位置，也就是女人的位置听你说。"

对她梦境的分析已经发展到我所推测的地步，所以我预测，她会以男性抗议的形式来回应她对女性角色的认识。从她的观点来看，这意味着她要去扭转自己器官限制的本性，把它变成相反的东西。我们可以从她有多频繁地"跳到一个人身上"，来判断她身上的反抗有多强烈。我们必须把这种特征看作唐璜和梅萨利娜类型的人的心理特征，也就是情欲狂的心理特征。她梦境中的思想联系，进一步证明了她这种对逆转的渴望。在这里，对梦的分析解释了一种"向上"的男性气质，但她所使用的实际词汇——上升到她"适合的位置"，指的是女性的地位。弗洛伊德在他的《梦的解析》中强调了这样一个观点，即梦可以被反向解读，但是我们却无法解释这个明显的矛盾现象。我们的假设认为，这是一种梦境虚拟的趋势，被用来扭转梦的外部结构。

我还要补充一点，我的患者经常抱怨自己在早上会头痛，就像这次做梦之后，她也感到头痛。她把这归咎于自己醒来时的特殊姿势，有时她的头会垂在床边，有时她会完全倒过来，头在床尾。这两个姿势都可以被解释为一种逆转的尝试。我听她讲过一个梦，在梦中，所有人都是倒立着的。在这里，我要强调一个细节，那就是她身上有一个她父母尤其认为是病态的现象，也就是舞蹈狂热症，这总会让她发疯似的旋转。分析表明，这是一种"平等"的幻想，是在男人成功把她追到手时，她就会产生的倾向。在这个情形下，她想要逆转，但是会被男性的强硬态度阻拦。而这种逆转似乎是为了消除患者最害怕的男性的优越感。根据她的主观论述，在舞蹈中，大家是平等的。她对此略带感情色彩的评价是："在舞蹈中，我也可以扮演男人。"

患者长期患有大小便失禁，因为在她小时候，母亲就告诉她，这个毛病可能会让她没法结婚。这是患者用来逃避婚姻的手段。

而患者用逆转的倾向来回应的自卑感存在于哪里呢？

就在她做梦的前一天，她斥责了一个朋友，因为那个朋友去了一个年轻男人家里。[1]她的朋友反问她：难道你这辈子没做过什么蠢事吗？后来我的患者想起一件事，在几年前，当她的治疗没有任何问题的时

---

　① 根据上下文来理解，患者的朋友可能去年轻男性家里做了一些让患者觉得不光彩的事。——译者注

候，她曾经在母亲不知道的情况下，来找我帮一个私人性质的忙。由于我们的关系的性质，我的患者不可能对我怀有任何温情。然而，她对我的治疗的反抗让她在假象中寻找安慰，想要像她的朋友那样，去"跳到一个男人身上"。她更加顽固地坚持，断言自己绝不会去拜访任何一个男人。并且，她可以通过这个方式利用她对我的反感。在她看来，我总是要征服她，而且似乎正在对她产生影响。这个梦代表了一种挑衅的"不"，并且在神经心理学上有着与她的大小便失禁的症状一样的价值。这个梦重申了一种感受："我不会让自己被男人说服，我要成为男人！"

在治疗过程中，患者的病情已经明显好转，但有一天，她碰巧看到一个和她住在一起的表亲袭击了一位仆人。她非常震惊，哭了整整一天。她哭着来我这里接受治疗，讲述她的故事，最后愤怒地说："我要嫁给下一个出现在我生命中的人，这样我就可以离开这个房子了！"考虑到这个女孩过去的故事，以及她一直想成为男人的愿望，这个想法很容易让人产生怀疑。而且，它最终一定会引起某种反应。我预计情况会变得更糟。根据这个女孩的心理素质，这种反应，即她想嫁给下一个出现在她生命中的男人，应该会在她心中引起许多顾虑，并让她意识到这种想法的危险性。事实上，我在第二天就观察到了她的反应。她比平时更加难以控制，出人意料地准时来到我的办公室。不过，她有些挑衅地要求我注意她的守时行为。然后，她说出了下面的梦境："我似乎看到许多和我结婚的候选人站在下面，排成一排，你在队伍的尽头。我走过所有人，选择你做我的丈夫。我的表亲对我的行为感到惊讶，问我为什么选一个我早就知道有什么缺点的人。我回答他说：'就是因为这一点！'然后我就对你说，我想站在一个有着很尖的头的人的头上。可是你告诉我，最好别那么做。"

"许多和我结婚的候选人"——前一天，她说她想嫁给她遇到的下一个男人。在她的梦中，她选择了最后一个，这就是一个逆转。于是，她想起了赫尔巴特（Herbart）[①]的教育学中的一句话：如果一系列想法相继进入意识层面，那么后一个想法总是会把前一个想法取消掉。把她这句话和梦中对应的男性（许多和她结婚的候选人）相比较，我们可以推断出，实际上她对任何男人都不感兴趣。我们一开始就能够预料到这一点。她对她的梦进一步做出了解释："如果不能不嫁人，那就嫁给我非常熟悉的人。"那个人就是我。为了继续贬低我，她补充道："我知道他的缺点。""我表亲会很震惊的，就像我当初"——这里进行了一个逆转——"因为他的举动而震惊一样。"那个有着很尖的头的男人，是她以前的崇拜者之一，她时常因为他而被嘲笑。他被引入梦境，是为了证明她在多大程度上超越了一个男人，她是如何愿意站在他的头上来达到"高于男人"的目的的。这种"高于男人"的想法，是男性抗议的重要表达方式之一，不过也是表达逆转的另一种方式。在这个梦中，这种想法与逆转相结合，合乎逻辑地对我进行了羞辱，我是一个"她早就知道有什么缺点"的人。实际上，我真的告诉过她：你最好放弃。我是

① 德国哲学家、教育家。——译者注

在说放弃这种过度发展的男性抗议。她通过梦境巧妙地贬低了我，来为自己辩护。

她对男人的敌意因为她表亲的行为而变得更加强烈。不过，这一次，她通过夸张地表达男性抗议的方式来满足自己。她会锁上自己卧室的门，好像她的表亲想攻击她一样。她现在用这种方法来保护自己，而不像之前那样，通过大小便失禁弄脏床来保护自己，以避免结婚。

这种回到儿童时期的状态具有强烈的抽象性。神经症患者并不像艺术家、天才和罪犯那样，会积极开辟新的道路。每当他进行反抗，并且试图在眼前和未来的危险中保护自己时，他都会回忆起童年的记忆。而且，他并不是为了遵守社会要求而纠正自己类比性的认知，而是为了不惜任何代价，维护自己的安全。因此，患者在我们看来很幼稚。这种印象不应该被理解为精神上的障碍，而应该被理解为患者使用了幼稚的类比，试图在世界上找到他的位置。

E小姐，二十四岁，是一个烟草商的小女儿，患有强迫症五年了。直到一年前，她还出现了明显的语言缺陷。有时，她说话说到一半就停下了，徒劳地寻找合适的表达词语，同时又感觉每个人好像都在看着她说话。因此，她尽量避免社交，而这让她非常沮丧，她甚至无法享受自己所期待的课程，也无法继续接受教育。她的母亲是一个神经质且总是不停唠叨的女人，最显著的个性就是贪得无厌。她有时会采取严厉的措施，有时会咨询神经专家，以此让自己的女儿摆脱压抑的想法，治疗女儿的语言障碍。由于没有成功，她把女儿送到了维也纳的亲戚那里。实际上，在患者回来的时候，她的语言缺陷完全消失了。在她来我这里治疗的时候，也就是一年以后，她并没有表现出任何有语言缺陷的迹象，但出现了其他症状。有几次，这个女孩和别人交谈几句之后，就会立刻产生这样的想法：这个人觉得和我在一起既不愉快，又让人厌烦。甚至当她一个人在家的时候，这种强迫性的想法也会一直跟随着她，这让她重新陷入沮丧的情绪之中。因此，像以前一样，她回避了所有的社交活动。①

　　我总是觉得，利用患者给出的第一点信息去描述她希望疾病带给她的"帮助"，是一个合理的过程。这会勾勒出一个虚构的故事，一个假设。而且我们知道，进一步的分析会揭示一些其他的特征。在此，我要回顾一些个人经历，并且提出和解答以下问题：如果患者是正常的，那么她会怎么描述自己的经历呢？因此，我们应该运用必要的比较方法来确定患者偏离正常水平的程度，以及疾病对机体造成损害的程度，这种比较表明究竟是什么原因，让患者会害怕正常的生活，从而想要逃避（患病）。在上面提到的例子中，我们很容易发现，这个女孩是想保护自己，不去和男人建立正常的关系。尽管我的心理预设研究证明我的猜想是合理的，也就是说，我们可以把逃避的动机，即对男性和失败的恐惧作为一种对患者病情的尝试性解释，但如果我们认为这个暂时性的解释能够解开患者身上的谜团，那就大错特错了。任何治疗患者的方法，都必须与我们所发现的患者发展中的具体错误联系起来，而这必须要利用我们的教育学方法。我们要从患者与医生的关系开始，因为这种关系

————————
　　① 在患者身上，偏执狂的特性，也就是对另一个人的内疚感表现得非常明显。

会反映出患者适应社会的过程。我们必须要预设这一原则，否则，医生在把患者的陈述串联在一起的时候，就会犯一些错误，而医生很容易忽视患者对医生的重要态度。

从我的患者那里得到的第一点信息证实并增加了这些疑虑。她称自己以前是一个充满活力的健康孩子，总是比她的玩伴表现得更好。她从无数回忆中提取了以下几点。

她八岁的时候，姐姐出嫁了，姐夫非常注重社会地位和外表，禁止她与贫穷和教养不好的孩子交往。事实上，许多人都会干涉她的生活。比如，一位对她不公平的老师就经常羞辱她。

在她十八岁的时候，一个年轻学生进入了她的社交圈。所有的女性朋友都很喜欢他，只有她一个人对他扬扬得意的样子感到不快，常常坚定地反对他。结果，他们俩的关系变得很差，他在各方面都会惹恼她，让她丢脸，而她越来越远离这个社交圈。有一天，他让一个恶毒的姑娘给她捎去一封信，大意是说他已经看穿了她的把戏，她只不过是在和他玩游戏，她的本性完全不是这样。这句肤浅并且无关紧要的话，让她明显陷入了一种郁郁寡欢的状态。①她不断地念叨着这封信，在与人交往的时候变得非常心不在焉。在她与别人谈话的过程中，那个学生和他所说的话总是会不停地重现，让她在社交中感觉很不自在。她变得容易激

---

① 由于她和这个人的关系非常紧张，因此这段经历很受她的"欢迎"。她把这段经历留存在记忆中，她可以利用这段经历来保持自己对爱情的"距离"。她需要这种"距离"，才不会被支配或击败。对她而言，"牺牲、帮助"或是她给其他人的礼物（也就是任何社会情感的表达），似乎都是一种羞辱。

动，掂量每一个词句，总是在交谈时卡壳。渐渐地，她更喜欢独处，但这就意味着她要和自己爱吵架的母亲待在一起。这也让她无法静下心来。她经常接受医生的治疗，但是一直没有好转。当然，我们也要考虑到她母亲的态度。这位母亲固执地坚持说女儿只是在"幻想"，只要女儿愿意，她就很容易做出改变。这种言论总会激怒女儿，女儿声称母亲不理解她内心正在发生什么。就这样，四年过去了，她的父母终于做出决定，把这个越来越无法正常社交的女儿送到了维也纳的亲戚家。她在那里待了几周，回到家里的时候，明显有了好转。也就是说，她身上的语言障碍消失了。不过，她变得更加沉默寡言了。

在回来后不久，她就产生了上述强迫性的想法，因为她和那个学生再次发生了冲突，那个学生又想通过一个朋友来羞辱她。

她又告诉我一些回忆。有一次，那个学生为了报复一个女孩，成功策划了一场恶作剧，让这个女孩在舞会上受到了所有男孩的嘲笑，哭着离开了大厅。他曾经评价过另一个女孩，大意是说，如果他想让女孩往东，女孩就不敢往西。我问她是否觉得那个学生没有同情心，她毫不迟疑地回答："是的。"

在我们下一次见面时，她给我讲了一个梦。为了说明这些印象之间的关联，我将在这里引用并解释这个梦。

这个梦是这样的。"我走在一个工人前面，一个年轻的金发女孩跟在他旁边。"她迟疑地继续说，"我不知道是从哪里产生的想法，我觉得这位父亲（也就是工人）曾经伤害过这个女孩。我对他喊道：'离那个女孩远点！'"

经过一番友善的劝说，患者同意做出以下陈述。一年前，当她去维也纳的时候，她在剧院中注意到一个男人抚摸了他的小女儿。但这个人不是工人。同时，和她一起出游的表亲试图把手伸进她的裙子下面。她把这个表亲推到一边，大喊："离我远点！"她自己在童年时期就是金发。不久之后，她在报纸上读到一名工人侵犯了自己的孩子。

这个梦的出发点是她对父亲的疾病和死亡的想法。治疗期间的一个问题刺激了她，我问她她父母身上的疾病是怎么来的，然后发现她的父亲死于脊髓疾病。当我问她是否对这种疾病的起源有明确的概念时，她告诉我，她听说是源于"奢侈的生活"。我告诉她这是错的，但直到最近，人们还一直这样看待这种疾病的起源。她还告诉我，她父亲很消极，整天不是在酒吧里，就是在咖啡馆里，这让她母亲十分生气。父亲死的时候，她六岁。三年之前，她的一个姐姐因为被未婚夫抛弃而自杀了。

当我问她她在梦中为什么会走在工人前面时，她突然说："因为这些事情都在我身后。"她无法解释这个工人的问题。她只知道他衣衫褴褛，身材高大，面容憔悴。我提醒她——而我已经得出了一个明确的结论——她渴望超越男人，比男性更优越。她的姐夫（在她年轻的时候）命令她不要和衣衫褴褛或贫穷的孩子交往。她的梦仅仅是在执行这个命令，但目的却有所不同，目的与男人有关。对此，我的患者没有回答。我问她她的父亲是不是又高又憔悴，而这个问题是根据她关于父亲的对话，以及似乎明显存在的乱伦问题提出的。她给出了肯定的回答。

对梦本身的分析显示，她的梦含有对男性的明确警告。当把这一点与患者的心理状况联系起来时，答案就更加清楚了。我们假设，这个女孩患上疾病是为了保护自己免受男性的伤害。这个假设得到了进一步的证实。因此，梦和疾病都代表了她的预防机制，最终证明梦和疾病的根源是精神性的。现在，让我以我的材料作为基础，进一步详细解释神经症和梦境的这一基本要点。在我看来，它们代表了一种心理预期准备，旨在确保个体的优越感。

让儿童苦恼的不安全感和自卑感，要么伴随着器官自卑，要么伴随着更加明显的与环境相关的自卑，这些感受迫使儿童进行更加深入的改善，更加激烈地施压于自己的安全倾向。而当这一过程超越个体神经症性格的界限时，就会导致精神病和自杀行为。让我们记住，患者的姐姐被爱人抛弃的时候，在自卑感加剧的情况下自杀了。这是一种心理发展。我认为，它是理解自杀情结的基础。在巨大的、包罗万象的生命动态之中，男性抗议起到了加强自我规划的作用，"好像"对患者来说，男性化是确定性和完整性的同义词。

我们检查了一下患者目前给我们的资料，发现其中包括两种类型的内容。一种是回忆，关于男人如何占据上风，或者尝试着占据上风的回忆。另一种是梦境，证实了前面我们解释的梦境。这些解释可以说明她是如何把包括父亲（这有着乱伦情结的意义）在内的所有男人都看作不道德、不受控制的。她认为她正在保护自己不受他们肆无忌惮的本能的伤害，就像鹿保护自己不受猎人的伤害一样。

患者这种逃跑、撤退和准备防御的态度，一定有它萌生的起点。因此，我们应该会听到她说出各种她可能会选择的攻击方式，以及从女孩的不安全感中产生的态度。这种态度可以揭示出患者的反应，并表明患者的反应不是来自对某个简单事件的潜意识固着。但这种反应的最终形式表现为女性的不安全感，也表现为对外界的需求。我们仔细询问了患者的早期记忆，所得出的结果证实了我们的假设。患者回忆起她在四五岁时和其他孩子玩过的游戏。起初，她想起了"爸爸和妈妈"的游戏，在这些游戏中，她通常扮演妈妈的角色。她的第二个回忆是关于扮演"医生"的游戏。这些游戏很常见。第一个游戏与儿童想要成为与大人平等的人有关。在游戏中，（附加的）情色成分经常出现，所以扮演"医生"的游戏几乎都具有情色方面的性质。在游戏中，通常会发生身体的裸露和生殖器的触碰。我对此的明确陈述让患者承认她和其他孩子做了相同的事。关于这一点，她告诉我，在她五岁的时候，一个女性朋友的十二岁的哥哥把她锁在房间里，并且教她手淫。而她一直到十六岁，都会做这件事。

患者接着讲述了她与手淫的抗争。这种抗争的基本动机在于，她害怕如果继续这么做下去，她可能会变得性欲旺盛，成为男人的牺牲品。在这里，我们要再次提出之前的观点，即患者对男性有着恐惧心理。为了让她自己更安全，她过分夸大了自己的性欲，其实那明显是很正常的。但在她目前的"计划"中，她不可能对此做出正确的评价。我们可以肯定，她夸大了自己的性欲。因此，我们必须要小心，不要把她的评价当作我们自己的评价。

我们在分析的起始阶段就已经证明患者会对男人进行贬低，来确保自己的安全。"所有的男人都是坏的，他们都想压迫、玷污和支配女人！"

我们应该会发现患者有一些典型和非典型的尝试，它们的目标是发挥优越感的作用，并且不惜一切代价，废除我们的文明中实际存在的男性的假定特权。简而言之，她萌生出了某些态度，还会偶尔进行小规模的反抗，来破坏男性的特权。女性在寻求解放的斗争中所使用的抗争手段，都会在患者的行为中得到体现。但是，这些行为会被曲解，变成幼稚、可笑、无用的形式。这种个体的斗争，在某种程度上像是一种反对男性特权的"个体单位"（private enterprise），它的某些方面会表现为女性解放的伟大社会斗争的类比、先驱和伴生产物，它源于女性与男性平等的愿望。它经历了从自卑感到代偿的演变过程。①

有些性格特征在她身上就没有表现得那么明确了，尤其是她对男性的反抗（对那个学生的反抗），害怕独处，通常表现为傲慢的胆怯，不喜欢与人交往，对婚姻抱有隐藏或公开的敌意等特征。然而，对男性的否定态度也常常伴随着强烈的取悦欲望和征服欲望，还会让患者对男性产生尴尬的感受。患者的神经症症状代替了上述性格特征。她的口吃症状代替了尴尬的感受。她想要取悦他人的欲望以及强迫观念，比如对

———————
① Cf. Dönniges' Memoirs.

周围环境的敌意，构成了同样的目标。这些欲望与观念产生于她自己的意识，她也意识到了自己对环境所产生的敌意。因为不信任感如影随形，她准备了一些安全防卫手段，道德、伦理、宗教、迷信都可以为她所用。她身边总是有各种各样的麻烦和矛盾，她也有想要改变一切的欲望，并在反抗他人的时候产生了积极的喜悦感受，这就使得她与社会的交往变得更加困难。医生像是一个好的老师，必须要关注这些特征，不是因为患者让医生注意到了这些特征，而是因为这些特征真实存在，并且实际上它们构成了患者的所有倾向和力量。但因为患者的态度，这些特征会被隐藏起来，患者会对每个人都表现出残暴好斗的一面。

伴随着上述特征，医生有时候会发现患者有着攻击（男性化攻击）企图，而且医生经常发现患者会对男性进行攻击。这些行为可以被翻译为："不，我不会屈服。我不会成为一个女人。他们不会成功的，他们弄错了我的身份！"患者试图颠倒医生和自己的关系，在治疗中发号施令，把自己置于医生的位置（字面和象征意义上），从而获得更优越的感受。比如有一天，我的患者来找我，说我的治疗让她比原来更容易激动了。还有一次，她告诉我，她在前一天第一次参加一个速记课程，非常激动。"我从来没有这样过！"当我指出她这是在针对我的时候，她在这一点上放弃了抵抗。这种攻击性并没有就此消失，只是她意识到了我没有认真对待这种攻击性，而且我也没有试图去羞辱她。

通过上述迹象，医生应该可以预料到，有了这种情绪的患者会采取一种想要扭转一切的态度。"好像"用这种方法，患者就可以摆脱自己的女性气质了。我的一个患者带着这种情绪，梦见所有的女孩都是倒立着的。对她的分析表明，她渴望成为一个男人，她也想做出倒立的动作，就像男孩子经常做的一样。但女孩不能做这种事，这违反了道德对她们的要求。患者自始至终坚持强调这种性别差异，总是拿"例子"来说事，这些差异几乎被符号化了。患者通常会拒绝去医生那里，相反，她会要求医生去她家里。最常见的逆转倾向发生在梦中，男性会被女性所取代，同时发生男性气质的退化。正如弗洛伊德、我和其他人所证明的那样，雌雄同体的象征或者阉割概念更加微妙地暗示了这一点。根据弗洛伊德和其他人的意见，在这个观点里，最无关紧要的元素是阉割的威胁给患者带来的冲击。相反，我得出的结论是，在阉割幻想中，有一种性别角色的不确定性暗示，它表明一个男性是有可能转化成女性的。这位患者做了一个梦，很好地阐明了这种思路，可以作为一个典型的案例。

"我正在接受鼻科专家的治疗。医生外出做手术了，他的一位女助手切掉了我的一块骨头。"

患者曾在几年前接受过腺样体治疗。经过分析，我们发现这件事并没有看起来那么无关紧要。主治医生对她特别有吸引力，这足以让她紧张退却。在把这段回忆和我曾做过的一段演讲联系起来之后，我发现这段回忆和我之间有着明确的联系。我也成功地让她摆脱了对男性的偏见，赢得了她的好感，因此她的安全倾向从梦里表现出来，提醒她要警惕未来会发生的事。她在梦中想要提前保护自己，因为她面临的危险是她"明显的性欲"和"男性的残暴欲望"。事实上，患者梦中的那个女助手并不是医生，也从来没有做过手术，是患者的梦把她塑造成了女外科医生。根据梦的上下文，我们实际上是在处理一个把男性转化为女性，以及把医生降格为女性助理的问题。这让我们的兴趣集中在转化的问题上。那块被切掉的骨头可以被解释为男性生殖器。当患者承认这一点时，我们假设，在患者还是孩子的时候，她认为自己是被阉割成了一个女人。患者否认了这一假设。然而，许多例子告诉我，这种类似的性理论可以以一种前心理（pre-psychic）的形式持续存在。也就是说，在所有发展条件都存在的情况下，这些尝试性的想法永远不会成熟为一种有意识的判断。在其他许多情况下，我们实际上可以证明这种意识层面的编造的存在。那些有着幻想倾向的患者，表现得好像这些幻想是有意识产生的。这种情况以及它出现的频率，让我们得出下面这个重要的结论：心理的动力并不是源于对知识的渴望，而是一种特定的自卑感和不确定感。这种感觉首先在原初心理层面被描绘出来，如果有必要的话，会在意识中发展为判断或幻想。然而，如果这种自卑感是建立在被评估为"女性化"感觉的基础上的话，那我们就必须把患者身上具有指导意义的"虚构情景"和神经症的"倾向"看作男性形式的代偿。

我们对上述梦境的了解已经足够让我们认识到，做梦的人其实是在抱怨她失去了自己的男性身份（她的骨头被切掉了）。同时，她也在反抗男性比她优越的事实。她的男性抗议是她的个体平等理想的一部分：医生应该变成一个女人。任何一个不沉迷于字面解释的人，都会意识到她的这个愿望和成为男人之间没有任何区别。因为这就是在消除她的自卑感，这就是她渴望的目标。提高女性的地位和降低男性的地位，都可以达到这一目的。目前，男性享有更高的评价。但是，"医生外出做手术了"这句话，我们仍不清楚该如何解释。患者能够告诉我们的是，她从来没有听说过鼻科专家会进行这种形式的外出手术。与她梦境的倾向相一致的是，这似乎可以被解释为她想消除男性，用女医生取而代之。换句话说："所有的男人都应该下地狱！"

　　我还做出了一些推测，也可能很有道理。上述的思想特征似乎明确地指出了患者是同性恋的可能性。患者的梦境，以及她的心理状况，清楚地显示出她想把男人变成女人的愿望。另一个让她越来越疏远男性的原因，来自她对自慰的回忆与感受，而这可以追溯到她和女孩的情色游戏之中。

　　最后，我要说的是，患者还记得她的出生并不受自己母亲和姐姐的欢迎，尤其是后者。她的姐姐总是对她很严格，她们之间的关系一直很差。如上文所述，她在和所有男性的关系中都会选择退却。这种态度让我们得出这样的结论：她也拒绝服从于任何女性。她一生都在超越女孩和女人，并努力与来自母亲的一切影响做斗争。从严格意义上来讲，她身上并没有任何原始的、主动的或遗传的同性恋行为，这一点和其他问题类似。但是，我们可以清楚地看到，她的经历和倾向让她有一种"好像"是同性恋的态度，并决定了这种态度的本质，尽管这种态度并没有被清楚地表达出来。

她的许多行为看起来都是"颠倒"的，在某种程度上是"反常"的。因为她在与男性平等的虚构思想的支配下，会试图颠倒、改变、扭曲大部分事物，甚至全部事物。这种欲望在某些特定情境下会发展成狂躁症①，并停留在潜意识层面。只有给患者一个机会，让她理解这一点，并且加深自己的理解能力，她才有可能被治愈。这种可能性取决于医生的教导技巧。

偶尔，患者会让我们认识到，我们走在正确的治疗轨道上，但不是因为我们采取了上文提及的那些方法，而是因为她可能会想到，她并不反对和医生发展恋爱关系，但这种关系必须与"性"无关。因此，男性抗议也会以这种形式表现出来。

患者后来犹豫了很久才告诉我，她曾经被那位鼻科专家深深吸引。那个医生吻过她好几次，她也想要拒绝，但总是觉得自己十分软弱而放弃了。有一次，他想要强吻她时，她鼓起勇气说，她认为他的态度很可怕，她不会再来了。然后，她的症状消失了，她好转了大概三个月。可是，她开始与一个学生有了接触，在他愚蠢地评价说她的内心并不是她所表现出来的样子后不久，她就不由自主地产生了这样的想法：她无法融入社会，因为她给人留下了不好的印象。

她居然这么轻易地让那个医生吻了她，乍一看，这似乎有些奇怪，显然与男性抗议的假设相矛盾。然而，经验告诉我们，患者身上已经觉醒的男性冒险精神经常会使用女性化的武器。被亲吻和爱的觉醒可以被

---

① 我们不应该忽视这个病例与偏执型痴呆症的关系。

认为是一种力量上的满足。然而，就在这个男人试图清楚地展示他的优越感，并且使用强迫手段的时候，她必须向他证明，她才是更加优越的那一个。这个病例的心理构成非常典型，应该很容易被大家理解。每个人都知道，如果你拒绝了一个人的示爱，那么这反而会加强表达爱意的人的感情。就像那些看起来得不到的东西往往更令人渴望，公开表达爱意通常总是会被拒绝。有神经质倾向的女孩在试图与男人建立关系时，总是会失败，因为她们会立刻被爱情关系中的从属感和占有欲打击，而这让她们无法忍受。我们很容易理解为什么患者的病情暂时有了好转，因为她战胜了那位医生，也战胜了那些被看作女性化的、低等的性欲。

然而，当她发现自己在与那个学生的争斗中失败了，而且他甚至成功地俘获了自己的朋友的时候，她就认为他的话里潜藏着一个老生常谈的观点：她害怕人们察觉到她的手淫行为所代表的女性性欲。那个学生的话本来很笼统：他可以看出她不是表现出来的那个样子。所以，这句话被她赋予了另一层意义，即所有人都可以看到她的性欲，并像那位医生一样随意对待她。她太软弱，无法保护自己不受男人的伤害。

患者很不情愿地说了她的情况，在这之前，她对自己的病情抱怨了一个小时，而且怀疑自己能否被治愈。很容易看出，她的这些行为是针对我的。也很容易看出，她对我的反抗行为是基于这样一个事实：我利用了她的"弱点"，迫使她多次袒露心声。因此，为了在我面前保持强势的地位，她必须表现出她的情况恶化了的样子，在某些特定的治疗阶段，这就相当于说："他的治疗对我没有产生任何影响。"

　　我要简单指出，对男性的恐惧也有逆转的倾向，这种思路可以表述为"男性应该感到害怕"。这种思维方式与患者的神经质感受相同，她情绪的波动是"由下至上"进行的。而这种逆转的倾向，有时候会扭转这种上下关系。有时，患者会将桌子、座椅和盒子倒转过来。这种行为不仅出现在神经症中，也出现在精神病中。它的心理等效物是一种消极态度，可以被精神上的逆转替代。我想要说明的是，我们的患者的例子中也体现了一些其他的思维方式，而这些思维方式都是我们在精神病研究中经常会遇到的。比如，她认为人们可能会看穿她，只要她在场，别人就会不愉快，而且她很容易受到别人的影响等。然而，我们必须坚持认为，和精神病患者相比，患者这样的人总是知道如何让自己幼稚的虚构情景与现实和谐相处，从而并不会让别人觉得她有精神病。因此，并不是患者虚构情景中包含的某些内在特征让我们觉得她没有患病。这些虚构情景会让她更加谨慎。我们不觉得她患有精神病，是因为她本该纠正的行为路线，并不违反她的内在逻辑。我们的患者首先假定了一种女性的软弱性，所以为了获取安全感，她会尽可能地加强"我要表现得像个男人"的想法。而且，她也总是会把她的心理矫正机制与现实关联起来，找到另一种防御手段，让她表现得更加"理智"。我们的观点接近于布洛伊勒的观点，即精神分裂症的特征是一种"松散的联系"（loosening of associations）。然而，我们的观点认为患者的心理矫正机制比较脆弱，当它继续承担较重的任务的时候，患者的补偿能力就无法承受了。

几年前，我观察了一位处于疾病晚期的早发性痴呆患者。一天，他指着一群猎犬，意味深长地说，这些猎犬都是有名的、漂亮的女人，并且告诉我每一只猎犬的名字。因为害怕女性，他把所有这些女人都想象成了猎犬，以此来贬低她们的性别，让自己觉得安全。也就是说，他在逆转事物。他的矫正机制不够强大，不能让他眼中的现实与事实相协调，无法让这件事成为一个玩笑，也不能让他看出自己的陈述是一种侮辱。他的矫正机制的代偿功能依然在起作用，这与其中的贬低倾向有关。

在告诉我关于那位医生的行为的第二天，我的患者做了一个梦，这个梦显示出了同样的精神动力。她的梦是这样的："我去买一顶帽子。当我回家的时候，我看到远处有一条我很害怕的狗。但是，我却想让这条狗害怕我。我走得更近，那条狗跳到了我身上。我安抚它，抚摸它的后背。然后，我回到家里，躺在沙发上。就在那时，我的两个表亲来拜访我，我妈妈邀请他们进来。他们在找我，并且说：'原来她在这儿啊。'他们的态度让我很惊讶，而这种惊讶又让我感到尴尬。"

我的分析揭示出这些信息与愤怒情绪有关。她必须要"保护"自己，她加强过的安全倾向要求她这么做。她已经向我暴露出了弱点，而且她被打败了，我——在梦里是那条狗——向她扑过去。她显然是基于性的象征意义来看待自己的失败的，虽然她自己没有完全理解这一点。用来象征"失败"和女性化感受的符号，显然会让它所对应的事物显得过于强烈。所以，她选用了符号暗示的方法来保护自己。这来自她安全倾向的警示性。她通过这种方式把我的地位降低到一条狗的位置，而且在她的补充陈述中，她清楚地表达了想要用什么方式来逆转我更加优越的事实——"我想让它害怕我！"在治疗的前几天，她回家的时候会感觉到非常疲倦，习惯躺在沙发上休息。这些疲倦很显然是被她安排来证明——就像她曾说过的——她与我的谈话并没有让她冷静下来，反而让她很疲倦。但是，更重要的是，她躺在沙发上的姿势，和她做完鼻子手术后躺在医生诊室中的姿势一样，而那位医生后来亲吻了她。这是一个我从她身上"压榨"出的秘密。她那两个表亲在当时都已经结婚了。她在他们单身的时候与他们有一些往来。他们总是会来家中拜访，因为她家会举办许多家庭聚会。他们一般会和母亲或阿姨一起过来，因为他们认为独自去任何地方都是不礼貌的行为。而她，无论是来我这里寻求治疗，还是之前去看鼻科专家的时候，都是独自一人。而也就是在那个鼻科专家那里，发生了她之前描述过的不愉快经历。在梦里，她独自去买一顶帽子。上次，她是和她那个喋喋不休的母亲一起去买帽子，这让她非常烦躁，因为她母亲一直抱怨花销过大的问题。对狗的安抚，指代的是她曾安抚自己拒绝的求婚者。而这种拒绝会发生在我身上。

可以这样解读这个梦中所包含的问题："我应该自己去还是和我妈妈一起去看病？后一个选项会让我很不愉快，因为我妈妈总是想贬低我。我想成为支配者，所以我应该自己去。因为我害怕男人，所以我应该试着转变角色。有一次，我让一个渴望亲近我，向我求婚的人感觉到深深的痛苦，因为我害怕他会进一步地靠近我。我常常在和男人说话的时候感觉到这种恐惧。只有在与男性第一次见面的时候，我才能够让他们感觉到我的优越。我越频繁地去医生那儿，我就越软弱。但除了这些原因之外，我一个人去拜访医生，终归是不合适的。"出于上述原因，虽然她想要表现得非常礼貌，但这是她用来对付我的手段。这当然也是她安排好的。事实上，在两天之后，她毫无理由地缺席了治疗。

简而言之，她感觉到自己非常软弱，而这源于她对男性的恐惧。唯一的矫正方法就是把她当作男人来看待。这条充满荆棘的道路让她陷入了许多矛盾之中，这一切都可以追溯到她虚构情境的非理性本质。这个世界把她看作女性，她自己也很容易受到女性冲动的影响，但是她明显想要克制这种冲动，尽管并没有克制住。她对女性冲动的克制产生了逆转效应，并转换为某种安全倾向，一种"我不想成为女人，我想成为男人！"的想法。她用这种态度面对所有人，比如她的女性朋友和她的医生。然而，当她面对医生的时候，她所虚构的安全情景会崩溃，与现实和谐统一。

对神经学家来说，最艰难的引导任务是让患者持续接受治疗，因为他们必须让患者产生一种情绪，使其能够欣然接受别人的引导。有一次，上述患者来到我的诊室，情绪非常低落，当我问她今天想说什么的时候，她没有回答。最后，当我指出她的坏脾气必定是一种针对我的敌意态度时，她喊道："你为什么这么说？！"这不是我第一次听到她说这些话了。她第一次见到我的时候，介绍自己和她的母亲，而她的母亲叙述她患病的历史，并加上自己的批评意见，大意是说她的女儿从没有努力做出过改变。患者也一直在说这些话。因此，我必须假设，这位患者已经成功地将她母亲的角色强加给了我。也就是说，在前文所述的梦境中，她没有把我看作一名男性。这就是她的最终目的。一旦她贬低了我，她就可以接着对我进行攻击。同一天，她还暴露出了对我的其他敌意。她对我进行了变相的指责，说她的病情产生了恶化。她的语气非常主观，说她想要去别的医生那里碰碰运气。实际上，她对我表达了一些敌对意见，并且表示说她想放弃治疗，至少短时间内不想再继续。显而易见，这些都是针对我的，即使患者否认自己意识到了这一目的。让我先暂时假设她做出这些行为是为了回应自己的失败，回应她缺乏反抗力量和调节能力的事实。这些行为具有强迫的性质，与她的疾病有明显的联系。她感觉其他人，尤其是男人，是更加强大的，是充满敌意的，是高人一等的。出于她的安全倾向以及对力量的渴望，她从一开始就片面地扭曲了自己正常的情感，强迫它们扮演稻草人来吓唬他人的角色。她身上的男性抗议会转而对抗这种虚构想法。这是为了保护她的安全。在男性抗议的机制中，她的这种安全保护倾向持续在加强她对男性优越和敌意的感受。结果，她的早期记忆中充满了男性更加强壮的事例。另外，她的精神状态总是受到所谓的"上升性虚构想法"（ascending fiction）的影响，而这种虚构想法的出发点可以被这样形象地描述出来："我屈服了，因此我很软弱。"她的终极愿望是对抗上述的虚构情景。"我必须表现得像男人一样。也就是说，我必须贬低男人，因为我太过女性化了。如果我不这样做，我就会屈服于他们。"这两种虚构想法都是阶段性的，对其的夸大或抑制都受到患者的安全保护倾向影响。

让我们回头看看。患者在抱怨什么？她说，她感觉到其他人对她有一种敌意，就像她给他们留下了不好的印象似的。这种强迫性的想法必然是从患者的心理中涌现出来的，因为它不仅让她的女性化虚构情景得到了解脱，让它们起到了警示的作用，而且也为她的男性化虚构情景腾出了空间。这样，她就可以舍弃自己的女性角色，尽可能地生活在男性角色之中。尽管这意味着她需要孤立自己。她在她母亲那里可以表现得像个男人一样。在她生病期间，她的母亲是唯一一个她能够接触并支配的人，而母亲有时会把她逼到绝望的境地。这种在她身上被激活的敌意反而会被她转嫁到其他人身上，而她"平时不做亏心事，半夜不怕鬼敲门"。在她身上，社会意识的缺失是很明显的。

我们必须要记住，她在产生强迫性想法之前还有其他的疾病表现。比如，她的语言障碍，她会在别人面前表现得过于胆怯等。她神经症的第一个表现是她在别人面前会非常紧张。她似乎格外努力，想要在表达的时候保护自己，不屈服于别人。而同时，她会用口吃的方法，用安全防卫想象来掩盖自己的弱点。在她真的受到男性的攻击之前（比如那位医生和她的表亲对她的攻击），她可以一直保持这种态度。但在那之后，她必须用男性抗议机制来保护自己，而且她做得更加彻底：要么战斗，要么逃跑。对其他口吃者的分析也让我有理由做出相同的推断。他们的口吃行为是一种尝试性的社交撤回，他们以被动抵抗的方式逃避别人的优越感。这种口吃行为建立在强烈的自卑感上，而这种自卑感的存在一直以来的目的就是去观察、检视和偷袭其他人。他们的主要想法是用一种受虐的态度来获取（决定性的）影响力，而且还能够说："我要是不口吃的话，我也能成功！"[1]这样，患者就可以安慰自己，逃避自己的敏感态度。

我知道，许多我之前的读者现在应该会感觉到迷惑，想知道有多少人在这种情况下还能发展出一种男性抗议。让我将男性抗议与患者的被动抵抗进行类比，这样应该就可以澄清这个问题。在患者的行为中，我们经常会发现一种特殊情况，患者的"女性化"路线和"男性化"路线会暂时在时间上重合，产生一种折中效果。然而，患者身上不间断的安全防卫趋势会继续保持它向上的冲动。

让我们回到患者身上。现在我们可以把她针对我的两种思路放到正确的关系中了。她的尖锐言论，她主观上恶化的病情，实际上也是对我的威胁，比如威胁我不再接受治疗。她的尖锐言论更多的是在提醒我现在发生了什么，而她的病情让我想起了她疾病的早期表现。我现在知道了她身上男性抗议的强化是出于什么原因：她在治疗期间表现出了对我的顺从。有一次，她告诉我，她晚上做了梦，醒来后却不记得梦见了什么，只知道她在尖叫中醒来。

这种梦的碎片很适合被用来进行分析。医生能够在没有克服一些小障碍的情况下，强行通过患者心灵墙壁上的巨大缺口，进入患者的心理

---

① 口吃也有着生理性的病因，请读者辩证地看待阿德勒对口吃现象的认识。——译者注

空间。在我询问她关于尖叫的性质的时候，她回答了一些问题，而答案可以追溯到她童年时期的一些记忆。在童年时期，当其他孩子或其他人试图伤害她的时候，她都会恐惧地尖叫。有一次，她被锁在地下室里，因为她知道这里有老鼠，所以被吓坏了。她在鼻科专家的诊室里也用她最大的声音尖叫过。我相信，在她的梦里也发生过类似的事件。也就是说，在她梦境的虚构景象中，似乎一些和上述情景类似的事件马上就会发生在她身上，所以她会尖叫。

我们可以用下面的方式最清楚地表达一个梦境："我以为发生了……"很久以前，我曾经在一些小型研究中提到过这一点，现在我会给出更加完整的细节。我们会证实一些弗洛伊德关于梦的解析的要点，而另一些则会被证明是不重要的或者会让人产生误解的。我们不能完全确定地认为，因为弗洛伊德对梦的内容、梦的目的以及梦中所包含的清醒生活碎片进行了研究，梦的解析就是能够实现的。弗洛伊德认为，梦境的主要功能和指导原则是让童年时期的愿望在梦中重获新生，得以实现。而这一观点必须要被舍弃掉了，因为它只起到了暂时性的折中解释的作用。将弗洛伊德的这一观点和现实联系在一起时，会自相矛盾，毫无意义，但它却以一种巧妙的方式实现了这一目的：让我们把梦置于有序思考的控制之下。梦境"愿望实现"的原则本身只是一种虚构，虽然对这一原则进行精妙的改编，可以增进我们对梦境的真实理解。而从逻辑的角度来看，这一观点只能被看作补充理解的手段。因为梦的抽象性范围非常广泛，为所有的精神冲动留出了空间。事实上，我们所需要做的就是在有关"愿望实现"的梦的碎片后面，寻找到个体真实的或可能存在的冲动。弗洛伊德的公式的提出，让我们神经学家能够把梦境的材料整理有序，并且对此进行判断。我们可以对它们进行计算（这是法辛格的观点）。但矛盾在于，似乎有一种压力落在儿童时期的愿望上，而这种愿望是由当前与过去的相似情节唤起的。也就是说，我们必须在过去的经验中获得新的矛盾，从而解释梦境。这证明弗洛伊德的公式并不成立，也迫使他创造了大量的虚构假设。他最近提出的一个概念是儿童乱伦关系的固着，这一关系必须被泛化和扭曲为令人不快的性行为，因为在梦境的虚构场景中，在公共场合交谈的人经常用其他关系来表达性关系，并且，总是会这么做。

当弗洛伊德的公式允许我们对梦境进行计算时，我们可以看出，梦最显著的特征，即引起梦境并成为梦境内容的特征，是梦境的保护性、预期性和安全防卫性因素。它们实际上会被模糊化，并且被迫以对立的方式成为梦境的背景。这些特征包括的保护性、预期性和安全防卫性因素，产生形成了每个梦境中的内容。梦境最主要的功能是保护自我的地位和优越感。根据我们的观点，梦境的功能决定了它的主要特征。做梦者尝试成为一名男性，他想要从刚萌生的失败感中保护自己。他对男性化—女性化关系的评估来自自己的童年时期。这种评估因人而异。而且，这其中的矛盾构成了神经症患者的主要虚构情景。做梦者和神经症患者的理想冲动，最终以类比、符号化以及其他虚构的形式出现，它们基于上—下、男性化—女性化关系的对比。

如果梦必须按照矛盾对比来分类，那么按照克拉格斯（Klages）[1]在他的《特征学原理》（*Prinzipien der Charakteriologie*）[2]一书中所说，我们可以将这种矛盾应用在梦的微小的碎片，也就是运动性的情感表达（尖叫）上。借此，我们就能够理解患者的叙述，得到下面这些结论。第一，患者害怕暴力行为，就像她害怕童年时期遭受的暴力行为，后来又害怕鼻科专家的暴力行为那样。第二，她对这种暴力的反应，和她童年时期对羞辱的反应一样。除此之外，我还可以联想到患者从我这里得到的一个建议。在谈话中，为了表明男性和女性在心理反应类型上的不同，我提到了这样一件事：如果男人和女人都穿着女人的衣服，那么我们可以通过老鼠来区分哪个是女人。因为女人遇到老鼠的时候，会把自己的裙子提到腿上。类似的想法在患者的记忆中重现，因为她曾经和老鼠一起被锁在地下室里。于是，她的运动性情感表达，也就是尖叫，反映了一种精神上的内容："他们想囚禁我，强迫我，（在地下室中）羞辱我，因为我是个女孩！"作为一种反击，我们发现患者用男性抗议来对抗这种女性化的感觉，它告诉患者："尖叫吧！这样人们才能听到你，不会压迫你，让你解脱！"

通过患者对我们的态度，我们来比较她这两种相互支持的思想路线。[3]我们会发现，第二种思想路线会精准地对外界进行反应，并且直接对我产生影响。患者的尖叫是对我表达敌意，它会保护她不受我的"优

---

① 德国心理学家、哲学家。——译者注
② Leipzig, 1910.
③ 即患者对暴力行为的恐惧和患者对它的反击。——译者注

越感"的影响，也能表达出她想要"解放"，不再接受治疗的愿望。她的第一种思想路线——"我被压垮了，被俘获了，被羞辱了"一定存在于被她遗忘的梦境碎片之中。当我做出这种陈述的时候，她没有回答，所以我继续坚持。"我一定会在这个梦里作为一个更优越的男性出现。"她继续抵抗，没怎么受到我的言论的影响。我说，她夸张的预防措施只是在制造不必要的恐惧，她害怕会屈服于我的治疗，并且会对这种治疗尖叫着抗议。

她显然加强了对自己女性角色的接受度，以及她可能拥有的对爱意的渴望。这是为了保护自己。她想要保护自己不受性欲的伤害，所以对这种欲望进行了扭曲。她在我面前像是感受到了自己的软弱，而且她相信这种虚构的感受是真实的，因为只有这样，她才能最好地保护自己。现在，我们明白了她身上逆转倾向的含义：她想要变成更强大的那个人。

不幸的是，我没能让她多接受几天我的治疗。这说明了她疾病的严重程度、她难以接近的性格，也说明了她无法与人建立正常的关系。一年后，我得知她去了另一个国家，在那里，她的情况继续恶化了。

第十章

关于治疗中的阻抗

一天，一位接受了两个月个体治疗的患者来找我，说她要将下次治疗的时间从三点改为四点。不论患者有多坚持，在这样的情形下，这种变更强势的攻击渴望一般都可以被视为一种对治疗师的男性抗议。然而，这并不意味着我们就不用去探究患者提出这种请求的原因了，因为这样做直接违背了治疗的目的——帮助患者获得内在的自由。

　　这位患者声称，她三点钟要去裁缝店。这理由有点牵强，不过她的可支配时间确实因为治疗而受到限制，所以还算说得过去。因为我在患者所说的时间没空，所以我试着提议改到五点或六点。患者不同意，说她母亲五点钟有事，会在朋友家等她。所以，我们从一开始就可以看到患者更改时间的理由并不充分，于是我们的假设得以证实：患者对治疗产生了阻抗。

　　弗洛伊德反复指出，在分析过程中，我们必须意识到阻抗现象往往与移情有关。但是，我们认为这两者所蕴含的心理关系是不同的（这与弗洛伊德的观点不同[①]）。这一点常常被误解，所以我将结合上面的案例展开讨论。

　　首先我们要考虑到阻抗发生时的治疗进程。在上述案例中，患者那几天都在谈论她与她哥哥的关系。她告诉我，她独自与哥哥相处时，偶尔会无端产生恶心的感觉。但是，她并不讨厌他，并且很乐意陪他去电影院。但她会避免在街上挽他的胳膊，怕陌生人误会她是他的情妇。在家里，他们经常聊天，她甚至还允许哥哥亲吻她，她把这视为对自己的一点小纵容。亲吻是她的嗜好之一，她还会时不时来一次"亲吻狂欢"。近来她对哥哥的情感收敛了，因为她的嗅觉很敏感，注意到他有口臭。

　　这样一来，这位患者对哥哥建立的心理关系就很清楚了。她感受到了某些情绪，并在察觉到某些可能性的时候立马寻求自我保护。这些情绪波动通过女性欲望的形式表现出来（允许自己被亲吻，挽哥哥的胳膊，渴望男性的陪伴），因此她采用了男性抗议的方式来应对，只不过她对这种抗议进行了合理化的伪装。

　　她对哥哥的男性抗议态度是怎么维持的呢？就是通过一种潜意识的错误评价，从中衍生出一套精细的知觉和理论体系，并且她对这个体系可以自圆其说。[①]她怕人误会自己是哥哥的情妇，但凡对自己的哥哥产生过相似态度的人，都可以理解这种担忧。对于她哥哥有口臭这一点，自然是错不了的。可奇怪的是，她没有想过家里其他亲过她的人

---

　　① 疯子也有正确的时候。如果我想纠正一个道理（面对患者的时候，这是常做的事），同时发现一个拼写错误，那么我当然有权反复纠正那个拼写错误。但毕竟我们关心的是道理，而不是指出拼写错误。

是不是有同样的问题。要解释这一点，我们的患者就得对她的哥哥做出负面的重新评估，这种评估可以清楚地表明她的目的。在明眼人看来，她搞这么多花样，可能真正想说的不过是一个直截了当的"不"字而已。[①]

如果有人要对兄妹之间可能发生性关系进行质疑，我只会觉得这些人实在是无知，他们是在无视现实，而这种现实早已被各种历史数据、大量的犯罪记录和教育学经验所证实。对我来说，哥哥和妹妹在成长阶段玩"爸爸和妈妈"的游戏再正常不过了，而在这种游戏里，为了避免自己越过雷池，妹妹往往会对自己心中产生的性冲动进行某种合理化解释。对这样的妹妹而言，她的哥哥早已不仅仅是"哥哥"，还是一个未来追求者的角色。她活在和哥哥在一起的幻想世界里，在这个世界里，她可以证明自己有足够的能力，可以通过各种方式保护自己。

[①]　错误估计，不论是高估还是低估，在日常生活和神经症的心理结构中都事关重大，并在个体心理学研究中举足轻重。"吃不到葡萄就说葡萄酸"的故事便是一个很典型的例子。狐狸不愿承认自己的弱点，便贬低葡萄的内在价值，借此维持自己的自尊。它的狂妄是师出有名的：这种心理过程可以保护"自由意志"和个人价值。高估自身成就也可以满足同样的目的，这可以帮助个体逃避因为无能为力而产生的自卑感。这些都是"安排好"了的，是一种为了转移"低人一等"之感的放大的防御倾向。我反复探讨过，神经症中的男性抗议本质上正是这种"安排"被使用到了极致。患者的感官——听觉、嗅觉、视觉、皮肤、内脏和痛觉——被夸大了，受到了过度关注，都服从于这种防御倾向，从而使患者既当判官，又当罪犯。正如席勒的短诗所云："你说得对，施洛思，我们既爱自己所有，又觊觎自己所未有！拥有灵魂的人懂得爱，而小人只懂得占有！"当患者真正理解了自身的态度，并基于现实做出评估和调整时，他就迈出了治愈自己的第一步。

对过往事件的回忆和残留的情绪痕迹能够帮助她了解自己的能力。患者获得的综合印象是这样的："我是个女孩，我无力战胜自己的性欲。从小我就很没用，不该玩的也去玩，连在哥哥面前我都没办法控制自己（的性欲）！这样下去，我迟早要被强暴，怀上孩子，在众人面前丢人现眼，痛不欲生。我会被征服，成为奴隶！因此，我必须警醒自己，不当欲望的奴隶，不向男人臣服。我就不该信任任何男人！甚至，干脆表现得像个男人一样好了！"她天性中的女性欲望成了她的敌人，为了战胜这个敌人，她动用了不可思议的能量，付出了大量精力。这样一来，在漫长的情绪冲突中，神经症渐渐成形，各种性本能都被扭曲和夸大了，都成了对她的威胁。男性神经症患者害怕的则是那些所谓女性化的特征，例如在情感生活中感受到柔情，或是对某个女性的爱慕。一个这样的男性神经症患者会扭曲这些情绪，并对它们展开攻击。生活中那些与性无关的东西也会被他当成性的威胁：身体的特征，像好吃懒做之类的普通缺点，以及儿时犯过的错误。①这些都成了他眼中不够阳刚，或者说女性化特征存在的证据，同时也是他心中男性抗议的对象。我在本书的其他章节也提到过，男性抗议会导致女性患者抗拒自身的性别角色（例如那些总是跟母亲作对的女孩），导致男性患者抗拒爱情和亲密

----

① 我有一些患者很爱谈论他们症状发作的周期性，并将注意力引向其中的"女性化"特征。但在我看来，他们回避了一个基本问题："我究竟是男性化的，还是女性化的？"这种"周期理论"给了他们一种安慰："每个人都兼有男性化和女性化特征！"在分析过程中，我总是能找到证据，证明这种周期性是一种针对治疗师的阻抗手段，只是患者自己难以觉察罢了。

关系，性格变得女孩子气、优柔寡断或是畏畏缩缩，甚至发展成性无能（常见于所谓的"神经衰弱"案例中）。这些内部认知都是一些被"安排好"了的心理设计，充当风险警报，屈服的迹象一出现，男性抗议就会被召唤出来应战。

讨论至此，我们可以得出这样的结论：患者在自我保护的本能下规避了乱伦的风险，但同时也矫枉过正了。正是通过这样的矫枉过正，患者实现了她男性抗议的一个主要目标，即在未来的成长过程中避免走上女性化道路，形成对男性的依赖。

在各种神经症中，对男性价值的贬低是很常见的。这种贬低有时候会表现得很明显，就像上面的例子，但有时候也可能伪装得很隐蔽，以至于有的读者从自己身上看不出来，就对我的解读产生了质疑。但是，我们确实经常能在神经症患者中发现受虐倾向①、女性特质、服从性高以及易受催眠和暗示的特点。我们内心可能都存在对强大男性的倾慕，存在屈膝和臣服的冲动。想想有多少神经症患者爱上治疗师的故事！一开始，他们总表现出一副堕入爱河的样子，治疗师在他们眼里都戴着光环。但用不了多久，只要他们不愿意改变，他们就会与治疗师反目成仇。他们的理由是这样的："我就是个窝囊废！我得竭尽全力才能避免失败！"就好像一个人要跳高之前得先退后几步，想要出人头地，他们得先低头，积攒实力。我有一个患者，经常说自己水性杨花，随时愿意

_____

① 对"伪受虐狂"的讨论，参考本书第七章《三叉神经痛的心理治疗》。

勾搭男人，只是男人们嫌她长得不够漂亮而已。还有一个来找我治疗性无能的患者，他曾经接受过一个江湖术士的催眠服务，这个催眠师跟他说，只要他把自己的怀表表链绕着自己的头转，他就会睡着。这个患者的性无能一直没治好，却动不动就能睡着。此后他看了很多医生，每次他们开出的药物和提供的理疗都没有效果。他要求这些医生给自己催眠，只是他们都催眠不了他。于是最后，他总会拿出他的怀表表链，向这些医生展示他如何催眠自己。他的行为传达的意思是："你连个江湖术士都比不上，还不如我的怀表表链呢！"这个自此不论男女都看不上眼的患者，只要能够意识到自己心理的奥秘，那表链便会失去效果。

每当我对这种贬低男性的态度追本溯源时，我都会发现它根植于早期病原性的情境中。在这些情境中，患者还是个孩子，他渴望打败他的父亲。他对父亲和兄弟姐妹采取各种攻击和防御方式，要么真的行动起来，要么在想象中去打败他们。很显然，有这种神经质倾向的孩子的特质，其夸大的嫉妒心理、野心、权力欲会很大程度地激起其掌控欲。

从这个角度看，我们就很容易理解这种有神经质倾向的孩子是如何形成面对女性时的矛盾态度的，并可以将我们的理论应用到手头的案例中进行检验。一方面，距离产生美，女人被不切实际地理想化了，披上了种种力量和权力的神奇外衣。神话传说和民间信仰里就常常可以看到这样的女巨人或女妖。比如在海涅的诗《罗蕾莱》（*The Lorelei*）^①里，男人就表现得微不足道或无能得可悲。神经症患者往往保留了来自童年的关于强势女性的可怕记忆，这些记忆有时候能被意识到，有时候则被封存在了潜意识中，只能通过幻想的形式存在。日后，这种对女性的恐惧总会在神经症患者精神世界的上层建筑中通过这样或那样的方式表现出来，不管是看见女人就怕，还是随时担心会被女人缠住无法脱身。神经症患者为了抵御自己这种生怕在女人面前落下风的强迫性的心理需求，会把大量精力投入到男性抗议中，其防御倾向会让他们下意识地强化对力量的重视，形成对女性的侮辱和贬低。这种时候，患者的意识和幻想中常常会出现两种截然相反的女性形象：一种是纯洁的爱人，如圣母玛利亚、罗蕾莱；一种是淫荡的妓女。这两种矛盾的形象有时候会以混合形式出现，例如交际花，有时候则是两种形象中的一种占据主导地位（表现为女性主义或是反女性主义）。

我们都知道，婴儿在刚出生的前六个月就会试图去抓握各种东西，且不愿意放手。再大一点，婴儿就会产生占有的欲望，试图去控制身边重要的人。与这种占有欲相伴相随的一种防御倾向就是嫉妒。如果孩子的发展过程被迫提前（未解决性别角色的不确定性），那么这种性早熟又会催生怯懦的性格。我的结论是：孩子在与父母的关系中往往会试图将父母神化，同时又在这种神化过程中努力自保，而神经质特征便在这

---

①　《罗蕾莱》是海涅的一首叙事诗，诗中的罗蕾莱是德国传说中美艳的美人鱼，专门引诱渔夫并杀死他们。——译者注

样的纠结中悄然产生。这种被动的体验并不具备驱动力，也不会引发什么后果，但可以充当标记，用来识别个体施展过的力量，不管是记得的还是不记得的。之所以能够实现这种识别的功能，是因为这些体验描绘了神经症种种突出的动态心理活动，也因为在男性抗议的框架下，它们可以被用来当作提示或是某种表达方式。"在女人这件事情上，我就是个窝囊废！我从小就爱女人，这说明我是女人的附属品。"这句话字里行间的意思是："我怕女人。"一个男人如果像怕鬼一样怕女人，或是对女人那"难以理解的内心"，那"永恒的不可捉摸"，那"不可抗拒的力量"统统都敬谢不敏，那么他的应对方式就只能是贬低，或是逃离。这样，他就会产生诸如性无能、早泄、梅毒恐怖症、恐婚、恐恋等问题。有男性抗议倾向的神经症患者如果想正常性交，要么会选不被社会认可的妓女，要么只是把性交对象看成一具躯体[1]。稍加分析，我们就能明白这样的患者做出如此选择的真实动机：他们相信这样的对象更好控制。男性抗议还可能使男人拒绝承担责任，成为一个唐璜式的角色。[2]

我所遇到过的男性抗议神经症患者，无一例外，都会通过这样或那样的方式来贬低女人，甚至有时候也贬低男人。男人是爱情里争风吃醋的罪魁祸首。[3]女性神经症患者对男人和女人的贬低就更常见了。我有一

---

[1] 即无法反抗、欺骗或支配的物体。

[2] 这种人喜欢同时拥有多个女人，喜新厌旧，从不长情；他们又喜欢短暂的成就感，且不喜欢付出。

[3] 关于病人的表现，可以参考《三叉神经痛的心理治疗》一章。

个患者，她之所以找男性治疗师，就是为了反复地贬低这个男人。这种表现在她发现对方具有知识上的优越性时会更加明显。在这个案例里，当我给她解释了一些关于她的神经症特点的重要因素后，她就出现了阻抗。她对我又有了一个新的指控："怎么，你说的就总是对的？"她也想要对一次！在这种情况下，如果她在梦中或是白日幻想里还看到了轻浮或浪荡的画面，想象过她与哥哥或我的性接触，那么我们就可以认为她出现了神经质的反应，即被放大了的性焦虑，目的是避免自己做出这种行为。因此，这种对治疗师的"爱的移情"是虚幻的，应当被解读为一种心理剧，而不应当被解读为"力比多"[①]。事实上，并没有发生什么（真正的）"移情"，我们看到的不过是一种源自童年的态度和习惯，是一种对权力的渴望。

她的病症后来的发展非常典型。她开始了贬低治疗师的终极战斗。她把所有的东西都了解得更透彻，做得比医生还要好。基本上每次治疗，她都对医生的医学能力进行了不留情面的批评和反对。

个体心理学提供了大量的方法帮助患者消除对他人的不信任。耐心、洞见和早期预警都可以帮助治疗师对治疗的进展了然于心。治疗的一个必经阶段，就是医生要向患者展示引发其男性抗议的根源所涉及的各种情境中的幼稚和不合理的地方。这就要求患者和治疗师必须建立友好关系。这种友好关系可以帮助医生获得对患者症状的深入了解，帮助

---

① 力比多（libido），弗洛伊德精神分析学用语，指人的心理器官自觉接受快乐原则调节、追求快乐的性欲的本能力量。——编者注

患者认识到他情绪诱因中存在的问题，导致他的症状长期存在的错误认知，以及他的为此付出的过量能量消耗。从个体心理治疗师身上，患者能够第一次真正获得对自己的了解，并学会控制自己那些过强的冲动。这些都要求我们正确处理患者对治疗师的阻抗。治疗师与神经症患者或心理疾病患者之间心理联结的建立，归根结底靠的是存在于他们心中的团体意识（group consciousness）。

（完稿于一九一六年）

第十一章

梅毒恐怖症*

个 体 心 理 学

THE PRACTICE
AND
THEORY OF INDIVIDUAL PSYCHOLOGY

---

* 在二十世纪二十年代，梅毒还是一种致命性疾病，而且梅毒的特点是症状极其复杂，几乎所有疾病的症状都有与梅毒的症状相似的地方。因此，只要仔细找，那时的人们基本都能在自己身上找到了患了梅毒的"证据"。这就导致某些心理脆弱的人容易捕风捉影，出现梅毒恐怖症这种异常的精神症状。——译者注

在我所遇到的神经症案例中，我基本上都能从患者身上找到梅毒恐怖症的特定行为或思维方式。这种症状有时候是主导症状——往往是患者前来就诊的唯一诉求，其他时候则与一系列其他症状融为一体，复杂难辨。一般来说，患者都是初患，不过也有患者是一种恐怖症痊愈后又出现其他的替代症状，包括对淋病、虱子、寄生虫、痨症和瘫痪的恐惧，也有一天到晚担心怀孕的，虽然这根本就是没什么依据的事。人们对"梅毒组合"的话题似乎格外感兴趣，经常谈论和阅读相关内容，而且有关这方面的画作和创意都不少见，社会关注度可见一斑。

众所周知，恐怖症和疑病症患者都很小心翼翼。我们之所以提到这一点，是因为这是所有神经症的共同特征。仔细研究这一情形，我们会发现，不论是恐怖症还是疑病症患者，他们身上的一个共同特征是，对危险的防御性意识高到了令人匪夷所思的程度，甚至"未雨绸缪"这个词都不足以形容。因为对患者而言，他们无时无刻不是生活在警惕当中，他们的心态已经完全被恐怖症和疑病症占据了，生活中除了保护自身安全，几乎就没有别的内容了。

于是，患者身上会出现很多情况，让神经学家难以理解和分析。恐怖症患者的防御倾向会导致患者过度谨慎，最终反而会让自己变得粗心大意。实际上，每个梅毒恐怖症患者都曾经有过不安全性行为。布洛伊勒曾经将这种行为称为"自发性矛盾"（voluntary ambivalence），但我认为这种说法有误，因为这样的说法难以体现患者内在的心理关联。这种内在动力，是伴随男性抗议心理的雌雄同体。[1]可以说，这种心理机制的主导力量（席勒的"感伤"）是这样一种心态："看吧，我这是有多不小心！我就是不见棺材不落泪！所以下次得小心！"在这种心态下，恐怖症患者只会继续做出轻率的行为，不断重复，直到达到足够严重的程度，才能产生真正具有胁迫性的心理波动。

这种神经质的心理机制之一，是对自我保护措施的永久性或短暂性的轻视。我们常常可以听到各种为"不负责任"开脱的话语，像是"保护性措施没什么用"或是"我用不了"之类的荒谬言论。不可否认，这些行为轻浮的患者口中的论据也不是毫无道理，只可惜说服力实在太弱！很显然，梅毒恐怖症患者是完全有能力采取保护措施的。

我以前就反复说过，在我看来，患者这种行为是在玩火，是在主动寻求惩罚，好让他在自己编织的安全网里被缠得更紧，以便紧紧地盯着外界的危险和自己的自卑。有个患上梅毒，前来找我治疗神经症的患者，他说的话就清晰地体现了上述态度："得了梅毒，我的恐惧反而减

---

[1] 柏拉图的《会饮篇》讲述了一个古希腊神话故事：最早的人类是球形的，有四条胳膊和四条腿，头上有两张脸，朝不同的方向看。球形人类有着非凡的力量和智慧。在和诸神战斗时，人类被嫉妒之神砍成了两半，一半是男性，一半是女性。从此以后，一半总是在寻找另外一半，渴望重逢。荣格是最早观察到人类心理的雌雄同体现象的心理学家。他指出，在男性伟岸的身躯里，生存着阴柔的女性原型"阿尼玛"；在女性娇柔的身躯里，也生存着雄伟的男性原型"阿尼姆斯"。梅毒恐怖症患者用过于粗心大意的行为，使自己陷入非常危险弱小的境地，但其实也是在彰显其男性抗议的力量。——编者注

轻了。我胆战心惊地等这个感染等了十年！"其实，真正带给他解脱的是他终于摆脱了爱情和婚姻。

不过，大部分梅毒恐怖症患者还是会采取安全措施来防止感染的。事实上，有些患者的保护措施周密细致，试图避开任何可能致病的接触源：他们不用也不碰陌生人用过的杯子，独来独往，只用私人马桶。他们的安全措施还会拓展到更大的范围，使他们表现出手淫、早泄、排秽和精神性阳痿的症状。这些症状都会使得他们难以和他人建立起亲密关系。他们的审美和道德标准高得出奇，成天盯着别人的错处。患有梅毒恐怖症的女孩可以随时和男人打情骂俏，可一旦要谈婚论嫁，就被吓得胆战心惊。男性患者也差不多。该谈婚论嫁的时候，这些女孩拒绝的理由五花八门，可以是男人体臭、邋遢、花心和出轨等。不少女性声称自己害怕被丈夫传染。性冷淡常被女性用来作为防御手段，同性恋行为和变态性行为则男女都会采用。①

一旦分析出症状背后各种错综复杂的关系，帮助患者认识到他们对梅毒的恐惧实质上是一种事后的保护，是一种带有幻想性质的兴奋，试图模拟不小心受到感染可能产生的后果②，那么患者的这种恐惧就会

---

① 参考我曾指出的变态性行为中可能出现的双重心理模式。第一种模式是受虐或伪受虐，通过一种早已设计好的服从行为来控制住对方。第二种模式则是通过极端的臣服来摆脱自己的伴侣，给自己灌输恐惧，从伴侣身边逃离或是摆脱婚姻等。只出现在白日梦里的受虐现象就清晰地体现了这一点。相应地，施虐倾向是对受虐倾向的一种报复，个体可能乐此不疲，也可能极端厌恶，归根结底取决于他对权力有多渴望。

② 疑病症往往是因为对某种终极后果的过度揣测而产生的幻觉性兴奋，例如感染、尿失禁、麻痹、头痛和健忘等。

减轻。但是，如果要加强疗效，保证彻底治愈患者，就有必要坚持完成整个分析，这就要求对症状中那些潜意识的基本特点和冲动有深刻的把握。分析得到的最终结论一般包括以下几点：

（1）恐惧梅毒绝不是唯一的安全保护方式，但几乎存在于所有神经症性的防御倾向中。

（2）所有的防御倾向一开始都会出现神经紧张的迹象，甚至可以说，这是防御倾向开始的标志。

（3）神经紧张的表现是由基于生理机能处于劣势所带来的自卑和不确定感引起的，它源自患者童年时期持续处在劣势角色的恐惧感。在患者成长的过程中，这些情感很大程度上被保留在了潜意识当中。

关于这种神经质动力的各种形式，我在本书的其他章节也谈到过。它们与男性抗议的各种表现息息相关，都是对女性感觉的反应。在这种心态看来，男性与女性的差别不管是字面上还是内在含义，都可以总结为"尊卑分明"。

在梅毒恐怖症患者的防御倾向中，突出的表现之一就是对女性的恐惧。患者的成长史中往往会有一个强势的、男性化的家长，其能力和地位压迫得患者抬不起头，使患者在某种程度上感到患上神经症是自己的责任。天才父母养育出平庸子女是这一现象的最佳证据。为了摆脱自卑感的折磨，患者只能利用神经症来逃避，通过贬低男人或女人来安抚自己。

防御倾向还有一种表现，就是对洁净的需求达到了让人吃惊的程度，具体的表现包括强迫性洗手，以及害怕污点、泥土和灰尘。仪式性地如厕也是出于同样的倾向。便秘和其他所有症状一样，也常常被假定为追求干净和浪费时间的冲动的象征。其他症状，包括生理机能自卑感以及泌尿和肠道系统异常（痔疮、瘘管、尿道下裂、遗尿以及早期的尿路疾病）也都很常见，它们都可以引发恐惧，而这些恐惧的记忆被保留了下来，在患者头脑中形成了先入为主的印象。

白日梦里总是充满了各种关于疾病、死亡、怀孕、生产（对男性来说也一样）的问题，区别只在于其开始和结束的早晚。这些幻想总是把注意力集中在疹子、脓包、肿胀之类的东西上，并且就好像关于阉割、生殖器短小等话题容易让人想入非非一样，这些幻想也会被视作某种标志。性欲上的不满足和性心理上的不成熟，导致患者补偿性地过分追求支配和掌控，从而产生施虐和纵欲的冲动。

这种自卑倾向会导致患者对他人严重缺乏信任，对他人吹毛求疵，进而妨碍患者与他人建立任何长期的友谊或爱情关系。自卑感一般都源自童年，由生活中的挫折引起，并受到不确定性和惰性的推波助澜。

众所周知，梅毒恐怖症患者会夸张地将性欲看作一种罪恶。这种罪恶观影响深远，激发了患者内心的恐惧，且使之不断强化。如果单纯的恐惧不足以为患者提供防御，那么就会发展成性无能或者其他防御方式。同时出现多种恐怖症也并不少见，像广场恐怖症、脸红恐怖症、神经衰弱和各种强迫症，这些病症都会让患者失去社交能力，从而远离爱情和婚姻。我见过一个案例，患者表现出一整套症状"组合"，就好像菲舍尔所著的《又一》中的主角一样，虽然这位患者从未看过这本小说。

患有梅毒恐怖症的女孩会表现出充分的男性气质。而在男性中，男性贬低和女性贬低的比例则基本相当。

梅毒恐怖症作为一种防御机制的意义，举个例子就很好理解了。一个正处于谈婚论嫁阶段的患者突然发现自己患上了疱疹或是淋病，婚事肯定立马告吹。与此相似，同样会引起生理机能自卑感的情况还包括尿道旁管感染、包皮过长、阴茎过小、隐睾、小睾丸及小阴唇肿大。

我们对神经症的心理分析和解读有时候会与患者自己的看法不一致。对患者来说，他往往会声称自己是因为害怕梅毒，所以才拒绝性交。但是我们能够证明，他怕的其实是女人，他的恐怖症其实是他自己"编排"出来以让他逃避女人的。患者往往都对异性存在敌意，且这种敌意可以追溯至童年时期。就这一问题，我查阅过大量文献和研究记录。

叔本华在其《人生智慧箴言》（*Aphorismen zur Lebensweisheit*）中如是说道："骑士精神所注重的荣誉也好，性病也好，都毒害了生活之魂。性病的影响之广远超我们最初的想象，因为它并不仅仅影响身体，还涉及道德。自从爱神的箭筒里装上了毒箭，两性关系就被混入了一种陌生的、敌意的甚至诡谲的元素，并因此产生了阴森而可怕的怀疑。人类社会的基石发生这种变化的直接影响，还会或多或少地扩散到其他的人类关系中。"自然，我们无意批判这位伟大的哲学家的观点如何独断，只是我们不禁要考虑，他对女性的"敌意"与他自身对强势母亲的敌意态度是否有关。叔本华本人在其他方面的表现也明显符合我们对梅毒恐怖症的描述，尤其是他对性本能影响力的抵触和逃避态度，他的高敏感性，他对人缺乏信任，以及他不管面对男人还是女人，都会清晰地表现出贬低态度。他不是给他的狗取名为"男人"吗？他对生活的抗拒其实是对性本能的抗拒，这与梅毒恐怖症如出一辙。这与其他神经症的驱动力是一样的，即都是对强势女性的反抗，怕女人的本质就是怕"位居人下"。奥古斯特·斯特林堡（August Strindberg）也是一个著名的男性抗议者，他在《爱之书》（*Book of Love*）中如此形容爱情："女人天生见识短浅，小肚鸡肠，除了爱情，还有什么拿得出手的武器能保护自己不拜倒在男人脚下，不失去自我？"这一描述很好地体现了男性对强势女性的神经质恐惧，以及女性神经症患者悄悄希望自己成为"人上人"的愿望。这些都在本书中被反复讨论过了。

现在我想讨论一下艺术作品对神经质心理机制的表达。从一些画作的意境中，我们可以很清楚地看出作画者对女性的恐惧。事实上，前文所提及的各种恐怖症症状，几乎都能在这些作品中找到蛛丝马迹，尤其是一些具有象征性、符号性的作品。坎帕斯帕（Kampaspa）①、黛莉拉（Delilah）和莎乐美（Salomé）式的形象就是典型的代表。有时候，"害怕女性"这一主题的表达是委婉的，藏在一些表面上歌颂爱情的能量或成就的画面之下。有时候，这个主题的表达则干脆直截了当，用空间的形式来体现（女人大而男人小，或者女人在上而男人在下）。麦当

---

① 坎帕斯帕，师从亚里士多德的亚历山大大帝的情妇。

娜式的形象①自然也很适合这一主题。这种原始的对女性的恐惧，可以在某种程度上解释为什么大部分艺术作品都是由男性创作出来的。②有时候，一个画家会创作出一系列体现上述防御倾向的作品。比如，罗普斯（Rops）的作品就很典型。波德莱尔（Baudelaire）声称自己想到漂亮女人时，就会忍不住马上联想到跟对方在一起不会有好下场，这听上去正像是对上述画作的注解，也很好地描述出了梅毒恐怖症患者的感受。在他的《恶之花》（Les Fleurs du Mal）中，他如是说："美人儿，你从尸山中走来，对死亡不屑一顾，恐惧就是你最精致的首饰。你用杀戮和恐怖作为你最华美的装扮，虚伪又张狂地向我们炫耀你的傲骨。你在我们的必经之路上翩然而过，像骤然烧起的火焰，所到之处，一片焦土。若有人胆敢拥抱你美丽的身体，那便是在自掘坟墓，必然命不久矣。"

　　我反复指出过，这位艺术家的心理特点与神经症不谋而合。由生理机能自卑感③所产生的不确定性伴随他终身，让他随时随地感觉不自在。他的防御倾向过于强烈，导致他害怕行动和挑战，踟蹰怯懦，总是害怕自己会失败。此外，这也导致他患上了恐高症，并且面对爱情这一男性最高成就时总是畏缩不前。其实，比起怕高，他更怕深坑，这也许是因为他在贪欲的驱使下一边不断攀爬，一边又总是担心自己一朝不

---

①　此处专指圣母玛利亚的画像。在意大利语中，"麦当娜"指的是"我尊敬的夫人"。这类画像是基督教艺术作品中常见的一类作品。——译者注
②　这显然也是男性在艺术创作中具有优势的原因之一。绘画和雕塑的最核心问题的根源就来自男人的心理本能。
③　Cf. the chapter on "Psychic Compensation" in Adler, *The Study of Organ Inferiority*. English translation, 1917.

慎，跌落深渊。只是他具有完善的社会情感，因此发展出了足够强大的防御机制，其中梅毒恐怖症只占很小的一部分。他的大部分精力都寄托在了畅快淋漓的画作中，并因此让自己免受神经症的困扰，不会轻易"坠落"。①

根据我的实操经验，我们往往会遇到与以下例子类似的情况，这些例子都符合上述原理。

1. 有一天，一个新婚的工厂主来找我，说他这几天深受折磨，担心自己会染上梅毒。他因此睡不着觉，也没法工作，不敢跟妻子睡觉、亲吻，也不敢用马桶，生怕会传染给她。通过详细的询问，我才知道，在发病前不久，他在车站亲了一个陌生的女孩。通过两次诊疗，他明白了自己其实是通过梅毒恐怖症来防止自己进一步行差踏错。虽然他这次的症状被治好了，但他易患上恐怖症的性格却不是一天两天能改得了的。

2. 一个自身受到强迫性思维困扰的治疗师，在接受长期治疗后做了这样一个梦："我梦见自己出现在土耳其攻打维也纳的战场上，等待着土耳其士兵战败逃跑。在梦里，我知道土耳其的败兵什么时候会出现，因为我之前在书上读到过。为了能帮上忙，我带上了我的左轮手枪，试图在一些同志的帮助下逮捕逃犯卡拉·穆斯塔法（Kara Mustapha）。到了约定的时间，卡拉·穆斯塔法及其同伙骑着黑马出现了。我的战友全跑了。我发现自己寡不敌众，正想逃走，脊椎上就中枪了。我感觉到自己快要死了。"

① 有个神经症患者对绘画表现出强烈的反感，他解释说："绘画只表现那些和谐的东西，好像这些东西就高人一等似的。"

　　分析显示，做梦者一直担忧自己会感染梅毒，这个梦其实是一种前瞻性思维，预先向做梦者呈现感染梅毒的后果，即死亡（从土耳其士兵还可以联想到一夫多妻）。做梦者是一个年轻的治疗师，他之所以会做这个梦，可能是因为他在书上读到过疱疹发作的情景。骑马的人或黑马代表的是死亡（"那便是黑暗的死亡本能"）。背上中枪意味着除了梅毒之外，他还害怕被另一个男人打败（多了个洞！）。而拿枪的举动则代表他试图采取男性抗议来应对，具体的方法就是未雨绸缪："鄙视那贱人！"通过贬低女人来保持他作为男人的尊严。通过这样拐弯抹角的方式，他男性抗议的目的就达到了。

　　这里我就不再做进一步的分析了。总之，我们很确定，梅毒恐怖症的案例中往往都会存在对女性或对男性的恐惧，而且常常是两者并存。

　　　　　（本章内容是作者于一九一一年完成的关于"通过神经症的相互作用来解读恐怖症和疑病症"的研究）

第十二章

神经性失眠

失眠症的症状描述基本上没有什么特别需要指出的。患者抱怨的无非是睡眠时间短，睡眠深度不够，或是早醒之类的。不消说，抱怨的重点自然都是放在休息不足所导致的疲倦以及工作和生活受影响上。

为了准确起见，我想指出一点，很大一部分患者虽然反复抱怨同样的问题（如疲倦等），但其实他们的睡眠时长是完全充足的，有时候甚至是更长的。

导致失眠的疾病种类是有限的。出现失眠症状，不管是长期性还是间歇性的失眠，都与精神问题脱不开关系。例如，精神疾病中最严重的一种病症——精神病，其最明显的症状就是严重的失眠。

失眠症患者对待自身症状的态度很有意思。他们往往反复强调其病症的痛苦程度，尤其是自己想过多少办法，却无济于事。有人会用半个晚上的时间努力试图入睡；有人却非得等到午夜过后才上床，指望靠极度疲倦来帮助入睡；还有人则孜孜不倦地消除所有噪音，或是数数数到上千，但结果仍是满心杂念，在辗转反侧中熬到清晨。

也有一些症状稍轻一点的案例，这些患者一般都会制订睡眠计划，并老老实实地执行。在这些案例中，能帮助患者成功入睡的条件包括：喝酒并服用镇静剂；晚上吃一顿好饭；打牌；有伴或是独处；不喝黑咖啡或茶，或者反过来，喝点黑咖啡或茶。这些五花八门的入睡仪式虽然很有意思，但其体现出的态度更加耐人寻味。比如，有人坚持认为性交可以助眠，有人却相反，认为需要禁欲。

如果只想午后小憩一会儿，倒是容易一些，但条件也不少："无人打扰""时间正好""吃完得马上躺下"等。否则，午睡反而会使人更加疲倦，引起头痛或犯困。

如果我们仔细分析这些患者的描述，我们会发现，他们不仅仅是患者，特别是从失眠症造成的影响来看，他们也是工作能力下降或丧失了工作能力的个体，人生受阻，无法履行责任。

为了简单起见，我们在此不去考虑那些由酗酒或滥用药物而引发的失眠症，由器质性病变导致的失眠也不在本章讨论的范围之内。

不过，值得一提的是，与失眠一样，频繁使用致幻药物同样是患者认为自己难以工作的借口。药物会导致患者难以起床，总是打瞌睡，精神不集中，而他们往往把一天的大部分时间都用来睡觉了。

不靠药物和酒精，只靠那些"无害的方法"，效果通常并不好。这些方法要么只在治疗刚开始的时候有效，要么干脆一点用都没有。在配合的患者身上，这些方法在初期成效明显，但在想要更进一步治疗的时候，就会失去疗效，仿佛患者成心想让治疗师出丑似的。也有些比较顽固的病例，患者在治疗一开始就会失眠，却想把错都怪到治疗师身上。从患者的陈述中，我们往往会发现他们有过类似的前科，即把失眠当作自己情况恶化的手段和标志，以逃避某些工作，并把自己的意志强加给别人。

　　睡眠是有另一层意义的，这一点我们不仅能从患者的描述中分析得到，也能从生活中本能地感受出来。没有哪个治疗师会低估睡眠的重要性，但这些病例所传递出的信息引人深思。患者在睡眠这件事情上如此纠结，其行为有没有什么深远的意义？我们认为，这里体现出这样一个清楚的意义：患者是在通过失眠来吸引别人的注意，因为只有这样，患者才能推卸生活的责任，并让自己所取得的成就显得尤为难得。

　　一旦我们顺着失眠形成的内在机制来探究，我们就能理解它最终如何变成一种武器，让患者用来保护自己的扭曲的性格和情感。同时，我们也能了解失眠如何与患者的现实困境相互作用，相互强化。一开始，患者偶然尝到了手段（失眠）得逞的甜头，接下来又不断在生活中反复体验，感受这种行为对环境和自己所造成的影响。可以预料的是，只要这些心理活动始终不为人知，那么不管治疗师采取什么治疗手段，都只会一次又一次地强化患者固有的想法，让患者故技重施而已。

　　这就是个体心理学发挥作用的地方了。治疗的目的应当是帮助患者认识到其症状的实质和内在联系，并帮助他们放弃这种隐藏的逃避责任的欲望。一旦他们对自己以及治疗师坦诚，认识到自己的失眠症实质上是一种实现目的的手段，不再指望其中还有什么神秘因素，他们就会重拾承担责任的动力，采取行动而不再逃避。这与其他神经症的症状，例如强迫性行为和猜忌，在技术手段上的共通性是显而易见的。

　　说到这里，我们就可以很清楚地知道什么样的人会得失眠症了。

我们可以很准确地描述出这种患者的特点：这类人对自己的能力缺乏信心，但同时个人目标往往高得不切实际。他们往往会高估成就所带来的价值，但也会高估困难的程度。不敢面对生活的挑战、优柔寡断、害怕做决定等都是他们常见的性格特征。其他可能的性格特征还包括爱显摆、喜欢贬低和支配他人等。偶尔也能在疑病症和忧郁症患者里看到一些自卑倾向。简而言之，失眠症与各种常见的神经症症状都有重要关联。

治疗失眠症，想要迅速见效并不容易。如果非要速战速决，那么最好有技巧地直接告知患者失眠是能治好的，接着引导患者重点了解自己夜间的思绪，让他们不再对失眠本身过度关注。有时候，这样做会导致患者的症状从失眠变成长睡不起，直接睡到第二天大白天——自然，这与失眠一样，也会影响患者的日常工作。

我之所以认为患者在失眠期间的思绪很重要，有两方面的原因：第一，这些思绪是患者用来保持清醒的手段；第二，从这些思绪中能找到引发失眠的个人心理基础。后者我会放到下一章《对睡眠障碍的个体心理学分析》来讨论。我发现，失眠的人想的事情通常都与不劳而获有关，往往是想轻松地获得一些在正常情况下根本得不到，或者需要全情投入才能得到的东西。这种隐秘的意图往往是从字里行间透露出来的，或者要联系患者的背景信息才能解读出来。因此，失眠症实际上是一种力图适应患者想象的目标和现状之间的"差距"的心理机制，是一种"远程行动"。

个体心理学的任务就是要把这一行动揭示出来，以帮助我们理解患者对待世界的态度，并揭示失眠症与个体困境之间的关系。这类研究（个体心理学）的治疗效果及其最大的价值，在于能够揭露主导患者行动的理念中那些虚构的、错误的及自相矛盾的因素，并将患者从顽固的僵化理念中解放出来。同时，也会小心地将患者从不负责任的位置上挪开，敦促其承担责任，即使是在潜意识层面。我们的理论也反复强调过，这一系列逐步推进的操作必须建立在治疗师保持友善态度的基础上。

造成失眠的原因是很简单的，维持失眠的手段也很好理解。这些手段与一个故意不想睡觉的人所做的事情也差不多。比如，打牌，串门或邀请别人来做客；在床上动来动去；满脑子想着工作；操心各种问题，并且把问题放大；做计划、数数、想入非非；睁着眼听钟声，钟一响就起床；睡得浅，做梦，或是哪里有点痛就惊醒；起床在房间里走来走去；早早醒来；等等。一个人如果想逃避责任，随便练练就能做到这些。比如，某个患者决心第二天早上早起学习，为考试做准备。因为担心睡不好会影响考试，他忧心忡忡，这自然显得他学习态度十分认真。结果，他凌晨三点就醒了，再也睡不着，于是他一边抱怨自己命苦，一边也再也不用为考试结果而愧疚了。谁能质疑一个如此早起的人的学习态度呢？

伴随疼痛的睡眠要更难解读一些。我遇到的案例一般是腿部、腹部、后脑勺和背部的疼痛。我对睡眠中腿痛的解读是：这是潜意识下的易感痉挛（spasmophilic susceptibility），也是（用来引起失眠的）过激的手段。背痛的情形则都发生在喜欢大口吸气，以及患有脊柱侧弯的人身上。我发现，这些特定部位的异常现象在神经症的症状中占有重要地位，很容易被潜意识制造疼痛的倾向所利用，尤其是在与神经衰弱和疑病症有关的症候群中。运气好的话，如果能说服患者相信自己头上有个节段性的痣（segmental naevus），就能将其从这种经年累月的疼痛困扰中解救出来。[①]当然，后续的矫形治疗也很重要。这些关联都是从过往病例中总结出来的。

有一种比较少见但很有意思的情形：根据患者及家属所述，如果患者躺在床沿把头往下垂，或是晃头，或是用头撞墙，就可以睡着。另外，可能很少有人能想到，过度敏感也是一种症状。具体来说，就是不允许任何噪音或光线存在，但凡有风吹草动，立马就醒（其实这就是他们的目的）。

现在我想用几个例子来说明我的观点。一个患者如果讨厌自己的妻子，那么他只需要声称自己患上失眠症的原因是受不了噪音，哪怕是很小的噪音，比如他妻子睡着后的呼吸声让他很烦，他就可以用这失眠症当借口来控制妻子了。因为这样的话，他们的家庭治疗师自然会建议他们分开睡。一个画家如果晚上发生腿部痉挛，使得他不得不跳起来，整夜在房间里走动，那么第二天他自然就无法工作了。这样，他也就可以掩饰自己迟迟不敢完成一幅作品，并向公众展示的心结了。一个患有广

---

① 参考《器官缺陷及其心理补偿的研究》。

场恐怖症的女性患者，其丈夫经常在夜里流连于酒馆和夜店，她怎样做才能让丈夫改邪归正呢？[①]为此，她养成了夜间频繁醒来的习惯，她的惊悸和呻吟把丈夫折腾得够呛，导致他第二天总是早早地就困了，只好早早回家。她的目的达到了。我有一个患者，出于职业需要，时不时要出差，他需要用生病来向大家证明自己不适合这份工作，于是他也出现了前文提到的病症：睡后持续性胃痛和背痛，第二天起不来床。为此，他服用了一些助眠的药物，结果反而让他在日间的困倦增强了，并影响了他的工作。不仅如此，他还想出了两个绝妙的点子，进一步为自己无法工作提供理由。一是他发现早晨骑行非常有益健康，于是哪怕每天午夜后才能入睡，他依然在第二天早上六点就起床骑行。二是为了让自己适应出门在外睡那些不舒服的床，他买了一张军用床，每天用它睡到凌晨两点才爬到舒服的床上睡。这两种做法的结果自然都是让他的工作能力进一步受损。还有一个患者也很夸张，他故意把生意不顺的责任推到他有钱的亲戚身上。他学会了睡觉的时候使劲压住胳膊，压得狠了就能醒过来。在他看来，自己在百事缠身的情况下又被失眠所困，亲戚们如果还不愿意帮他一把，就太没良心了。

　　睡眠的生理机制受到特定神经递质的积累以及大脑血液循环的影响。当然，有些失眠症主要是由调节睡眠的机制发生异常引起的（引起疼痛的血管和肾脏疾病、精神冲击等）。神经性失眠症则是完全不同的性质。像其他神经性症状一样，失眠症会使患者原本的神经质倾向恶

---

① 参考本书《梦与梦的解析》一章。

化，且从某种程度上来说，即使不满足相应的生理条件，个体也可能患上神经性失眠症。

附录：关于睡眠姿势的问题

个体心理学的方法向我们展示了睡眠中出现的现象往往都是个体生活轨迹的反映。并且，由于人类特有的迷信心理，这些现象往往可以撇开人类生活的琐碎和反复无常，而展现出一些稳定的共同特征。然而，我们也相信，睡眠和梦境中的真实欲望从来不会以直截了当的生理形式被表达，而总是要通过个体化的倾向和角度来理解，并找出所有具有扩大化倾向的脉络。仔细研究现有的资料，不难发现一个人的睡眠姿势也能成为研究依据。下面我会举几个例子。总体而言，用个体心理学深入分析后，我们可以推断出一个人的睡姿到底意味着什么。下面我举几个例子。

1. K.F.是一个十六岁的学徒，最近常常出现幻觉。通过检查，我发现他习惯于屈肘侧躺，这是一种比较有挑衅意味的睡姿。这种曲着手臂的姿势也是我在白天碰见他时他常有的姿势。他的精神状态显示，他对自己的职业严重不满：他一直想当教师或是飞行员，由于父母没钱，这个计划不得不搁浅。当问及他是否知道自己这个曲肘的习惯是怎么养成的，他说这是他最喜欢的老师M先生走路时的姿势。正是这个老师引导他产生了当老师的念头。因此，他的睡姿清楚地表达出他对自己职业的不满，他在模仿自己的老师。同时，他也是通过这种模仿来表达一种拿破仑式的决心。

2. S先生患有进行性麻痹。在睡觉的时候，他会蜷缩成一团，并且把脑袋也缩进被窝里。从他的病史中，我分析出以下特征：妄自菲薄，冷漠，无助，缺乏动力。

最后，基于对儿童睡姿的个人观察，我还想再次强调，对睡姿的正确解读对教学也有重要意义。

（完稿于一九一四年）

第十三章

对睡眠障碍的个体
心理学分析

有位患者长期遭受间歇性昏厥的折磨。对其进行分析后发现他的晕厥实质上是用来控制家人，尤其是他的母亲的手段。他连续两个晚上在极度恐惧中醒来，折腾到凌晨三点才再次入睡。简单来说，患者当时的情况是这样的：他即将跟家人一起去卡尔斯巴特①旅行，却因为一些突发的情况不得不将旅行推迟两周。做出这一决定后的第二晚，他就出现了这种半夜惊醒的情况。惊醒后，他把睡在隔壁房间的护士叫了过来。如他所料，这位护士很快又叫来了他的母亲。患者要求服用一种镇静剂，一种他之前接受治疗时长期服用的镇静剂，但即便服用了镇静剂，他还是从凌晨一点折腾到三点才再次睡着。第二天又发生了同样的事。

第一天晚上，他脑海中浮现出一个打字机。第二天晚上，他的思绪又游荡到戈尔茨②、布德维斯③和戈召的几个地方。他觉得最后这个地名应该也是个城市，却记不得它具体在哪里。他做了一个这样的梦：我们似乎收到了来自卡尔斯巴特的信息，最受母亲宠爱的哥哥去世了。我前去吊唁，还拿这件事吹嘘。对这个梦境进行分析后，我们可以知道，他曾经有一个愿望，就是希望他的哥哥——他母亲最宠爱的儿子——死

① 德国西南部城市卡尔斯鲁厄市下的某个乡镇。——译者注
② 意大利东北部的城市。——译者注
③ 捷克中南部的城市。——译者注

掉。不过，在梦中他把这个愿望的场景转换到了卡尔斯巴特。他显然是崇拜父亲的，但在他的潜意识里也希望父亲死去，好让自己可以独占他原本并不是那么爱的母亲。听上去很荒谬，但这谜题并不难解，占有母亲已经成为他的人生目标，成为他获得支配感的标志和生存的动力。理解了这一点我们就能明白，多年来他都深信，那些未曾拥有的和永远不可能拥有的一切，都可以通过支配母亲来实现。他把自己所体验过的每一次挫折，都看成母亲对他权利的剥夺。对母亲的支配已经成为他心目中成功的标志，这使得他完全陷入一种幻觉中，即一旦能够支配自己的母亲，他便成了王者，成了恺撒，成了上帝。在某个不眠之夜，他又想起哥哥的打字机，他曾想借来练练手，但哥哥拒绝了他的请求。有一次，哥哥去巴黎旅游，居然把打字机也带在了身边，就好像最近一次避暑度假时，母亲把哥哥带在身边一样。

我的意思并不是说，攻击行为的唯一解释只能是当事人必然有过种种遭受羞辱的经历。但显然，事实证明在大多数情况下，这种因果假设都是成立的。这一事实让人们对事情建立起整体印象，并对攻击行为与关键原因之间的内在联系有了更全面的了解。在这个案例中，我们发现患者的期望落空了——旅行被延期，同时母亲跟哥哥去旅行了。两个因素交互印证，显然能看出患者的哥哥比患者的地位更优越。同时我们也可以发现，哥哥的优越感对患者而言意味着什么，以及他是如何通过攻击行为和暗自希望哥哥死去的方式来对此做出反应的。

他的病情发作跟癫痫患者发病时类似。有几次，他确实成功地挽回了颓势，得到了母亲的关注。只是这种成功稍纵即逝，当母亲一离开，他就更加难过了。过了一段时间，他的失眠得到了缓解，可能是因为他自己也意识到失眠症状出现的根本原因。除了癫痫，夜惊也有类似的效果——赢得母亲的关注。诸如此类的手段还有很多。只要他那敏感又脆弱的神经一发作，他母亲就得半夜来他的房间伺候他。这就是他脑海里的想法与那个打字机之间的深刻联系，也是他发展出失眠症的原因。他的目的就是让别人关注他，主动找他，这一点可以从一些不起眼的细节中看出来：比如第二天，他没有像往常一样来找我，而是让我去找他。

接下来有两个需要解答的问题：为什么他要把恐惧作为他的武器？为什么他选择了失眠症这样的手段？

第一个问题的答案可以从他性格的分析材料中找到答案。他从小就害怕火车还有汽笛声，并利用这种恐惧迫使母亲陪在他身边，这样他就可以把头枕在母亲的大腿上。除此之外，他倒一直是个胆大的孩子。因此我们可以推测，他的夜惊跟火车有关。他就是想要去卡尔斯巴特旅行，而且他哥哥跟他母亲就是在那里坐火车离开的。

在他第二个失眠的夜里，他不光想起了打字机，还想起了伊斯特拉半岛上的戈尔茨、戈召，以及布德维斯附近的一个小镇。他曾经在从威尼斯去往卡尔斯巴特的途中，去了戈尔茨一趟，看望他的母亲。那次他是凌晨一点钟到达布德维斯的，因此，不得不在车站的一个躺椅上等了两个小时，等到凌晨三点钟才又坐着一辆小车重新出发，之后他就很快入睡了。所以，你们发现了吗？他的两个失眠之夜都发生在凌晨一点到三点，并且他都感到惊恐不安。换句话说，他两次失眠的发作，是他在心理层面对卡尔斯巴特之行的重复。这对他的心理造成了冲击，使他迫不及待地想独自跟母亲一起去卡尔斯巴特。这种急迫，从他不断抱怨天气变热就能看出来。通过这种抱怨，他似乎想表达："我得马上离开维也纳。"

一开始，他想不起这个叫作戈召的地方。问过铁路向导后，他发现这个地方跟布德维斯相邻，两城之间仅仅隔着一条不常走的辅路。

患者经常在凌晨一点钟醒来。这个时间跟他在布德维斯等待去往卡尔斯巴特的火车的时间正好吻合，因此我们可以清楚地看到这位患者的内心世界。他在睡梦中去卡尔斯巴特的时候是独自一人，没有母亲的陪伴。于是在现实生活中，他试图通过恐惧即失眠的方式来达到目的：让母亲去他的房间照顾他，由此来弥补曾经的遗憾。因此，我们可以这样猜测他的心理活动："我可不想慢慢等（等我获得母亲的欢心，或等哥哥和爸爸死掉），我现在就想像哥哥那样跟母亲一起去旅游。"他时不时地会回忆起童年的幸福时光：每当汽笛声响起，母亲都会用手捂住他的耳朵。他的美好愿望总是跟童年的回忆相关，就好像他的失眠总跟去往卡尔斯巴特的旅行有关一样。于是，通过恐惧和失眠，他就能够支配他的母亲，说不定还能就此说服她陪他一起去旅行。

这个案例向我们展现了很多东西，其中一点就是，人的个性和欲望中那些最核心的想法即使在人处于睡梦状态时也不会消失，它们会通过各种肢体语言表达出来。因此，即便在睡梦中我们也能将这些主导的想法梳理出来。就像所有的不确定性一样，我们对未来的预判与建构都取决于个人的过往经验。

有充分的证据表明：最接近个人真实想法的那些抽象的回忆，通常具有警示作用，或能够促使人做出选择。这些抽象的直觉之所以十分奏效，并不是因为当时人们真的身处险境，而是因为在某种程度上，它们最能代表一个人的整体人格。当然奏效是必须的，否则它们很快就会被人们遗忘了。这些回忆、直觉都是纯粹主观的，丝毫不具备什么客观性。我们有必要了解的是，那些神经质的表现通常都与患者内心病态的欲望有关。

在上述案例中，患者的唯一愿望就是提高自己在他人心中的地位。患者强迫他的母亲违背自己的意愿为他服务。实际上，这表明他内心已经形成某种近神的欲望。从这个角度来看，我们也能更好地理解在癫痫病患者或其他精神病患者的幻想中，他们为何会如此渴望自己是上帝或恺撒（其症结在于他们对权力和欲望的渴求）。

接下来的案例则展现了人类强大的思维能力如何将未被满足的虚荣心发展成失眠症。正如米太亚德（Miltiades）①的声誉会使亚西比德（Alcibiades）②时刻保持清醒一样，事实上，失眠症确实是虚荣心未被满足的产物，而患者正是那为荣誉而战的战士。

下面的案例是一个医生对自己所做的分析。希望读者不要因此而轻

---

① 雅典将军，成名于"马拉松之战"，也译作米提亚德。——译者注
② 雅典著名政治家、军事家。——译者注

视这个案例。案例如下：

　　我有过一桩跟"泰坦尼克号"沉船悲剧有关的心事。这个悲剧对我产生了不小的影响。那段时间，我发现自己动不动就会跟人谈论起这个事情，并且总是围绕着"那些溺水的人当初有没有可能被救活"展开。

　　有一天我在半夜中醒来，作为一个真正的心理学家，我自然要问自己：我向来睡眠很好，为什么忽然会半夜醒来？我找不到什么满意的答案，而且发现自己很快又陷入对"当时可以做些什么来拯救泰坦尼克号上那些溺水的乘客"这一问题的认真思考。过了不久，大概凌晨三点钟，我才又睡着了。

　　第二天晚上我又醒了，看了一下时间，凌晨两点半。我的脑子里浮现出各种关于失眠症的理论。我想起一个理论，一旦习惯了半夜醒来，那么人就很容易每天都在同样的时间点醒来。但是，我的直觉忽然意识到自己醒来的原因：泰坦尼克号是在夜里两点半沉没的。这么说，我在睡梦的潜意识里把自己当成了船上的乘客，全身心地沉浸在当时的惨状中，并且一次次地在船沉的时候醒来！

　　第三天晚上，我的思绪又转向了如何在这种情况下自救和拯救别人。与此同时，我意识到我这种努力寻求安全方案的想法固然是在防患于未然，但同时也是想扬名立万。接着我很快想到，我渴望已久的梦想是前往美国。这是我在以一种富有想象力的方式来表达我内心深处的强烈渴望，即得到科学界的认可。正如我在清醒时所做的那样，我在睡着的时候也这样渴望着。我一直在努力思索一套安全的方案，并且构建出了一整套精于防御并能调用资源的情境：想象自己身处最危险的情境——好好想！还不快醒醒！

我们稍微思考一下就能理解，这种对危险和身边人的反应方式，体现的就是我的个人态度。我很快就发现了两者之间的关联。我是一个医生。我的职责之一就是防止患者死亡。从这个角度上说，我又站在了熟悉的战场上。与死亡做斗争一直是我在选择自己职业过程中最强大的动力之一。[①]与很多医生一样，战胜死亡也是我成为医生的初衷。这种驱动力的建立往往来自个人体验过的危险情境或严重疾病。

我想起年轻时经历过的几次跟死神擦肩而过的情形。我得过佝偻病：除了行动困难之外，声带还会轻度痉挛。在后来的职业生涯中，我发现这种情形在儿童身上十分常见。当儿童在哭泣时，声门会收缩，导致呼吸困难和失声，从而中断哭泣，直到抽搐停止才能继续哭泣。在我的记忆中，这种喘不过气的感觉非常不舒服。我那时候应该还不到三岁，父母当时惊慌失措，家庭医生也忧心忡忡。他们的忧虑也侵蚀着我。除了那种喘不过气的感觉之外，我的内心还充满了焦虑和不安。我记得有一次，又是一场咳嗽之后，我冒出一个念头：既然一点办法都没有，我不如干脆一了百了了算了。究竟是别人的无心之言还是我自己的想法导致我冒出这个念头，我已经不记得了。不过从此以后，我就决定不再哭了，每当我想哭的时候，我就打自己一下，忍住哭的冲动，然后咳

---

①   "Ueber Berufswahlphantasien" by Kramer in *Heilen und Bilden*.

嗽就止住了。就这样，我发现了一种缓解痛苦的办法，也可能是抵抗死亡恐惧的方法。

不久，也就是我满三岁的时候，我弟弟死了。我觉得我当时应该理解了死亡的意义。我一直陪着他直到他断气。当我被送到祖父家的时候，我就知道再也看不到弟弟了，因为他会被埋葬到公墓里。葬礼结束后，我妈妈来接我回家。她很伤心，哭了很久，但是祖父安慰她说她以后还能生更多的孩子，于是她竟然笑了一下。在很长一段时间里，我都无法原谅她那个笑。这种怨恨也许可以解释为我当时已经明白人应当对死亡有所敬畏。

到四岁时，我已经遭遇过两次车祸。我只记得自己在长椅上醒来时感到浑身疼痛，却不知道自己是怎么出现在那里的。我显然是晕过去了。

五岁的时候，我得了肺炎。很多医生都放弃我了，但是有一个医生推荐了一种新疗法，几天后我就好了。在康复的喜悦过后很长一段时间里，大家都在讨论我这次差点死掉的经历。我记得，就是从那时开始，我的内心萌生了长大后要从医的愿望。换言之，我产生了一个目标——它能解决我从小就产生的对死亡的恐惧。很显然，我的这个职业追求有点理想化。我不认为任何人有能力战胜死亡，或战胜对死亡的恐惧，做到把生命全然交给上帝。然而生命在于行动。因此，当原始动力与现实有矛盾的时候，我们必须做出调整。这种调整引导我选择医生作为自己的职业，为的就是战胜死亡和对死亡的恐惧。

我认识一个患有轻度智力障碍，有着跟我的经历类似的男孩——他的一个姐姐去世了，他从小患病，也差点因病死掉。他的职业志向是当一个掘墓人。这个职业蕴含了相似的"死亡"的意义，他说，他要为别人挖坟墓，而不是为自己挖。不过，他最终还是患上了神经症。由此可见，他思维中的对立与冲突——上对下，主动对被动，锤子对铁毡，抗争对臣服，大有一种"假如我不能上撼天堂，那就下震地狱"的意味。他那些童年记忆还是没放过他，使得他在成长过程中从一种内心冷漠的状态，过渡到内心不断产生矛盾冲突的状态。

接下来的这件事发生在我开始对人生理想产生了一点概念的时候，大约是在我五岁的时候。我一个朋友的父亲问我长大了想做什么。我回答：当医生！朋友的父亲可能曾经吃过医生的亏，说："那你不如就近找个路灯去上吊算了！"由于我当时是如此满怀雄心壮志，他的话对我当然没产生任何影响。我当时大概在想：我肯定会成为一名好医生，没人会讨厌的那种。

后来我去上了寄宿学校。我记得在去学校的路上有一个墓地，每次经过那里我都怕得要命。尤其是看到别的孩子经过那墓地时都泰然自若的样子，我就更害怕了，每走一步路都提心吊胆。让我懊恼的不光是恐惧本身，还有我自己比别人胆小这件事。有一天，我决定要战胜这种对死亡的恐惧。于是我决定迎难而上（我的惯用策略），主动面对死亡！我放慢脚步，与大家拉开距离，把书包放在墓地围墙的墙角，并在墓地里来回跑了几趟，直到感觉自己已经克服恐惧了。从那以后，每次经过那条路的时候，我都不害怕了。

三十年后，我遇到一个当年的校友。我们在一起回忆了那段校园时光的往事。我想起那个后来不在了的墓地，记起当年那场折腾，就向他打听那块墓地后来怎么迁走了。让我震惊的是，他一口咬定我们去学校的路上从来就没有什么墓地。我这个校友在那附近住得比我更久，他的话足够可信。我那时才意识到，这个关于墓地的故事，不过是我为了克服对死亡的恐惧而编造的一个充满诗意的故事，只是为了让我自己明白：死亡和对死亡的恐惧就像生活中的其他困难一样，都是可以克服的，一定会有克服困难的方法。这让我有醍醐灌顶的感觉，让我明白自己面对危险情境时会想方设法找到解决的办法。由此，我战胜了我童年的恐惧，成了一名医生，并且常常通过这种方式去解决那些困扰我的问题，比如面对患者咨询的时候，面对荣誉的时候，就好比前面提到的"泰坦尼克号"的例子，我都会尽我所能去解决这些问题。[1]

我那雄心壮志的原始动力实质上都是为了克服对死亡的恐惧，因此，其他任何目标对我而言就都无关紧要了，这导致我有时会给人一种胸无大志的印象！这就是很多心理学家口中所说的，性格中的自相矛盾现象。这是因为归根结底，雄心壮志只是一种手段，追求远大志向的过程比结果更重要。在这个过程中，达成目的的具体手段是可以调整的，

---

[1]　另一种克服恐惧的方法，参考魏格纳的《齐格弗里德》（*Siegfried*）："想到诸神的黄昏，我不再恐惧，因为我的意志能够获胜！"我将这一心理机制解读为强迫症的特点（自由意志所产生的假象，利用自身的强迫性来替代外在事物的强迫，等等），参考福特缪勒（Furtmüller）所著的《精神分析及其伦理》（*psycho-analyse und Ethik*）。

用什么手段，什么时候用，其关键看效果。

在这段简短的自我分析中，读者可以看出我曾经发现的一种心理机制。这种机制在健康心理与病态心理中都存在，即这种"半夜醒来"实际上是一个标志，是对现实生活的模拟，反映了生活中各种来自过去的（不确定性），现在的（生病的危险），未来的（寻找解决方案），以及终极的目标（战胜死亡）。

睡眠可以被视为一种抽离，其目的是让白天受到社会规则约束的头脑获得休息，同时也让那些在白天的社会活动中疲于应对的躯体和感官获得休息，暂时放下营营役役，让肉体和精神都获得喘息的机会。在睡眠中，肉体与精神世界都得以进入一种经年累月所形成的常态。在我们睡着的时候，意识层面还在活跃，反映出过去一天的心理活动，并为将来想要实现的目标做准备。意识中残留的思维会通过幻觉的形式表达出来，比如做梦，形成一种渐进式的心理活动。梦境只是梦的思维的产物。梦的思维难以产生行动能力，因为这种思维总是通过抽象和碎片化的方式表达出来，所以一般不会产生行动力，也让人难以理解。梦的思维能够让人理解的部分，往往要么特别令人高兴，要么特别令人反感或惊恐，总之都会受到个体倾向性的影响。同理，梦醒后我们记得什么，不记得什么，也是由这种倾向性来决定的。

睡眠障碍也受同样的倾向性影响。失眠症也是一种防御手段，个体只要知道生病是实现个人特殊性和满足个人私欲的最佳手段，就会经常拿它来当幌子，就像本章讲述的第一个案例那样。即使在患者的诉求中有些因素看上去不符合这种解读，那往往也是一些障眼法，只是用来进一步增加症状严重性的花样而已。在这些案例中，半夜反复醒来其实都是他们内心主动追求的结果，而且这种持续的症状跟潜意识的恐惧、疼痛或其他未知的心理动力有关。分析失眠期间伴随的梦境，我们常常能看到那些掩藏在神经质症状下，患者内心真正渴望和关心却不敢面对的问题根源。梦可能是次要的，甚至是缺失的。这一点可以在第二个案例的描述中得以理解。

基于大量的研究，我们有理由认为患者的间歇性失眠源于他对自己有着过分强烈的自信。对他而言，清醒时的思维代表了不容置疑的权威。一个做梦者声称，他在两个失眠的夜里都没有做梦。这并不奇怪，他本来就很少做梦。这很可能是因为他对解梦很熟悉，又很了解自身的行为。因此，梦对他来说也就失去了价值和意义。

在第一个案例中，我们清楚地看到一种行为模式。这种模式存在一些可疑之处：患者为了实现某种不确定的目的，居然连死亡都可以不在意。这是一种过度的自我贬损（癫痫性神经症）。从症状上看，他的短暂失眠与大脑经历创伤后的昏迷如出一辙。案例中的患者的治疗过程并非一帆风顺，而是表现出了情感性癫痫的特点，并且这种症状在很长一段时间里都没有完全消失。不过，采用精神分析疗法进行治疗，我们可以更好地分析和解释这些症状，可以预防恶化，也能使患者的情况得到一定程度的改善。在患者接受环钻术治疗，又经历了一个月的术后观察后，每两周都会定期发作的持续性失眠症就消失了。他接受我的疗法没多久，整个人就变得放松了很多，连性格也变得随和起来。但他最终还是不顾我的反对，放弃了后续治疗。在他放弃前我告诉他，他的潜意识里还在不自觉地给自己制造肠胃困扰。不久后他就病了，得了黄疸，持续了好长时间。关于这个患者后来的事情，我从别人那里知道了一些，听说他后来经常性地暴怒，还出现过短暂的精神失常，妄想自己成为恺撒（这是我之前从他潜意识的幻想中推断出来的，他把恺撒当作一种象征）。在我的治疗结束半年后，他死于心脏衰竭。他的心脏衰竭不是由于癫痫发作导致的，而是在一次短暂的暴怒后发生的。

（完稿于一九一二年）

第十四章

强迫性神经症

但凡对强迫症有所了解的人都知道，强迫症患者的一些行为表达与正常人是不一样的，因为他们饱受忧愁和痛苦的折磨。这是强迫症患者的共同特点。我们惊奇地发现，那些从未接触过医学文献的患者，竟然用一个跨越科学和哲学领域的术语，即必要条件来表达强迫症的表现形式。我们常常发现，哲学思维的表达与神经症的表现有相同之处，尽管这听起来有些奇怪。

强迫性神经症的症状通常表现为强迫性洗手、祈祷、手淫，各种各样的道德标准，胡思乱想等。如果要对强迫性神经症的整个领域进行系统性的分类，我们会发现其外延其实很广，我们能在一系列其他病症中发现相同的机制，比如夜尿症、神经性厌食症、贪食症和性变态等。描述强迫性神经症症状的研究文献并不多，但我个人遇到过三个强迫症的案例。

第一个案例来自一位名不见经传的浪漫主义者冯·松嫩伯格（von Sonnenberg）。他从幼年到青春期一直患有祈祷强迫症。他生性固执、野心勃勃，并且桀骜不驯，经常跟身边的人发生冲突。他很早就接触了宗教信仰，并且开始患病。他的病症通常都是在教会布道的过程中发作，因此往往会使布道受到干扰或中断。

第二个案例来自让·保罗（Jean Paul）的《施梅尔兹的弗莱兹之

旅》（*Schmelzle's Journey to Flaez*）一书，他在书中介绍过几种强迫性的行为。故事中的主人公小时候会时不时地大喊："着火了！"这种行为常常引起公共场合的骚乱。这样的症状，以及其他相似症状在强迫症患者身上频频发生，而且往往都会扰乱公共秩序。

第三个案例来自菲舍尔写的《又一》。书中的整个故事都是围绕主人公打喷嚏和抽鼻子的强迫行为展开的。强迫性神经症的一个特别突出的特点就是：各种行为都会存在一个初始阶段，这个阶段也被称为患者与环境做斗争的阶段，是患者刚开始感受到压力的阶段。心理学家认为，处于这个阶段的患者完全能意识到自己的强迫症状是无意义的。

正所谓"尽信书不如无书"，对文献中关于神经症的一些观点描述，我们要持怀疑态度。有些患者声称他们在症状发作的当下会体会到解脱和满足感，因为这些症状本质上是根深蒂固的，也被证实症状的存在是合理并且必要的。因此，我们完全有理由相信，患者的目的其实是想释放压力和缓解症状；那些强迫性行为则是一种伪装，是患者主动制造出来的。同理，我们要明确一点，患者那些信誓旦旦的理由也是不可信的，因为他们其实一人分饰了三角，集"法官""原告"和"被告"于一身。

强迫性神经症具有一个相当完整的疾病图景，并且表现出一般神经症的基本特征。神经症的种类繁多，且彼此之间存在联系，比如，强迫症跟神经衰弱的关系就很密切，如果我们仔细观察，会发现存在这样一种强迫行为——吸气，这种强迫症的发病率其实比一般人想象得要高，且和神经衰弱、肠胃不适都有密切的关系；癔症也常跟强迫症有关，众所周知，由战争导致的神经症中，癔症性震颤、瘫痪和痉挛都很常见；脸红强迫症患者也时常会出现轻度或重度的妄想症状；焦虑症与强迫症之间也有关联，具体表现在，每当强迫症的症状受到抑制时，强迫症就会转化为焦虑。强迫症患者常会发展出不同程度的酗酒或吸毒的习惯。与冲动性精神病、导致犯罪的强迫性冲动，以及与强迫性的自我谴责、道德错乱相关联的症状，都会引发某种特定的神经症。

强迫症患者往往有许多不良习惯，比如懒惰、优柔寡断、拖延、过高的道德要求和对真理的狂热等。从某种意义上说，每个人的内心世界都带有某些可能发展为强迫性神经症的特质。当这些特质真正要发展、转化为某种特定的疾病时，往往是多种条件共同作用的结果，其中偶然性占据很重要的地位。比如，一些稀松平常的细节，像是按音节计数和辨别公司商标等，对普通人来说可能毫无意义，但对某些人来说却有着某种超自然的吸引力，因此他们会随时盯着这些小细节。

强迫性神经症和迫害妄想之间存在尤为密切的联系。这些联系提醒我们，不要被复杂的现象扰乱视线，虽然很多心理现象都错综复杂，但我们可以比较它们之间的差异。

我们有大量证据可以证明神经心理学观点的正确性或近似准确性。下面是一个测试，如果没有家庭医生在场，那么也可以请神经科医生来检查患者。

心理医生绝不能提出诱导性的问题，也不能一味按部就班地询问，而是应当把关注点更多地放在了解患者整体的个性特征上。在做完这些后，心理医生还要再咨询家庭医生。这样，心理医生就可以在检查过程中更清晰地看到患者的问题与答案之间的联系，即使患者对自己给出的答案也毫无概念。

当然，这种方法并不十全十美，因此为了保证对症状解读的准确性，心理医生有必要进行进一步的咨询。最好不要"头痛医头，脚痛医脚"，只针对症状，而是要重点考虑患者的个性特征，这才是治疗的真正目的。我们应该深入了解患者的各种信息，包括个性特征、人生目标、对家庭和社会责任的态度等。只有清楚这些，心理医生才能对患者的性格有一个清晰而全面的了解。综合掌握这些信息后，我们会发现患者身上的多种特质，从而可以把这些特质融入患者的整个性格架构当中。我们首先不能把人看作完全被动的个体，要意识到人在各种活动中都有相当的主动性，这种主动性决定了人在任何时候都不会甘于受人摆布。每个人都会在成长过程中经受各种考验，并学会各种技能，从而做出人生中的种种重大决策，关于爱情、婚姻、职业选择和衰老等。

从上述信息中，我们获得了患者性格的大致框架，继而能得出一定的结论。强迫症患者往往比较敏感，并且通常都不那么平易近人，对一般人没什么爱心，因此，他们没有多少朋友；同时他们又特别有野心，连他们自己也知道这一点。从这些特点中，我们可以看出，这类人对生活中的责任往往持一种抵触的态度。

对于专家认为强迫症是一种性格障碍的意见，我们的意见与此相反，我们认为强迫症并非由性格决定，而是与情境有关。许多其他的精神病也是如此。通常情况下，家庭的影响会对患者造成沉重的压力，从而导致患者采取或明或暗的反抗行为，进而使患者形成了对社会责任的抵触态度。如果我们问患者："你如果没生病，会做些什么？"患者给出的回答往往正是那些他想要逃避的社会责任。

家中的第二个孩子患上强迫性神经症的概率都特别高，不管是跟着兄弟一起长大的女孩，还是跟着姐妹一起长大的男孩。家中第二个孩子的出生顺序决定了他们要想在家中获得认可，必然要比其他孩子付出更多的努力。为了获得关注，他们要么更加发奋图强，要么更容易惹是生非。

第三种提高分析准确性的法则是，心理医生要结合患者的个性和成长经历，认识到患者的症状曾经在特定时期帮助过患者适应现实。这对他们来说是有用的，有必要的。不过，我们也没有必要过分强调因果关系，毕竟症状的产生也因人而异，并不是同样的情境就必然会导致同样的反应出现。事实上，人和人之间普遍存在差异。我们都深知这一点，但是，神经症患者似乎太在意那些强迫行为，从而被强迫症状误导了。

患者会产生负面的认知偏差，这是因为患者的心理结构或多或少受到其悲观态度的影响。因为内心的自卑感，患者在面对社会责任的挑战时，会自然而然地选择逃避。这同时也说明，只有充分了解患者内心的真实世界，我们才能真正改变患者的行为。

我用两个例子来说明这其中的相互关系。

第一个案例讲的是一个被严父强迫嫁人的年轻女性。她生性严肃、上进，并且尽职尽责。她的责任心正是来自家里那位说一不二又不苟言笑的父亲，并且她同样将这些品格看得十分重要。她有三个兄弟，她是唯一的女孩。她告诉我，她能清楚地感觉到自己在家中的地位不高。她被迫只能围着锅碗瓢盆转，而且整天要面对自己那满腹牢骚、脾气暴躁的母亲。

她对自己的（包办）婚姻没表现出多少抗拒。婚礼遵循的是天主教的形式。不过，在两年后，因为丈夫的某些罪行，他们离婚了。很快，她又认识了一个男人，他们堕入爱河并且按照匈牙利的风俗举行了婚礼。但是，这场婚姻受到了来自婆婆的阻挠。在这之后，战争爆发了。在丈夫参军期间，她只能带着在上一段婚姻中生的孩子与婆婆住在一起。很快，她便发现，这场婚姻也充满了束缚，让她每时每刻都渴望逃离。这段生活让她想起了跟亲生母亲一起生活的经历，婆婆对她非常不满。大约在那段时间，她看到一本福斯特（Forster）教授写的书。书上说不管在什么情况下，婚姻的契约都不容解除，离婚是违背道德的犯罪行为。

自那以后，她开始时不时地陷入忧郁状态，后悔离开前夫。到后来，忧郁状态的持续时间越来越长，并且发展到了与强迫性思维相互强化的地步。这些强迫性思维似乎成了她的护身符，为她提供了"生病"的凭证，并让她有了特殊待遇。这正是她一直渴望的。这样她就可以免于受到谴责，可以把照顾孩子，操持家务这些她看不上眼的事情推给母亲。因为生病，她成为家人关注的焦点。这一切给了她这样一个被兄弟们压制多年的年轻女性某种补偿。

我认为，所有的神经症患者，都渴望追求优越感。如果有人质疑这一点，我建议他自问下面几个问题。

第一，这些症状，或者说强迫性思维，能满足患者什么样的目的？比如上面的案例，这个女性坚信自己有罪有什么好处？这种思维的背后隐藏着什么样的终极目的？毕竟，严厉如她那一丝不苟的、信教的父亲也从来没有告诉过她这些东西。换句话说，他的女儿表现得比他更加虔诚，更加认真！她是一个极其上进的人，只是她的上进心在那样的生活环境里从来没有实现的机会，将来也不可能。因此，她其实是在通过一种消极抵抗的方式来反抗。这种行为方式在很多神经症患者的身上都存在。她用强迫性思维逃避了正常的社会生活责任，使自己无法发挥正常的社会功能，并使自己隔绝于社会交往与家庭关系之外。在这样的案例里，这类患者最大的敌人其实是时间，因为时间是客观存在的，会引导人们思考"你打算如何利用你的时间"这个问题。患者选择把时间全部用来构建一个由教义和道德条款编织起来的信念体系，再通过忧郁症让自己从周围环境中博得同情，逃避第二段婚姻中属于她的责任，尤其是逃避来自第二个婆婆的责骂。

第二个案例中的患者是一个特别优秀又很上进的人。他在很小的时候就意识到自己在个人能力上的局限，正是这一点使他在同龄人中显得与众不同。他从未规划过自己的未来或者婚姻。这倒不是说他从未考虑过这些问题，只是他的童年的成长过程导致他在面对职业或婚姻时不敢做出选择。患者确实上进，但因为种种逃避行为，他对自己渐渐失去了信心。

他父母对他的教养方式很严厉。他父亲是个备受尊敬的人，道德标准很高。患者从小就常常因为违反规矩而受到惩罚，感到内心受挫。有一次，他撒了个小谎，被父亲发现后便受到了一次刻骨铭心的教训。从那以后，他在内心里就产生了强烈的内疚感，并形成了强迫性思维。他的症状引起了家里人的恐慌，即便家人试图补救也无济于事。他会因为说错话而强烈自责好几个月，还会因为无关紧要的事而胡思乱想一年之久。他事无巨细地向父母汇报自己的一举一动，还曾经上门找老师报告自己一年以前在一件事上说错的话。

在高中毕业后，他马上要开始新生活并大展宏图的时候，一场重病把一切都打断了。他不仅时刻受到罪恶感的折磨，甚至开始反复在公众场合跪下并祈祷。对此，他自我安慰说，大家不会觉得他很傻，只会觉得他特别虔诚。带着这种想法，他不断地在公众场合跪拜。

后来，有人建议他换个职业，听到这个建议后他的病似乎马上就好了。他换了个城市居住，但没过多久，他就再一次在圣坛前下跪、祈祷，并在众目睽睽之下开始鞭挞自己身上的种种罪孽。后来，他被父亲带回家，关了起来。

经过一段时期的休养，他的病情好了一些。他开始进修另一个专业。但有一天，他突然消失了。最终，人们在一所精神病院里找到了他，原来他躲在里面休养了。在精神病院里，因为摆脱了所有的社会责任，他的病情减轻了，自责的想法也逐渐减少，并且不再影响他的生活。其实细究起来，引发他自责的都是些鸡毛蒜皮的小事。这种自责在他的内心强迫性地反复涌现，最后总会使他不由自主地下跪祈祷。现在，他感到自己有一些抵抗力了。于是，医生建议他回家，重新开始正常人的生活。就在医生给出建议的当天，他突然赤身裸体地出现在饭厅中间。

过了相当长一段时间，他才明显好转，终于离开精神病院，重新进修。然而，每次面对某种自发的或外来的责任时，他都会再次逃回精神病院，并且待上一阵子。在专业领域，他是一个知识渊博、能力远超同行的人，他其实是很优秀的。然而，另一面是他完全成了自己内心的囚徒。他始终怀着超越他人的雄心壮志，尤其是超越他的哥哥。他的病为他带来了某种安慰：这病拖了我的后腿！因此，他始终可以自我安慰：要不是被这要命的神经症拖累，浪费了我这么多时间，给我制造了这么多麻烦和痛苦，我早就飞黄腾达了！从这些心态中，我们可以合理地推测，他的好高骛远使生病成了一种救赎，就好像人们依赖毒品、酒精和吗啡，甚至进入政界，可能都是为了逃避现实。他心中想要实现的学术目标高不可攀，这导致他干脆把自己的能力和情感都用来打造一套疾病机制，从而实现自欺欺人。

　　只要能证明自己比他那个小圈子里的熟人更厉害，他就非常满足了。这一点可以从他的强迫性思维里得到证实：我比其他人更能感受到自己的罪孽，因此我比其他人都强。我比其他人（包括我父亲在内）加起来都更虔诚、正直、有良心。

　　是的，他只是渴望成为他那个有限的小群体里的第一名，而不是大众社会层面的第一名。他并不期望像其他人一样获得人生的成功，也不在意自己的能力能否真的得到发挥。但是，他完全沉浸于自己创建的精神世界，享受着自己幻想出来的优越感。

　　所有神经症患者都有追求优越感的倾向；同时，对优越感的追求也是强迫症患者的主要驱动力和追求。尽管如此，并不是每个追求优越感的人都会患病，只有承受了过多社会责任压力的个体才容易患上强迫症。强迫性神经症的发作，实质上是患者对社会责任的反抗，用来阻止患者对社会需求的全情投入。

结论

　　当人处于焦虑、担忧或痛苦的情绪时，强迫性思维、强迫性言语和强迫性行为就会出现，这些实际上是"本能的冲动"。虽然我们都听说过这种神经症，但如果我们抛开片面和孤立的视角来看待这些症状，把强迫症放到神经症的大框架中解读，就会发现神经症的发病率实际上比一般人了解的还要高。

　　总的说来，目前主流的权威观点是，强迫症患者会认为自己的强迫性行为是无法控制的，也是非理性的。然而，事实并非如此。相反，有些患者会强调自己的症状是"有意为之"，是合乎自己性格的一种选择。要知道这些被专家们忽视的、毫无意义的强迫性行为，有其重要作用：它们有时能证明患者具有天马行空的创造力，有时又能被作为患者生病的凭证。正是患者对自己的行为别无选择，造成了他们的种种折磨与负担，也让他们有了摆脱部分或全部生活责任的理由。

各种神经症之间，例如神经衰弱、癔症和恐怖症，其实并不是泾渭分明的。酗酒和赌瘾等问题之间往往也相互关联；暴怒、妄想和强迫性自责等典型的精神症状，同样具有相似的心理结构。强迫症的机制也有一些正常而且合理的心理过程作为基础，包括某些习惯、原则、"事实"和道德标准，只不过这些心理过程被患者夸大了或扭曲了，再加上情绪、困惑等因素的干扰，以及强迫性行为的强化，最终形成了一些具有相似的心理结构的症状。

个体心理学的方法可以帮助我们解读出强迫性神经症的潜意识动机。患者实际上是试图通过强迫症的种种症状，来摆脱社会责任，获得解脱和自由。强迫症为他们提供了一些替代性的活动，成为他们浪费时间的理由，使他们得以推卸个人责任，逃避现实生活。

基于我们的理论，对这类疾病的诊断需要我们观察患者是否表现出以下行为：有逃避生活责任的打算，或者在思想和行为上有想减轻负担的迹象。其表现可能包括各种病态的行为，也可能是一些借口、托词等。

对患者的治疗，应当包括心理医生与患者共同分析事实真相，消除患者在童年时期形成的错误认识，通过坦诚的对话，调整患者过高的目标，并最终使患者远离利己主义和过度焦虑的倾向。

（本章内容是作者于一九一八年十一月在苏黎世医学大会上发表的演讲）

第十五章

强迫性观念对个性化情感的强化作用

个 体 心 理 学

THE PRACTICE
AND
THEORY OF INDIVIDUAL PSYCHOLOGY

第一部分

从一般意义上来说，我认为每个强迫性神经症患者在面对外部强迫时，都会本能地逃避，他只会顺从自己内心的强迫性思维。换句话说，强迫症患者会下意识地抗拒各种外来意志和外来力量，在与这些意志斗争的过程中，其自身的意志也因此被强化到神圣不可侵犯的程度。

接下来的这个案例就很有说服力。一个四十岁的妇女，声称自己完全无法做任何家务，因为她患上了健忘症，所以连简单的知识也记不住。因此，她的强迫症症状就是：在做事之前必须不断提醒自己接下来要做的事，如此才能顺利完成一件事。比如，她要将一把椅子移到桌子旁边，就必须反复跟自己说："我得把椅子移到桌子那儿！"也就是说，她但凡要做一件事，都得先将外在的责任（比如女人应当做家务）转换成自己对自己的要求。如果你读过福特缪勒的精彩作品《精神分析及其伦理》，你就会知道这种心理机制是伦理学的支柱之一。这种心理机制也是强迫性神经症中的一种主导机制。在这种机制的影响下，所有的外在因素似乎都失去了影响力，患者自身的意志被赋予了无上的权力。这种权力导致患者过分高估自己的能力和责任。清洁强迫症患者会觉得周围环境里的污垢无处不在；手淫强迫症患者会对性伴侣吹毛求疵；祈祷强迫症患者会莫名地认为自己的祈祷有着某种超凡的效果。他们会不停地用"假如我没那么做""假如我那么说了并且照做了""假如我没那样祈祷，而是换一句祝祷词"等来说服自己，他们认为这样做的话，"那个人就不会死"。从这些假设中，我们可以清晰地看到一种思维模式："只要我这么做了，只要事情按照我的意志来发展，那个人就不会死了。"患者似乎产生了某种幻觉，觉得自己具有某种类似生命主宰者或死神的能力。

关于这一话题，我还要补充一点，过度的猜疑和焦虑症跟强迫症类似，允许患者坚持自己的内心世界，拒绝一切外在因素的影响以及所有外部的期待。这种心理防御机制在强迫、猜疑和恐惧中，都是用来帮助患者保持高人一等或维护男性的阳刚之气和优越感的手段。对于这些，我在前几个章节中都有提到。

第二部分

一个三十五岁的女性患者，在情感上淡漠，有强迫性思维，并且一直对自己应对现实的能力缺乏信心。她在就诊的第一天就告诉我，她是个艺术爱好者。她说，给她留下印象最深的作品有这些：伦勃朗（Rembrandt）老年时期的自画像、西诺雷利（Signorelli）的巨型壁画《最后的审判》、乔尔乔内（Giorgione）的《人生的三个年纪》。

由此我们发现，患者的兴趣集中在衰老和年老等主题上。我们可以假设，在我们面前的是一个难以维持生活平衡的人，一个整日惶恐不安的人，一个可能因任何打击而陷入崩溃的人。因此，她试图极力改变自己，以重新获得内心的安全感和对生活的掌控感。在此过程中，患者一定程度的自欺欺人，甚至患上轻微的神经症，似乎就在情理之中了。

但不管怎样，一个人所拥有的青春、美貌、权力和地位最后都会失去，无一例外！她只有两条路可选：第一条路是转变心态，形成新的人生观。这就要求她必须正视那些诱发自己内心不安的原因，好好地就医，配合专家把病治好。第二条路是任由自己的症状恶化，让自己被权力的欲望吞噬。如果患者选择后者，通常不会主动就诊，而是被家人带过来。

不论是迂腐、恐惧还是强迫，都是顽固的症状，都说明了患者内心的不安全感由来已久。从前面的案例来看，我们可以假设，这位患者一开始肯定不会承认自己对自身的女性角色感到不满意，但她的强迫症症状确实是通过男性抗议的方式形成的。

她第二天告诉我，她不喜欢维也纳市区的生活，因为市区的生活令她筋疲力尽，只有在乡村她才感到轻松。我们据此推测，她强调自己很累代表着她在潜意识中认为自己未来搬家到维也纳的可能性微乎其微。

如果把她这两天叙述的内容串联起来，我们可以得到如下结论。这是一个野心勃勃的女人，在生活中喜欢扮演主角，纵使才华横溢，却始终对自己不满意，担心衰老，生怕自己以后无法维持在上流社会的地位。她常常预想自己失势后的情境，并在幻想中反复强化，她因此意志消沉，逐渐相信自己已经失去了应对现实生活的能力，换句话说，她不能接受因为年老色衰而只能当一个家庭主妇。

因此，她必须要逃避。神经症就成了很好的借口——她选择了强迫性思维，以及各种无助感和疲倦等。所有因素加在一起在她的潜意识里编造了这么一个事实：年龄会使一个女人的价值降低，在年华逝去后就只能成为男人的附庸，变成一只漂亮的花瓶，别无价值。为了避免冗长的讨论，我想直接给出我观察后的结论：这个女人，越近距离地感受到自己身上的女性角色，就会越决绝地拒绝服从这样的"游戏规则"。连续四天，她都以处于经期和疲乏为由拒绝性生活。

第二天，她告诉我她做了这样一个梦："你的桌子上放了一本王尔德（Wilde）的《道林·格雷的画像》（*The Pictuce Dorian Gray*）。书里夹了一条有一大片白色绣花和漂亮花边的丝绸。我心里纳闷这条丝绸是怎么跑到书里去的。"

梦的第一部分暗示她当前的状况在恶化，就是画中的女人容颜衰老。白色丝绸布和蕾丝边这类细节对患者来说显然别有深意。我的桌上有一本书，我写的一本书。她所珍视的东西在我的书里！这一切都让她很震惊。她可能在下意识地猜测，我是否会写一写关于她对衰老的恐惧。她那惯有的保留态度是她跟治疗师拉开距离的一种有效手段。

强化她神经症症状的因素有很多，包括她对自身女性性别的抵触；对事业上的成就的过度追求；对家庭主妇身份的轻视；以及在日常生活中，对婚姻、爱情、衰老等的讨论，这些统统都威胁到她内心对优越感的追求。精神和身体方面的因素相互作用，强化了她对成就、权力和自由意志的渴望，形成了神经症症状。疾病则进一步给她提供了借口，以抵抗所有外来的压力。

（完稿于一九一三年）

第十六章

神经性厌食症

对进食的恐惧总是始于十七岁左右时，而且几乎只见于女孩。女孩子过度减肥就容易导致其出现神经性厌食症。结合这种患者的整体态度来分析，神经性厌食症的本质是患者对女性角色的抗拒。换句话说，患者通过极端的禁食，来干扰其身体上女性特质发育的正常进程。一位患者在全身涂满了碘酒，以为通过这样的方式就可以减肥。但与此同时，她常常对自己的妹妹讲述吃饭的重要性，并不停地督促妹妹多吃。另一位患者终于成功让自己瘦到了只有二十千克。此时的她看上去不像个女孩，更像个女鬼。

　　这些案例里的女孩，无一例外，在她们还小的时候（十七岁左右）就已经深谙绝食手段的妙处（本书前文已提及）了，知道这样可以掌控他人。在每个厌食症案例中，我们都能感受到患者施加于自己和治疗师身上的压力。她们就是用这样的方式，让周围的一切都以她为中心，让她的意志从此变得至高无上。由此我们不难理解，患者为什么要通过设计"厌食"的机制来强调吃饭的重要性。

　　营养摄入的重要性让她们有了充分的逻辑和借口来支配他人，像男人支配他人那样，像父亲那样有权威！

　　只有这样，她们才拥有批判一切的权力。她们以自己的理由藐视母亲的烹饪技术，说因为母亲做的饭不好吃，所以她们才不想吃。她们掌握着下一顿吃什么，什么时候开饭等事的权力。她们试图通过这种指手画脚的方式获得他人的关注，让他人殷勤而关切地问她们不想吃饭的原因……

我的一个厌食症患者，在经过一段时间的治疗后忽然性情大变，仿佛突然发现了食物的好处，开始暴饮暴食。这也引起了她母亲的担忧。当厌食症"好了"，她就马上订婚了，看上去也是很着急结婚的样子。但是，当她试图承担女性社会角色的时候，却屡屡遭到各种神经症症状的干扰，比如忧郁、暴怒、失眠，尤其是"增重计划"。"增重计划"把她变成了一个肥胖的怪物。

她严重依赖镇静剂，声称没了它就不行，但与此同时，她又抱怨自己因为镇静剂而长了满脸的痘。这些痘痘跟肥胖的体型让她的外表惨不忍睹（神经性便秘、尿频尿急、肌肉抽搐、面部扭曲和强迫症等，都会起到相似作用）。此外，许多患者通过在公开场合进食，在私下里挨饿来达到同样的目的。众所周知，厌食在忧郁症患者、偏执狂和早发性痴呆症患者身上扮演着重要角色，是一种重要的否认机制，它让患者逃避外部的评价或压力。

这类表里不一的诡计是许多神经症患者的惯用手段。通过这种方式，他们达到了"浪费时间"的目的。这很容易理解，患者表现出的"不敢做决策"（在上个案例中则表现为"害怕伴侣"）等都蕴含着她可能做出的选择：继续犹豫、退缩，甚至自杀。正如我们所预料的，她在面对食物时，会表现出截然不同的态度，她的犹豫不决不过是想要拖延时间；但面对社会责任时，到底是继续犹豫，与自己和解，还是退缩，她都必须要做出选择。

从她的行为中，我们可以清楚地看到，源自童年时期的自卑感对人生所产生的影响。这种影响背后的心理机制叫作"弱者策略"：个体不敢对外人狂妄，只敢暴虐专横地对待自己的家人，从而达到复仇的目的，或者说缓解内心深处所承受的压力。

第十七章

梦与梦的解析

梦自人类诞生以来就困扰着人们。不论是愚人还是智者，国王还是乞丐，他们都探索过梦的奥秘。梦是怎么来的？梦有什么用？梦中那些神秘的信息有什么意义？

古埃及人、加尔迪亚人、犹太人、希腊人、罗马人和条顿人[①]，都曾经急切地试图聆听梦的神秘语言。在他们留下的神话和诗歌里，我们处处能发现他们努力探索梦的意义的痕迹。他们执着地反复声称：梦可以预示未来！著名的解梦故事无处不在，比如《圣经》《犹太法典》《尼伯龙根之歌》以及解梦师阿特米多鲁斯，无不信誓旦旦地告诉我们，梦是人类对未来的窥视。即使到了现代，人类对未知世界的探索也常常会跟解梦有关。但是，这个理性的时代要求我们对这种妄图窥视未来的行为嗤之以鼻。在这样的态度下，对梦的专业研究往往得不到认可，甚至会受到嘲笑。

为了让话题不要跑得太远，我想首先声明，我并不认为梦具有预言或提供神秘世界信息的作用。我对梦的深入研究只告诉我一件事：梦跟其他心理现象一样，都是个体内在能量的体现。目前没有可靠的研究显

---

① 条顿人（Teutons）是古代日耳曼人中的一个分支，公元前四世纪时大致分布在易北河下游的沿海地带，后来逐步和日耳曼其他部落融合。后世常以条顿人泛指日耳曼人及其后裔，或直接以此称呼德国人。——译者注

示梦有预言的作用，而且大部分梦的内容与其说能解惑，不如说让人更加摸不着头脑。我认为，在种种纷繁复杂的现象之下，我们要问的关键问题是：对人类的头脑而言，窥探未来是不是真的不可能？

不带偏见的观察往往会带来出其不意的结果。我们如果直接问别人：梦能预示未来吗？人们的回答往往是否定的。但是，人的真实想法常常不会表露在外。我们不应把注意力只集中在外部语言上，比如，不能只看别人的某个身体器官（嘴巴或脑袋），而要仔细观察其举止和行为，这样我们往往会得到完全不同的印象。虽然我们不认为世界上存在真正意义上的未卜先知的行为，但人类许多行为的本质却都是在探索未来。这些行为表明，人们始终相信未来是可知的。仔细想想，如果未来真的完全不可预测，我们就什么事都做不成了，既不会有行动的动力（欲望和恐惧），也不可能有明确的方向，更无法避开障碍。虽然我们什么都不知道，我们表现出来的却是一副对未来有把握的样子。

从生活中的小事说起吧。如果我要买东西，我就会产生一些感官上的预期，包括味道和愉悦感等。真正让我决定是行动还是放弃的，往往就是这些愉快或者不快的预期。即使明知这些预期可能会出错，我还是照样会买。另一方面，如果我有疑虑，①我会在两种情况之间仔细权衡而放弃做出抉择。今晚我上床睡觉的时候，并不知道明天醒来会是晴天还是雨天，便会在心里对两种情况都有所准备。

---

① 我在前面解释过，困惑在生活及在神经症中的作用，都是为了让人收敛锋芒，避免做决策，以及把这些目的隐藏起来不让自己知道。

　　但是，我真的知道吗？这种"知道"，跟我"知道"我正站在你们面前，是同一种"知道"吗？不是的，这两种"知道"的性质完全不同。"知道"并不是一种意识层面之上的思维过程，但我们随时都可以从我们的躯体反应中找到"知道"的线索。俄国科学家巴普洛夫向我们展示了动物在预期会获得食物的时候，胃里就开始分泌消化液了，似乎它的胃已经知道即将要迎接食物了。这意味着，我们的身体要想正常运行，就必须跟大脑一样，具备对未来的预期，像未卜先知一样做出准备。

　　如果未来可以被意识所掌控，我们还会有行动的动力吗？难道不正是因为未来不可掌控，我们才会反思、批判，不断地权衡利弊，才会想争取和不断跨越障碍吗？因此，我们对未来的了解只能停留在潜意识层面。掌控未来的需求一旦过度，就会发展成病态的心理机制。在此机制下，患者为了保护个人价值和情感，他唯一可选的路径就是形成防御机制，包括极度猜疑、强迫性忧思、疑神疑鬼等。患者苦苦地思索着自己的未来，得到的却只有不确定的信息；当他过度依赖有意识的前瞻性思维时，他能得到的只有挫折。未来的不可知或不确定性使患者充满犹疑，导致他的每个行动都受到干扰，并且瞻前顾后。在躁狂症中，这种对比尤为明显：未来对患者而言既神秘，又时不时露出端倪引人探索。现实似乎总是带着恶意，诱使患者的自我做出种种猜测，以保护自己的病态自我意识不违反社会要求。

　　不言而喻，在睡梦中，意识层面的思考起的作用很有限。同理，平日里不断接收信息并与外界互动的感觉器官，此时也都偃旗息鼓。在这种情况下，我们还能指望梦境原原本本地反映做梦者身处的环境，内心的期待、愿望和恐惧等信息吗？

一个患者在经历了一系列慢性病后要住院治疗了。他的行动能力和感官能力都严重受损。他已经无法与他人沟通，情况相当严重。我见到他的时候，他正要喝酒，并且在用各种难听的话骂护士。我们已经无法得知他的理想、追求和愿望了，但是不难想象，如果他感觉器官的功能正常的话，那么无论是他的言谈还是思维方式都会是完全不同的一种光景。在人进入睡眠期间，触觉不起作用，也失去了行动能力，这在很多方面抑制了人的思维能力，这必然导致睡梦中人的欲望、受暗示能力和主导性格都比清醒时更为突出和强化，因为在人清醒时，这些因素会被限制，隐藏在种种迷障之下。

尽管如此，梦所具有的预见和先兆功能，及其对行为的指引作用还是有迹可循的。梦预示了做梦者可能会遇到的困境以及所需要做的准备，因此梦始终带有防御目的。我们可以试着用一个例子来说明这一点。

一个严重的广场恐怖症患者得了肺病，需要卧床休养。因为无法出去照顾自己的生意，她做了这样一个梦："我走进我的一家店，看到女孩们在打牌。"

我发现，我见过的每个广场恐怖症患者，都有一种恺撒式或上帝式的心态，喜欢将责任或规矩强加给身边的人与周遭的环境，比如丈夫、妻子、雇员。这些患者的"统治"手段之一就是不允许任何人拿焦虑、头晕或恶心当借口来请假。面对这种案例，我总是会想起教皇——上帝的代理人，他的手段也是类似的。教皇把自己标榜为梵蒂冈的囚犯，通过这种牺牲个人自由的方式，使信徒对他愈加忠诚，迫使所有的当权者前来向他投诚（"卡诺莎之行"），即使明知自己没有后路。我的患者正是在其权力受到挑战的时候才做了这个梦。解读这个梦很简单。做梦者会想象自己病好后的情景，她可以下床走动，满世界地挑问题。她全身心地相信，这个世界没了她就不能正常运转了。她的这种信念体现在生活的各个领域，因为她不信任任何人的能力，并且习惯了不停地改善一切。她对他人的不信任不断积累，同时这也锻炼出了她在他人身上发现问题的敏锐性。她很清楚，一旦不管雇员，他们都会干些什么；一旦不管男人，他们又会干些什么。"男人都是一个样！"正因如此，她也把自己的丈夫牢牢地关在了家里。

　　毫无疑问，在这样的心态下，等她的病一好，她就会"发现"自己的生意被耽误了不少，她的员工甚至可能一直都在打牌。做梦后的第二天，她让用人给她拿了一副牌，并开始用各种借口把女员工叫到床边，指挥她们做这做那。为了掌控未来，她在睡梦期间的意识，只需要通过一些适当的类比，就能把她的内心体验用直白或间接的方式表现出来——她那过分追求掌控的性格必然也会暴露其中。确实，想要证明自己永远正确，她只需要在病好以后再次提高要求和标准即可。别人的错漏自然会在那里等着她。

第二个解梦的例子,是西塞罗(Cicero)笔下的诗人西摩尼得斯[①](Simonides),这个例子也被我用在关于梦的理论。在即将出发至小亚细亚前的一个晚上,西摩尼得斯梦见了一个他满怀虔诚地埋葬了的死人警告他不要踏上这场旅途。梦醒以后,西摩尼得斯取消了出行计划,待在家里。根据我在解梦方面的经验,我推测西摩尼得斯是害怕这次出行的,他利用了这个受过自己照顾的死人[②],通过对坟墓的恐惧来吓唬自己,营造一个可能遭遇不测的预期来保护自己。梦里的情境显示他的船翻了,这可能模仿了他之前听说过的船难。相信自己的梦固然是有点迷信的行为,如果船最终安全抵达目的地,这种迷信的后果也不严重,但如果船没有安全抵达呢?如果他没有听从梦的警告而执意上船,后果是会怎样呢?

通过梦的解析,我们可以发现梦有两种主要功能,一是解决问题,二是展示做梦者在特定情境下的欲望。这些功能的实现会与做梦者自身的人格、秉性和性格特点相辅相成。梦会模拟未来可能发生的情形(见广场恐怖症患者的例子),以帮助做梦者在醒来后将这些情形付诸现

---

① 西塞罗在其作品《演说家》中描述了希腊诗人西摩尼得斯在两千五百年前的故事,谈到他已经掌握了高超的记忆术。在众人云集的一个宴会上,西摩尼得斯受命朗诵一首赞扬两位神灵的抒情诗,就在这时,两位神灵差遣使者把他从宴会上叫了出去。在他离开之后,宴会的屋顶塌了下来,留在里面的人全部遇难,无一幸免。死者血肉模糊,无法辨认。可是,西摩尼得斯却能根据每个死者在宴会厅的位置辨认出了全部尸体。——译者注

② 我有意就这类回忆诱发情绪反应的问题展开进一步讨论。这种回忆的目的是诱发特定的情感、反应和行为,同时产生种种神经症状,如厌恶、眩晕、焦虑、对性伴侣的恐惧甚至晕厥等。关于这些内容,我在《论神经症性格》一书中做了深入的讨论。

实，不论是用公开还是隐秘的方式。诗人西摩尼得斯显然是利用自己过去的经验来制止自己出行的。只要做梦者相信这些体验的真实性，相信自己对死人所具有的力量的解读，并且有能力决定自己去还是不去，我们把这些因素联系起来，就会得到一个不容置疑的结论：西摩尼得斯做这个梦是为了警告自己，让自己毫不犹豫地留在家里。那个广场恐怖症患者呢？她为什么会梦到员工不守规矩又偷懒？她的行为中隐藏着这样的假设："只要我不在，事情一定会乱成一团。等我好了以后，重新管起事来，大家就会发现什么事都离不了我。"因此，我们完全可以想象，等她回到店里，她马上就会发现员工的各种失职和疏忽，因为她根本就在瞪大眼睛在挑这些问题，她就是要证明自己比谁都强，但代价就是她可能会沦为孤家寡人，这也是梦境给她展示的情景。[1]因此，梦实际上像神经症一样，是结合了做梦者个人性格和情感的，带有预定目的的一种安排。

容我在此探讨一个很可能是大家都想问的问题：如果说梦会影响未来事件的发展，我们应如何解释大部分人所做的梦都难以理解，净是梦见些无意义的无聊之事呢？这个质疑显然受到了充分的重视，因为大部分专家都尝试过解读那些古怪、混乱而难以理解的梦，或彻底否定梦的重要性，认定梦就是不可理解的。在解梦的专家中，新晋的杰出人物包括舍纳和弗洛伊德。弗洛伊德对梦的解析，其理论基础的核心是，梦代

---

① 根据梦境，我们可以推测，作为一个渴望永生的诗人，西摩尼得斯心中有着对死亡的恐惧，而广场恐怖症患者梦中对支配地位的追求，则显示她有女王情结。

表着一种来自童年的，且未被满足的性欲的释放。他认为梦的内容之所以难以理解，是因为梦是一种蓄意的扭曲，被用来充当文明的遮羞布，以帮助做梦者至少可以通过幻想的方式满足充满禁忌的欲望。他的理论到了现代受到了广泛的质疑，尤其是他把性欲作为神经症的基础甚至是整个人类文明的基础这一观点。梦的内容之所以难以理解，主要是因为梦不是一种窥探未来的手段，而是一种附属现象，是一种力量的标志。它标志和证明了，做梦者的身心正在尝试一种前瞻性思维，并试图证明做梦者的性格特征和某种即将来临的困境之间的联系。换句话说，梦是一种思维的共振，其振动方向与个体自身的性格特征相一致，只是其表达的语言较为晦涩，难以被解读。但是，这种语言提示了前行的方向。白天当我们清醒时，我们确实需要可以理解的思维和语言来指引行动，但在梦中这种可理解性却不见得有必要，因为梦就像火焰的烟雾一样，告诉我们风往哪边吹就行了。但烟雾也可能告诉我们什么地方着火了。经验还告诉我们，有火的地方就有木头，或者是别的什么东西烧着了。

我们如果把梦的内容拆解为部件，并从做梦者的身上了解这些部件的意义，那么只需要花少量精力深入挖掘一下，我们就能发现隐藏在梦背后的目的和运作机理。这个思路在生活的其他方面同样适用，且个人的目的会受到种种因素的影响，包括理想、自我以及各种会带来生活压力的困难和不足等。通过这种视角，我们就可以掌握个体的发展历程，至少是部分掌握，并由此窥见个体潜意识下的生命计划。这个规划是个体用来掌控自身压力和不确定性的，也记录了个体为克服不安全感以及避免失败所走过的弯路。梦跟其他心理功能一样，都是人用来探索自己与世界、与他人的相对位置和相互关系的一种重要手段。在梦中，前瞻性思维的各个阶段似乎都受到某种预先确定的目的以及个人经历的指引。

由此，我们对梦的结构中那些原本难以理解的细节就有了更多的认识。梦很少会单纯地呈现新近发生的事件——即使呈现了，也往往会结合做梦者自身的某些特质。梦会简化问题，往往采用抽象的类比，或意境丰富而充满诗意的画面来重现某些童年经历。比如，个体在现实中面临决策，在梦中会变成个体马上要考试了或被兄长欺负了；成功的喜悦在梦里可能表现为飞上天空；危险在梦里则可能会被表达成悬崖或摔跤的行为。前瞻性思维和应对现实风险的防御机制，到了梦里都是通过情绪来表达的。[1]梦境的简单性——至少比现实生活来得简单——代表了做梦者试图抛开现实生活中各种剪不断理还乱的影响因素，努力理出一条可供参考的主线。比如，一个学生不理解老师提出的能量转移的问题：如果你被推了一下，会发生什么？他就会显得很困惑。这时候一个陌生人正好走进屋子，他听到这样的问题只会用同样困惑的表情看着这个老师，就跟我们听到做梦者讲述自己的梦时一样困惑。

最后，探讨梦为什么难以理解这个问题，我们还要回到前面讨论的第一个问题上去。在之前的讨论中，我们说人为了保证行动的有效性，需要在潜意识里有对未来的信念。我在《论神经症性格》一书中详细地

---

[1] 梦中的情景是否一定与防御有关，这是一个有争议的话题。

讨论过，这是一种人类思想和行为的基本要求，这种潜意识形成的行动指引也是理想人格发展的前提。理想人格的结构及其相应的行动指引所涵盖的认知和情绪原材料与梦及梦背后的情绪过程是一样的。但是，为了保证自我和人格的完整性，很多心理元素都只能停留在潜意识层面。梦也是同样的机理，梦的一些思维、意向和目的都要进入潜意识里，甚至进一步来说，都必须难以理解。比如，那个广场恐怖症患者的梦——她潜意识人格想要实现的目的是对环境的掌控。一旦她理解了自己的梦，这种目的和行为中的专制性马上会受到清醒思维的批判。因此，她想要实现真实的愿望的话，梦的内容就必须难以理解。从这个角度来说，我们就能够理解为什么一旦揭开各种精神疾病和神经症状的真实目的，把它们暴露于意识当中，它们往往就会变得不堪一击，很快得到缓解。

现在，让我来展示一下，我如何在患者的帮助下对梦做出解读。这个患者来找我治疗是因为暴躁的症状和自杀倾向。我这里特别强调一点，梦境思维中那些具有类比性的元素往往是解读过程中的关键①，也常常是做梦者最先开始陈述的部分。这位患者面临的困境是，她爱上了自己的姐夫。这是一个拿破仑式的梦②，梦境如下：

---

① 参考法辛格所著的《仿佛哲学》。该书中关于"知道"的理论与我关于神经症的心理学理念完全吻合。
② 拿破仑、基督、圣女贞德、圣母玛利亚、恺撒，以及父亲、舅舅、母亲、兄长等，都是常见的人们对过强权力抱有欲望的补偿性形象，同时也被用来表达神经症心理中那些命令性和情绪性的机制。——译者注

我梦见自己站在一个舞厅里，穿着一条漂亮的蓝裙子，梳着漂亮的发型，在跟拿破仑跳舞。

后来，她又做了与拿破仑相关的梦：

我把我的姐夫也看成了拿破仑，因为不这样的话，把他从姐姐身边夺走就没有意义了。①因为我是姐姐婚姻中的第三者，为了让事情看上去合情合理，也为了让自己看上去没有心怀怨恨，我得把自己想象成露易丝公主，只有这样才顺理成章，因为拿破仑跟他的前妻约瑟芬离婚也是为了另外找一个门当户对的妻子。

至于露易丝这个名字，我已经用了一段时间了。有一次，一个年轻人问我的教名，而我的同事知道我不喜欢莱奥波尔-迪娜（Leopoldine），就直接说我的名字是露易丝了。

我经常梦见自己是个公主，这确实是我最大的野心。②梦给我搭了桥，跨过了现实中我跟贵族之间的鸿沟。只是，这种梦中的镜花水月，却只让我在醒来的时候更加痛苦，因为现实的我只是个从小寄人篱下又孤苦无依的普通人。我常常沉浸在悲伤的情绪里，也因此对不幸出现在我身边的人表现得刻薄而无礼。

拿破仑出现在我梦里，是因为我无法变成一个男人，所以我只愿意

---

① 即她的症状本质并不是针对那个男人，而是为了超越自己的姐姐。——译者注
② 即她的主导愿望。——译者注

在这种地位至高无上的强者面前屈膝。同时，我又不得不指出，拿破仑是个盗贼。[1]但是话说回来，我只会向他屈膝，却不会臣服于他，因为我还想维持对这个男人的一些控制，像我在另一个梦中梦到的一样……然后我想跳舞了。

跳舞对我来说恐怕是很多东西的替代品，因为音乐会对我的灵魂产生了巨大的冲击。

很多次在音乐会中，我都会产生强烈的冲动，想要冲向我的姐夫，用我的吻来淹没他。

为了不让自己失态，我把这种冲动释放到一个陌生人身上，我要么让自己投身于激情四射的舞蹈，要么就抿紧嘴唇呆呆地坐在一边，不让任何人靠近。

我不愿让自己陷入爱情，但在我的心中：舞会和爱情似乎是绑在一起的。

我选择穿蓝色是因为这个颜色最适合我，也因为我强烈地希望能给拿破仑留下好印象。现在我想跳舞了，但在此之前我一直都不想。

从这一点开始，对梦的解析可以进一步深入了。最终我们发现，这个女孩潜意识里的生活目标就是获得控制权，只是这一目标被一再地弱化。到了现在，她已经不会觉得跳舞太过私密，也不会再为此感到羞耻了。

---

① 这是个盗贼梦（burglar-dreams）。——译者注

　　她的梦就是这些内容。我们从中可以看到，梦充当了一种对行为的替代性心理表达，像镜子一样将行为背后的真实意图暴露了出来。民歌里也常常有关于梦指引未来这一方面的内容，可见这是一种具有普遍性的认识。比如，伟大作家歌德（Goethe），他情感细腻并擅长表达自身，曾经将梦境描述为"对未来的窥探"。他喜欢用民谣来描述梦的能量。有一次他在从圣地返回城堡的路上感到空虚而苍凉，晚上就梦见了一场矮人的婚礼。

　　我想用他的诗歌结束今天的演讲：

　　只需为即将发生的事而歌唱，所有的鼓噪就会平息。

　　从美好中见微知著，便终将获得更大的欢愉。

　　鼓乐齐鸣，莺歌燕舞，他的眼前皆是一片喜乐升平。

　　一切皆如是，皆将如是。

　　这首诗描述了做梦者对婚姻和生儿育女的情感，并且将这些情感表达得淋漓尽致。

（本章内容是作者于一九一二年九月发表的一次演讲）

第十八章

潜意识在神经症中
扮演的角色

个 体 心 理 学

THE PRACTICE
AND
THEORY OF INDIVIDUAL PSYCHOLOGY

对于神经症心理的具体问题，我们必须采用个人化的分析手段。这要求我们提出的每个假设都必须基于个体经验，要有全局的视角，并结合分析者自身的知识架构。这一点十分重要，同时也解释了为什么不同的观察者会得出不同的观点、评估和假设；也可以解释为什么一个学派会强调或忽略某个观点，而另一个学派则可能相反；还解释了为什么某些数据会得到某些人的重视，而换一批人就不重视了。很多分析师都会坚持一套理念，不轻易动摇①，除非他们发现了理念中的矛盾之处。很多时候，专家们争执起来其实也表现得如同拒绝做出改变的患者一样，直到他们意识到在潜意识里，自己其实在追求绝对正确。

与其他作者不同，我喜欢鼓励我的读者挑战我的观点，并对我的解读展开讨论。精神分析更像是一门艺术。自我分析对了解自己的生命发展历程十分重要，从某种程度上说也是对自己内心的一种描述。我们无法保证这种分析不带任何"偏见"，因为任何描述都会受到性格的限制（或者说性格间的冲突的限制），或者说一个人只能从自己的角度出发看问题，很难做到真正意义上的将心比心。传统科学将个体经验和个人意见视为一种噪声，不予以重视（除非在寻找新的课题），但精神分析

---

① 参考福特缪勒所著的《精神分析及其伦理》。

的视角与此不同。

精神分析的治疗手段并不因上述个人化信息的局限而受影响。如果患者由于受不了现实压力而崩溃，治疗师可以引导他们逐渐与现实和社会达成和解。患者与治疗师的结盟，可以防止患者生活在虚幻当中。患者在幻想中为维持自身的优越感而挣扎时，治疗师能帮助他意识到自己态度的偏执和僵化。

治疗的最大难点就是，即使患者认识到自身神经症的机制，其症状依然不能完全解除。这往往是因为患者的潜意识中还存在其他未解的情结——其中最主要的可能还是患者对优越感的追求。这些古老的情结根深蒂固，即使是被意识到了一时也难以撼动。这一点就再一次触及了我在《论神经症性格》一书中详细讨论过的神经症的生命计划问题。在神经症患者的精神世界中，要实现其高不可攀的人生目标，他们必然得依靠一些计谋和手段。其中一种手段就是让这些目标或目标的替代物进入潜意识层面。某些有"道德问题"的体验或幻想一旦被藏进潜意识，至少表面上就不会被发觉了。这种隐藏如果做得太彻底，甚至会导致失忆。只要想不起来，患者或者患者内心的那个批判者就可以忽视那些幻想和症状，这样一来潜意识的目的就达到了。

如果换一种说法，我上面讨论的内容还可以引申出以下逻辑：这些潜意识的目的，以及与目的相连的体验和幻想，如果我们容许它们为外人所知，为意识所知，其实并不会成为理想人格的障碍。意识的生物意义，以及上文描述的意识参与的重要性都在于，它们能够引发行动，促使我们形成一个完整的生命计划。这一观点与法辛格和伯格森（Bergson）的教学材料中的思想尤为吻合；他们都指出，意识虽出于本能却不止步于本能，它还适应了攻击性的目的。

因此，对于神经症心理机制中那些不切实际的追求和理想，意识的种种反应都不过是一些障眼法而已。我们能看到的那些表面症状，不管是好高骛远的追求，还是各种癔症和幻觉，其内在的行动计划都不会被意识到。只要正确理解这个问题，就会发现意识的各种心理表征都指向一个虚构的终极目标，且与潜意识的冲动是一样的。那些关于"大脑意识"的粗浅理论只能骗到那些不了解意识与潜意识冲动之间的内在联系的人。意识与潜意识冲动之间的对立，实质上只是方法上的对立而已，到底是为了加强自我感还是为了实现全能感，其实都无关紧要。

由于终极目标与现实往往有很大差别，一旦个体不可能朝神经症中既定路线的方向发展，个体的终极目标、移情和情结等，就只能停留在潜意识层面。作为生命的必需品，健康的意识可以保证人格的完整性，以及保护理想人格，也会以最佳的形式呈现。即使是虚幻的目标，即使是神经症患者的生命计划，都可以部分进入意识。这一过程日积月累，也可以提升个体人格的感受。这对精神病患者而言尤为关键。只是，一旦个体的神经症目标与共同体感觉发生冲突，其生命计划就只能通过潜意识来形成。

这些基于神经症的表现所得出的结论，被法辛格基本学说的推论——关于文学虚构的本质——在理论上证实了，虽然他没有用文字说明过这一点。这位杰出的思想家集大成地抓住了思考的本质，认为它是战胜人生的手段。思维试图通过文学虚构的精妙技巧来达成它的目的，这个目的在理论上没什么价值，但却实践了非常重要的想法。如果能深刻理解故事的内涵，我们就能掌握这种虚构思维的规律，令我们的人生态度发生天翻地覆的变化。在这个探索过程中，我们还会进一步发现，在精神世界中占主导地位的虚构故事同样是潜意识的产物，而让虚构故事进入意识层面不一定有必要，甚至可能会造成心理创伤。

从这一点入手，心理治疗可以帮助患者意识到自己对成就的过分执着，从而削弱这种执念对其生活态度的影响。记住这一条，我们接下来就可以看到，正是人格中潜意识的主导思维，保证了神经症系统的完整性。①

以下是几个案例。

在第一个案例中，患者的外甥女向她递交了辞呈。尽管她之前并没有觉得外甥女有多厉害，她还是担心外甥女不可替代，之后找不到别人接任。她抱怨自己一个人应付不过来。她丈夫是不可能替代外甥女的，因为他只是个应声虫。我们仿佛能听到这样的话："只能是我！我！我！如果我不在，事情还不全乱套了？"

这位患者患有广场恐怖症。换句话说，她不能出门。确实，如果她只能待在柜台后面，那怎么能出门呢？她的病就是她的防御手段，帮助她留在家里，表现自己的不可替代性。她腿疼，每次要吃三到五片阿司

① 这里可以清楚地看到弗洛伊德与其他作者观点之间的差异。

匹林。她经常半夜疼醒，只能吃点药，然后想着自己的生意，这种事每天晚上都要发生好几次。她的疼痛似乎就是为了让她能够在晚上还想着生意上的事。患者的理想追求——充当男人、女王、永远第一——只有停留在潜意识层面才能有效。在她的童年记忆中，男孩总是占优势的，这与她当前对女性的贬低态度完美契合。

第二个案例是一个二十六岁女孩的故事。她来找我治疗的原因是她有暴怒、想自杀和逃学的行为。她做了个梦："我似乎是结婚了。我丈夫中等个子，皮肤比较黑。我跟他说如果他不帮我实现愿望，我就会不择手段，哪怕是违背他的意愿。"

患者儿时潜意识中的愿望是变成男人。她现在并非没有意识到儿时这样的愿望，但显然她对此没有足够地重视。更贴切地说，这种愿望背后的心理和社会意义对一个孩子来说是很难掌握的。然而，这种愿望却通过一些不同寻常、夸张乃至疯狂的方式表达了出来，具体来说就是一些强迫性的欲望：穿男孩子的衣服，爬树，在游戏中充当男孩的角色，并且把女孩的角色推给男孩玩伴——这都是为了维护变形的本义。

这位患者是一个聪明人，她很快意识到自己的幻想目标不合理。接下来发生了两件事。她先是把自己的愿望换成了"我要所有人都喜欢我"。以追求权力欲望的逻辑来理解，她的心态意味着"我要支配所有人，把所有人的注意力都集中在我身上"。接下来她只要把原本的幻想目标给忘掉，就不妨碍自己继续保持原状了。这种心理计谋十分重要，不需要我强调大家也能明白，这与潜意识里的性冲动或某种"情结"的压抑无关，这是理想人格所能调用的意志力。出于自身的利益，把有问题的意识思维压入潜意识，从而使这部分内容无法调用，自然也就无从质疑。理想人格通过这种方式来保护自身不被瓦解，从而保证人格的完整，这是患者不计代价也要实现的目标。实现的方式就是向自己的意识隐藏自己的欲望。

第三个案例来自我的一个患者，他也做了一个梦。他之所以接受治疗，是因为他存在自杀念头，觉得自己一无是处、笨拙不堪，而且有施虐幻想、扭曲观念、强迫性手淫和迫害意念。

"我告诉姨妈，我跟P女士之间再无瓜葛了。我给姨妈列出了P女士的所有优缺点。我的姨妈回答道：'你漏掉了一个，那就是她的支配欲。'"

患者的姨妈是个雷厉风行的人，并且有点爱挖苦人。P女士一直以来都在玩弄这位患者的感情，甚至到了让他抓狂的地步。P女士在患者面前表现得十分傲慢，她会断然拒绝他以及其他人的追求，然而在一段时间之后，她又会向他示爱。这种羞辱自然而然地对患者产生了极大的影响。就像失败对大多数神经症患者产生的影响一样，P女士的羞辱只是患者更加坚守这段关系的一个借口；患者真实的目的是尽可能地引起情境中的某些变化——自己变得可以支配这段关系，或者对自己进行毫无必要的束缚。这种既让人恼怒又让人紧张的自卑感会让患者寻求过度补偿，这是一种典型的神经症特质。这种类型的患者会因为别人拒绝自己而一直耿耿于怀。一旦我们理解了这种特质，关于神经症的全部秘密也就暴露无遗了。

在相关科学文献中，人们会通过类似这种特质的表现来达到受虐的目的。在第七章中，我已经澄清了这个令人困惑的问题。我们只能说它是伪受虐狂特质。施虐和受虐一样，都有助于个体优越感的体现；它们偶尔会表现出对立性和矛盾性，其前提是我们不知道这两种形式都是向着同一个目标；只有观察者会认为它们本质上是对立的，从患者的立场或者从对神经质的生命计划有着特殊理解的个体的立场来看，事实并非如此。

这位患者经常有一种特别强烈的倾向，会对世界和人性进行分析性检验。通常情况下，这种特质是从明显的贬低倾向发展而来的。分析性神经症患者几乎就是完全按照"分而治之"①这句老话来做的。他们会打破人们通常乐意接受的事物之间的联系，转而将各种元素毫无意义地混合在一起。你们看这个人！这真的代表了这个人吗？这代表了真实而活跃的心灵吗？

虽然这位患者希望自己能够像自己的姨妈那样挖苦别人，但他不是一个伶牙俐齿的人，只能做到在背地里自嘲一下。这种"犹豫不决"的态度体现了患者的生命计划。这种生命计划迫使他一直以一种自己的"对手"（包括所有人）被击溃了的态度来进行回应；这种生命计划也可能压根不会让他做出回应或者让他进行不充分的回应，以至患者自己和他的家人都形成了一种印象，即家人有必要温柔地对待患者，并且通

---

①　分而治之是指首先把一个复杂的问题按照一定的"分解"方法分成规模同等的较小的若干部分，然后逐个解决，分别找出各部分的解，最后把各部分的解组成整个问题的解。——译者注

过各种方式来帮助他。

患者跟自己的哥哥在白天进行了一场对话。他的这个梦正是受到了这场对话的影响。患者从来不认为自己能够很好地应付哥哥，但哥哥承诺会再次帮患者找份工作。患者一直以来都很擅长拒绝哥哥的这种承诺。因为患者在感谢完哥哥为自己找到工作后，不久就企图自杀，所以家人觉得有必要让他接受治疗。某一天，在被哥哥批评衣着寒酸后，患者就梦到自己穿了一件被自己洒上了墨水的西装。当我们了解了这位患者的心理情境之后，他的梦就变得十分容易理解了。由此可以看出，患者的想法和预期行为的目的是剥夺哥哥的重要地位，消除哥哥的影响，以及掩盖哥哥的成就。尽管如此，患者还是认为自己像道德审判者和理想主义者。

患者对哥哥的贬低倾向是在潜意识层面运行的。我们如果能够意识到这一点，就会发现这种倾向其实还有更多的目的，因为它还阻止了共同体感觉发挥作用。

我们很容易解释这种倾向从何而来。它是患者对"伟大"这一概念过度紧张的产物。这种倾向为什么会在潜意识层面运行？当然是为了能够发挥作用啦！因为这位患者的理想人格希望自己具有诋毁的属性，这一想法会在意识中受到贬低和指控，即患者会产生自卑感，所以他选择绕道而行。他选择展示出那些以笨拙不堪和一无是处为主要表现的特质。这些特质在职场和生活中巧妙而精确地代表了他那久经考验的自卑感，因此，患者最近的自杀企图和自杀威胁是对哥哥施加更大压力的方法。

我们从上述内容中得出了非常重要的结论，即神经症患者的行为遵循着有意识的目的。①

我们可以暂时说，潜意识是虚构出来的东西，它是一种教化经验，或者一段回忆。只要自我感和人格统一性在进入意识时会受到威胁，潜意识就会发展出来，仿佛心理在使诡计。

"不要忘记你对权力的欲望。"这是我对这位患者的警告。在患者的梦中，我等同于他的姨妈，他的哥哥等同于P女士，我们都比患者更优越。我和患者的哥哥之所以在患者的梦中都转换成了女性，是因为患者的内心有贬低我们的倾向。但是，患者已经在梦中受到了警告——在梦中警告他的人是他的姨妈，在现实中是我。到那时为止，警告患者一直是我的任务，这也是一名心理治疗师最重要的任务。因此，目前这位患者的情况是：面对哥哥的羞辱，患者的回应方式是对哥哥进行贬低，然后患者突然声称自己康复了。这种情况我在其他案例中也遇到过。

在做梦的第二天，患者给自己的妹妹写了一封信。对于要不要写这封信，他一直很犹豫，因为这是他第一次公开抱怨哥哥的傲慢。果不其然，他在信的末尾加了一句话，示意妹妹对这些内容保密。由此看来，公开战斗对患者而言依旧很困难，因为这样做会暴露他内心深处对权力的渴望。

（完稿于一九一三年）

---

① 这一观点主要基于一种领悟，即这位患者必须按照目的论这条路走下去。

第十九章

神经症和精神病患者的
生活谎言与责任

本章主要基于一种观点，即所有的心因性疾病都是级别更高的疾病表现出来的症状；我们往往将这些心因性疾病称为神经症和精神病，因此，有关这些疾病的治疗技术、相关描述和个人生命线的产物也是在此基础上形成的。我在另一篇文章中进行了详细的论证。然而，即使没有在此给出详细的证据，我们也将这种暂时的假设考虑在内。在这个过程中，我开心地发现，很多优秀学者的研究给了我观点上的支持。在此，我以精神病学家赖曼（Reimann）为例，他清楚地指出了个体特征和精神病之间的联系。精神病学的发展边界同样逐渐变得模糊了。理想的人格类型正逐渐从学术和实践中消失。在这里，我再次重申我曾重点强调过的"神经症的一致性"这个观点。总的来说，人们正倾向于形成一种观点，即个体会在自身经历的基础上发展出神经症或者精神病，进而使他们的生活方式充斥着不可更改的规则，个体这样做的目的在于取得胜利。个体心理学对这一观点做出了重要的贡献。

个体心理学的研究结果很好地证明了这种观点的正确性。正如个体心理学的最终结论，患者基于有缺陷的个人视角来建构自己的内部世界——这种个人视角与现实形成了鲜明的对比。这种观点决定了个体对社会的态度，从人性的视角很容易理解这一点，在其他方面也十分普遍。有些人能够避开这种"深渊"，我们能够从现实生活或者诗歌中发现很多这样的人。到目前为止，我们没有证据表明遗传、经历或环境因素必然会导致广泛神经症或者特定神经症的产生。这种病原学方面的必要条件离不开个人的倾向性或个人的默许，它仅仅存在于患者僵化的假设之中。患者可以借此捍卫自己的神经症或者精神病的论断，维护其疾病的完整性。如果患者能够不被自己的目标（某种想象出来的场景）过多影响，他就能以不同于病原学的方式进行思考、感受和行动。然而，他的生命计划对他下达了绝对命令：要么通过让别人感到内疚来逃避自己的责任，要么让灾难性的事情阻碍他的成功，否则他就不可以失败。这种渴望中体现的人性在本质上十分明显。个人会用他所拥有的一切权力来促成这件事，因此，这种既让人平静又让人精神恍惚的谎言所带来的保护倾向会渗透在个人生活的所有方面。所有治疗手段，所有鲁莽地告诉患者真相的干预，尝试剥夺患者逃避责任的借口，都必定会遭遇患者最强烈的阻抗。

我们经常描述的这种倾向源自患者的"防御倾向"。只要出现的问题与社交方面必须要做的决定相关，患者就会倾向于选择使用迂回、休战、不光彩地撤退等手段，或者使用诡计和策略。分析师熟悉患者的所有借口，知道患者会利用哪些借口来逃避任务，并降低别人对他们的期待。个体心理学不仅将这些问题暴露了出来，还为我们理解这些问题打开了思路。几乎在所有的例子中，患者都倾向于将过错归咎于他人。在这些例子中，疑病症和忧郁症患者引起了我们最多的关注。

我想提出有关"对手"的问题，在对心因性疾病进行更清晰的探究时，我们可以将其作为一个有效的指导。在解决这个问题时，我们不再将患有心因性疾病的个体单独拎出来特别说明，而是将其放在由社会决定的系统中。从这个角度来说，我们就能理解神经症患者和精神病患者的好斗倾向了。特定的疾病成了一种手段，一种生活方式，一种症状——揭示了患者为了实现优越感这个目标而采取的措施，或者为了感觉自己有权拥有优越感而采取的措施。

在很多患有精神病和神经症的个体看来，疾病的发作不仅仅与患病个体有关，还与一群人有关，甚至与人类，异性恋倾向，以及整个世界的秩序有关。这一反常行为在偏执狂群体中表现得特别明显。个体对世界的彻底回避同时意味着个体对世界的谴责。这一点体现在早发性痴呆患者身上。通过一种更具掩饰性的方式，以及仅仅与少数几个人产生联系的做法，我们看到了疑病症个体和忧郁症个体的挣扎。在这里，个体心理学使得我们有足够宽广的视野来理解以上这些例子中的个体所使用的诡计。举例来说，当一个上了年纪的疑病症患者终于从他害怕受挫的工作中解脱出来，同时请他的亲戚们来打理他的房子，鞍前马后地伺候他时，我们不能忽视他聪明地做出这一决定所带来的"距离"。他通过一种极其有效的广场恐怖症来强调这种"距离"的重要性。这是谁的错？他生于一八四八年——这一年正好爆发了欧洲大革命，他因此声称这是世代相传的烙印。他表现出的消化系统紊乱是他从众多方法中选择的一种，这种紊乱是由吸入空气和有目的的便秘引起的。这种紊乱对他满足自己支配环境的欲望来说十分重要。但是，这种欲望给他身边的人带来了更多的麻烦。

　　有一个案例的主人公一是个五十五岁的手艺人，他的忧郁症在某天晚上发作了。在这之前，他的女儿未向他说明就离开了家，去拜访他人。这位患者一直坚持让家人把他看作一家之主，利用疑病症方面的问题，他迫使家人伺候自己并且严格地顺从自己。只要到外面的餐馆用餐，他那敏感的胃就会出问题。因此，当他外出度假时，妻子会因担心他的健康状况而不得不在从乡下租来的厨房单独为他准备食物。虽然他感到虚弱是因为他已经上了年纪，但是他却将这种虚弱归因于女儿未经允许就外出的行为。当他的威望受到威胁时，他即将发作的忧郁症一来可以让女儿深刻地认识到她的过错，二来可以向家人证明他的工作能力的重要性。现在，他发现了这种获得威望以及增加威望的方式。尽管他在生活中获得了不少成就，这种威望却是他用其他方式得不到的。因此，一旦他的个人角色无法让他获得成功，他就会走上这种不负责任的道路。

　　另外一个案例的主人公是个二十岁的制造商，随着年纪渐长，他每隔两年就会出现忧郁症突然发作，并持续几周的情况。正如我们在上一个案例中提到的那样，这个制造商也是在经历了一件不幸的事情之后发病的，他的威望因为这件事情受到了威胁。他也因为疾病而耽误了工作。这一点让他的家人感到十分害怕，因为家人还要靠他养活。他们不停地抱怨自己即将面临的贫困生活。他创造的这种情境处处都像他在工作中所处的环境，这种环境有点让人喘不过气来。所有的抱怨和批评都在他面前消失了。他通过忧郁症发作这种鲁莽的冒险行为摆脱了自己的责任，让每个家庭成员都意识到了他工作养家的重要性。他的忧郁症越严重，他抱怨得越强烈，他的价值感也就越强烈。那些反对他冒险的愤恨之声消失，他就会恢复健康。在接下来的日子里，只要他发现自己在经济上没那么宽裕，他的忧郁症就会复发。有一次，当税务官员对他进行调查时，他的忧郁症发作了。一旦他面前的困难消失，他的忧郁症症状就会消失。我们很容易发现，他从家人那里获取威望的策略是，每次面临重大问题的时候，他都会从自己的忧郁症发作中寻求安全感。一旦情况不顺利，他就可以通过这种方式原谅自己，同时让自己不用承担任何责任；一旦情况顺利，他就可以通过这种方式收获更多的认可。这样一来，这个例子就清楚地展示了我们曾描述过的"犹豫不决"的症状，以及在个体做决定时创造的"距离"。

在我讲解最后一个忧郁症的例子之前，请容许我从个体心理学的视角更准确地定义忧郁症的机制，并尝试阐述忧郁症与偏执狂之间存在明显的区别。一旦我们承认忧郁症产生的社会条件和忧郁症患者的好斗态度，我们就很容易发现，优越感这个目标中的某一部分内容催眠了忧郁症患者。患者一开始采取的方法毫无疑问是相当古怪的。例如，他会极度轻视自己，想象极度痛苦的情境，与这样的情境产生共鸣，并且通过习得某些外部方式来展现自己的悲哀感和崩溃感。[①]这似乎与他将"伟大"作为目标这一点相矛盾。忧郁症患者身上带有的生理性虚弱会让他们筋疲力尽，但是这种虚弱其实是他们手中一件能够引发恐惧的武器，是他们获得认可并用来逃避责任的武器。在我看来，对那些真正患有忧郁症的个体来说，忧郁症在本质上有点像一件艺术品，只不过患者的创新意识不够。患者的态度代表了一种状态，他们在自己很小的时候就很熟悉这种状态。在回溯患者童年早期的经历时，我们发现这种状态实际上是一种诡计，即一种自动调节的生活方式，体现了患者在懵懂时期僵化的生命线。这种生活方式实际上包含了患者将自己的意志强加到别人身上的愿望，以及患者为了捍卫自己的威望而将疾病作为威胁的手段。[②]患者将自己所有的能量以及身体上和心理上的可能性都用在了实现这个目的上。为了变得虚弱并且证明自己生病了，患者会让自己的睡眠、营养，以及排便功能变得紊乱。患者十分愿意沿着这种思路一直进行下去，直到最终做出自杀的举动。还有其他证据能够证明忧郁症患者好斗的本质，他们会不时地萌发杀戮的冲动，并经常表现出其偏执的行为特质。在这样的例子中，个体存在把过错归因于他人的明显倾向，比如有位女士坚信自己得了癌症，她认为自己之所以得癌症，是因为丈夫

---

① 就像《哈姆雷特》中的某个角色所说的那样：他在为赫卡柏哭泣！赫卡柏与他有什么相干，他与赫卡柏又有什么相干，他却要为她流泪？在这段抱怨中，正在哭泣的这个精神错乱的人流露出的特质与神经症患者大体上类似，神经症就是他"安排"的特质。——译者注

② 抑郁类型的病程经常表现为，个体要么偶然要么经常地因为无力的愤怒而产生一种复仇的冲动。——译者注

强迫她探望过一位患了癌症的亲戚。经过总结我们发现，忧郁症和偏执狂之间的不同在于忧郁症患者认为自己有罪，而偏执狂患者认为别人有罪。为了更明确地探讨这个问题，在此补充一点——只要个体找不到其他途径来获得优越感，他们就会使用这种方式。忧郁症特质和偏执狂特质都代表着普遍的人类特质，只要我们尝试寻找，就会发现它们分布得十分广泛。

个体对精神病的心理易感性经常被一个事实抵消，即优越感这个目标[①]具有更强的力量。患者称自己不能纠正"疯狂的"想法，这一点是部分正确的，但是这些想法会从优越感这个目标的本质中有逻辑地表露出来。我们可以从中知道，患有心理疾病的个体是如何一直保护自己的人格感受的。那就是创造"距离"——他们通过生活谎言这种诡计创造了"距离"。为了治疗患者的神经症，我们有必要让他"暂时"削弱自己的指导原则。只有当患者有意让自己痊愈，或者只有当患者能够悄悄地让自己的目标逐渐变得不那么僵化时，对症治疗才会有效果。就目前而言，疯狂的想法并没有错，疯狂的想法会不可抗拒地受到指导原则的影响，这种想法的终极目标就是使患者逃避责任，其手段是通过创造"距离"来保护自我意识。逻辑性的检查几乎无法触及这种躁狂，因为这种躁狂久经考验，且为权宜之计，能够让患者达到自己的目的。另外还有一个原因是，患者难以与大家产生现实的共鸣，于是利用这种躁狂对自

①　我在这里不讨论中间状态，而是从明显缺乏集中注意力的能力，到由于长期欠缺推理能力而导致的愚蠢行为。

己进行保护。

我们在前面提到过的忧郁症患者在治疗一开始时做了一个梦。他在这个梦中暴露出关于其疾病的所有安排。当他从一个重要的位置上退到一个需要证明自己的价值的位置上时，他生病了。十二年前，也就是患者二十六岁的时候，他的忧郁症曾经发作过，当时的情况与现在类似。

他所做的梦的内容如下："我正在一个廉价的小旅馆吃午饭。我对这里的女侍应生很有好感，并且这种情况已经持续了一阵子。我突然意识到世界末日即将来临，于是我立马对她产生了歹意——也许，我现在可以强奸这个女孩，因为我现在不用为自己的所作所为负责任了。然而，当我强奸了她之后，世界末日并没有到来。"这个梦解释起来其实很简单。患者想要逃避所有关于爱情的决定，因为他不想承担责任。他经常在不经意间就想到世界末日（这是全人类的"敌人"）。这个披着性的伪装的梦，旨在告诉我们，为了进行征服，患者不得不想象世界末日即将到来，因为他可以通过这种形式来逃避责任。他最终的行为（强奸）显示出，他正在通过虚构的安排、"假设"的方法，以及对攻击方法进行的临时测试来实现自己的目标，其攻击方法包括对别人施加暴力。[①]

我们现在需要检查这个患者的指导路线：他留给我们的印象是一个不相信自己的人，他不相信自己能够通过直接的方式取得成功。在我们了解了他的早年经历，并且研究了他目前所处的抑郁阶段之后发现，他

---

① 参见本书第十八章《潜意识在神经症中扮演的角色》以及《论神经症性格》一书中关于梦的理论。

正在通过迂回的方式来实现自己的目标。我们也可以假定，他会在自己和直接实现目标的方法之间创造"距离"。或许我们更有理由假定，即他会被迫选择"理想的情境"，因为在这种情境中，他可以自信地预期具有威胁性的灾难，同时又不用承担责任。我们可以假定，当他确定自己会胜利时，他会重获自信。这种来自梦的动力学观点与我上述关于忧郁症的视角相符。在某种程度上，这种态度对大多数人来说都是很典型的，在神经症患者这一群体中也经常会出现。当不负责任以及相关的想法被迫进入精神病的领域时，这种特定力量的部分本质就是，个体身上起指导作用的优越感信念十分专一，并且个体与生活的逻辑需求之间形成的连接是存在缺陷的。为了解释这一点，我们可以暂时假定，患者身上存在某种程度的固执以及反社会的支配欲望，哪怕患者否认自己身上存在这些特质。

在这位患者的回忆当中，他还是个小男孩时在一次跳舞的过程中和自己的舞伴摔倒在了地上，因此弄坏了自己的眼镜。在他刚刚摔倒时，他一只手在地上摸索着找眼镜，另一只手则小心翼翼地拉着舞伴。这一做法导致了不愉快的一幕：他的舞伴也摔倒在了地上。从这件小事中，我们可以觉察到他的反社会态度，也就是他的暴力倾向。在患者的其他童年回忆中，我们也明显地觉察到了他施加自己意志的常用方法。例如，他记得自己曾经躺在沙发上哭了很久很久。他不知道自己该如何解释这一回忆。当我对患者的哥哥进行访谈时，哥哥说患者确实很固执，并且喜欢支配别人。哥哥还告诉我，弟弟（也就是患者）在那个场合中通过不间断的哭泣来迫使他让出了整个沙发。

我无法在这里详尽地探讨患者让自己的睡眠、营养和排便功能发生紊乱的方式，以及患者让自己变得虚弱并证明自己生病的方式。我既不能详述患者是通过什么方式来假设他身上存在未被满足的状态，以便他保证自己能够向所有人展示其所处状态中的绝望的，也不能解释为什么患者将家人采取的措施和医生进行的治疗看作额外的侮辱。患者已经到了认为自己一无是处且自己根本没有能力赚钱的地步，他想通过这种方式让家人伺候自己，服从自己，并且让自己的上级更加顺从自己的意愿，因为他想调到能够行使权力的岗位上。他对所有下属都表达了自己的敌意，即他会干涉下属的所有请求。他的计划就是从不负责任的状态进入一种激烈的状态中。当他最终实现了自己的目标之后，他才说服自己相信世界末日不会到来。

在《论神经症性格》一书中，为了对某些选定的案例进行判断，我罗列了能够使个体发展出躁狂的必要条件，包括以下几点：

（1）具有强烈的不确定感，无法面对重大决定。

（2）心理机制中包括与现实的偏离和对现实的贬低（在其他的情况中，这意味着个体拒绝承认理性在社会功能方面的价值）。

（3）指导原则的强化导致个体身上存在虚构的优越感目标。

（4）对指导原则的完美预期。

说起以上几点与忧郁症的关系，我想补充最后一个特质，患者试图让自己成为一个近似无助而虚弱的孩子的形象，因为他通过个人经验发现这具有强大的力量——这种力量是最让人无法抵抗的。患者所表现出来的态度、症状以及不负责任的行为皆源于此。

精神病学家坚持认为，精神病的本质特征是患者的行为缺乏动机，或者缺乏说得过去的动机。但是精神病患者呈现这一问题的方式几乎是让人无法理解的。我们这些个体心理学家充分意识到了"动机"这个问题，并且一直都在谈论它。现代精神病学认为，个性特征和性格扮演着很重要的角色，这一点是进步的标志。

我们必须牢记，正常人或者患者需要回答的最重要的问题不是"从哪里来"，而是"到哪里去"。只有当我们熟悉了这个强有力的目标以及它的方向后，我们才能尝试着理解与之有关的各种各样的行为，认为这些行为是个体进行的特殊准备。

维也纳精神分析学派对忧郁症的定义是："忧郁症的本质是原发性（原发性意味着并非由外部环境因素引发）的抑郁发作，表现为悲伤、焦虑，并伴随着思维冲突。"从我们的观点出发，我们会自然而然地将重点放在那些动机上，它们要么由目标的性质引起，要么由指导路线引起，我们对这些指导路线的解释充满了个人主义色彩。这种动机与忧郁症的伪装行为是同义的。在忧郁症患者身上，我们发现了"犹豫不决的态度"和"渐进性的后退"，它们都受到个体"害怕做决定"的制约。这样一来，忧郁症就成了一种尝试，一种工具，它让患者以迂回的方式行动，我们称其为个体与真正的优越感目标之间的"剩余部分"或"距离"。正如所有的神经症和精神病案例中所示，这一点是通过个体主动估算"代价"实现的。因此，忧郁症与自杀念头类似，它们最后通常会终止。思维冲突、语言失调和神志恍惚这些描述使得我们能够将"犹豫不决的态度"以视觉化的形式详细地展现出来，作为社会功能方面的有意的干扰，这种态度能够显示出个体的共同体感觉减少了。恐惧之所以存在，是因为它一直以来都在为个体带来安全感，它既是一种防御武器，也是一种表达个体生病了的证据。突然的狂怒和强烈的忧郁症有时会以一种不寻常的形式发作，即个体表现出对虚弱的狂热，而这是一种经过伪装的情绪；疯狂的想法指向了有目的的幻想的来源，正是这些有目的的想象"安排"了患者的情感，并被当作疾病所带来的利益。对一个即将死亡的人来说，预期和专注的机制是显而易见的。疾病最严重的时候似乎总是在清晨，那恰恰是患者将开始一天的活动的时候。

毫无疑问，有经验的观察者不会忽视忧郁症患者的"好斗态度"。例如，皮尔茨（Pilz）的研究显示，在众多的事情中，患者只有在接收到毫无意义的礼物或遗产时，才会感到良心不安。我们反对的仅仅是"毫无意义"这个词。患有明显的、消极的精神病的个体，通常充满了憎恶感和贬低倾向。因此，忧郁症患者在满足了自己想惩罚家人的愿望后，会抓住合适的机会来利用伴随自己的行为出现的良心的责问，以便让自己免于承担责任。

我接触过的患者的既往史清楚地显示出，遭受忧郁症困扰的所有人都属于某一个类型，他们要么对任何事情都不太感兴趣，要么很容易对自己和他人失去信心。即使在精神状况良好的时候，他们也会展现出野心勃勃或犹豫不决的态度；他们会逃避责任或者编造生活谎言——这个生活谎言的内容就是他们本身的虚弱，它会导致他们与其他人进行抗争。

（完稿于一九一四年）

第二十章

忧郁症* 和偏执狂

个 体 心 理 学

THE PRACTICE
AND
THEORY OF INDIVIDUAL PSYCHOLOGY

---

* 二十世纪初，抑郁症（depression）的说法还不普遍，心理学上常用忧郁症（melancholia）一词来描述忧郁症的现象。本章提到的均为忧郁症。——编者注

基于从精神病研究中获得的个体心理学结果，我发现了一些能够调节神经症和精神病的因素：婴幼儿时期形成的自卑感；自我保护倾向；自动检验的方法；面对社会参与的要求所表现出的性格特征、情感、症状和态度；使用所有这些方法来幻想人格在与环境进行对抗时取得的胜利；选择绕道而行；为了让自己避免对生活进行真实的评估并逃避责任或被问责而在自己和社会期望之间创造的"距离"；神经症性的视角和目的，以及不时出现的对现实的疯狂贬低。所有这些事实使得我和很多调查研究者开始设想某种解释原则，我们已经在非常广泛的意义上证明了一点，即这种原则对我们理解神经症和精神病来说不仅十分有价值，而且十分必要。①我在《论神经症性格》《器官缺陷及其心理补偿的研究》，以及本书中详细介绍了有关上述相关机制的内容。

我后来总结的关于精神病的机制的内容可以通过如下的方式呈现出来：第一，我们已经强调过的有关躁狂的三个要义；第二，有关愿望或恐惧的表征，它们来自个体的预期，能够让人产生幻觉，它们的目的是让个体感到安全；第三，个体对现实进行的有目的的贬低，以及由此产生的自我意识的增强。在这些内容的基础上，我还想补充更重要的两

_____

① 说来也奇怪，布洛伊勒不以为然地说出了一个事实："人们因此试图解释一切。"对我和其他人来说，它的价值仅仅存在于这个事实。

点。一是个体与眼前的或者更大的环境进行的抗争；二是活动场景从主要行动领域到次级行动领域的转移。

上述有关躁狂的五种情况无论在逻辑上还是在心理上，都是相互关联的。

接下来的内容是我为心理学和精神病学大会准备的，这次大会于一九一四年在伯尔尼召开。我会把这些内容原原本本地呈现出来，并尝试根据上述所有结论来描述忧郁症和偏执狂的心理结构。

一、忧郁症

以下内容包括忧郁症易感人群的态度和生命计划，疾病的发作以及个体与环境之间的斗争，个体由于害怕做出某些可能会给自己带来羞辱的决定而向次级行动领域所做的转移等几个方面。

1. 那些可能会患上忧郁症的个体的生活方式就是依赖他人的帮助，这开始于患者的童年早期。这种生活方式最明显的特点是不良的行为，以及缺乏阳刚之气。我们通常发现，这些人会把自己局限在家庭或者长期交往的朋友这样的小圈子里；他们总是试图依赖别人，甚至通过夸大自己的无能来强迫别人服从他们，并适应他们；在像现在一样崇尚威望的时代，他们强烈的自我主义有时会给他们带来表面上的成功，但这一点与我们陈述的观点并不矛盾。面对生活中的基本问题，他们的进步，他们的发展，甚至他们的行动领域，他们会选择回避或者接近，但都带着犹豫不决的态度，尤其是在困难出现的时候。相反，我们可以将典型的躁郁症的症状宽泛地描述为，个体在每项活动的一开始都充满热情，但是很快就会对这些活动失去兴趣。在他们精神状况良好的时候，这种倾向是适用于他们的性格和态度的，但是这种倾向会在个体生病期间得到强化，其途径是让个体产生疯狂的想法，以及让个体故意卖弄自己。

在这两种形式之间的是忧郁症的断断续续发作。为了躲避来自生活的种种要求，比如结婚、工作和参与社会活动，个体在认为自己不能取得成功时，就会患上忧郁症。

2. 纵观忧郁症患者的生活之路，我们可以看到他们的预设，尽管这种预设是虚构出来的，却贯穿在个体生活的方方面面。这种预设是一种根植于个体婴幼儿期心理的忧郁症视角。从这种视角来看，生活就像一场充满困难的赌局，让人感到十分害怕。个体会认为自己所处的世界障碍重重，大部分人都对自己充满敌意。我们从忧郁症患者对社会情感的敌对态度中发现了一种强烈的自卑感，而且这种敌对态度是在神经症性格的基础上发展出来的诡计之一。个体特定的敌对倾向能够转化为性格特征、情感、准备和行动（比如哭泣）。在其保护之下，个体感觉自己能够应对生活，而且，当个体的身心都比较健康的时候，个体会试图在一小群朋友之中获得威望。从童年时期开始，个体通过将主观体验到的自卑感具象化，可以一直通过公开或隐秘的方式增加对先天不足的补偿。

3. 从童年开始，他们就在不断地试图获得威望。我们可以据此推断，他们的自我评价不高，然而他们所有的行为都展现出一点，即他们缺乏好好发展的机会（偏执狂在心理上也有类似的伪装的迹象）。他们会将自己的失败归因于环境不适宜，或者他们会流露出一些疯狂的想法，比如他们会坚定地假设存在超人，甚至某种神力。正是基于这样一种假设，患者才在抱怨中哀叹。这其实是一种伪装出来的夸大行为：患者会认为如果自己离开了家人，家人就会被厄运压垮；或者患者会自责地认为，自己对世界的毁灭、战争的爆发或者某个人的死亡与堕落负有责任。我们经常会在患者身上发现这种抱怨自己无用的行为，这是一种警告，它与患者的家人和朋友真正遭遇的物理危险或者道德危险有关，同时也强调患者自己的个人意义。以上就是忧郁症患者的目标。有了这种目标，他们就可以公开地谴责自己的各种不足，并炫耀性地承担起所有的失败和错误。他们行为的成功之处在于，一方面，他们至少可以成为他们所处的小圈子的焦点，并诱使那些觉得自己有必要帮助他们的人行动起来，为他们做出牺牲，并且友好地对待他们。另一方面，他们因此摆脱了所有的责任和压力，而这一点与他们具有的以自我为中心的指导思想十分契合。这种理想使得忧郁症患者把自己与他人产生的所有联系，自己对别人做出的所有让步，以及别人对自己权力的干涉，都看作不能忍受的冲动表现和个人威望的严重损失。

除了自我谴责，我们还经常发现患者会变相地将自己的失败归咎于遗传因素，父母在养育过程中犯下的错误，以及亲属或者上级领导对自己的故意忽视。这种谴责别人的倾向也与偏执有关，我们可以从导致患者第一次忧郁症发作的情境中推导出这种倾向。比如，当母亲准备带姐姐去度长假时，不能同行的妹妹可能就会患上忧郁症；再比如，当一个商人被迫接受拥有主要话语权的合作伙伴的决定时，这个商人可能就会突然患上忧郁症。

对忧郁症患者来说，上面提到的这些因素，比如身体异常等等，构成了这样一个事实，即这些疾病和异常是不能被改变、无法被治愈的。这在很大程度上又增加了这些因素的重要性。

因此，像所有的神经症和精神病一样，忧郁症能够帮助患者实现他们的目标，即凸显患者的个人意愿和性格的社会价值，至少在他们自己看来是如此。对那些持幼稚心态的患者来说，他们承受着失望和自卑感带来的压力，从客观上来看，他们根本没必要产生这些感受。他们认为生活不仅是困难的，而且充满了危机，他们会为自己的行为付出令人无法理解的巨大代价。哪怕他们的内心是畏畏缩缩的，但敏感的野心也会驱使他们不断追求优越。一旦面对更重大的社会任务，他们就会退缩。通过系统性地自我限制，他们最终走上了一条僻静的"小路"：朋友寥寥无几，行为方式一成不变。这时，形成于童年时期且未经检验的诡计便开始发挥作用：患者会将自己的价值最小化，以便从虚弱和疾病中获益。

4. 为了提高自己的地位，忧郁症患者最主要的杀伤性武器是抱怨、哭泣和忧郁，他们从童年时就开始使用这些武器。他们通过最令人痛苦的方式来展现自己的虚弱，并且认为自己有必要获得别人的帮助。他们只能强迫别人或者诱导别人来帮助自己。

5. 对于自己在生活中的失败，患者会通过独特的方式使自己确信不用为此负责。他们不停地坚称自己的虚弱在本质上是不可被改变的，还说自己缺少外界的帮助。因此，我们可以明确地看到忧郁症患者与恐怖症患者和疑病症患者在心理上的相似性。但是，忧郁症患者还有另外一种特征，即他们的目标更有攻击力，因为他们的自卑感存在于更广泛的方面，通过预料必然出现的悲剧，以及坚定地专注于即将到来的危险，他们把自卑感排除在了意识之外，并屏蔽了所有对自己疯狂想法的批评。忧郁症患者的至高律令①就是"按照自己想象出来的可怕命运已经发生的方式去行动、思考和感受"。忧郁症躁狂患者的主要假设就是，他们像神一样具备预言能力。

悲观主义视角是神经症和精神病之间的共同纽带。当我们从这个方面进行考察时，只有接着上面的这种认识进行思考，才能明确神经症和精神病之间的相互关系。举例来说，夜尿症就是"表现得仿佛你正在用马桶"；夜惊就是"表现得好像你遇到了很大的危险"；所谓的神经衰弱和癔症性的感受，包括虚弱的状态、瘫痪、头晕目眩、恶心等，就是"想象你的头上箍着一个圈，以及有东西黏在了你的喉咙里；你即将失去知觉，不能行走；你周围所有的东西都在绕着你旋转；你吃了坏掉的食物"……

以上问题的形成常涉及环境因素产生的影响。在真性癫痫的例子

---

① 此用语出自康德，指人在所有可能发生的情形下的绝对的和无条件的行为规范。在康德看来，人除了受到理性的支配，还受到感性的支配，因此有些行为并不会按照人的理性行事，只能以命令的形式加以强制。——译者注

中，这一点是对的，患者就像在表演哑剧一样，死亡、无力的愤怒、中毒的表现，以及个体对危险和失败的躲避在这里——再现。在此呈现的材料的性质依赖于机体本身的可能性，我们可以根据遗传而来的缺陷的表现形式（参见《器官缺陷及其心理补偿的研究》）来进行推论，只要它们能够带来好处，并且对神经症患者的更高的理想有益处，它们就会发挥作用。然而，在所有的例子中，症状的发作都表明，患者要么回避了当下（通过预设的方式），要么逃避了现实（通过专注于自己的角色的方式）。真性癫痫患者最明显地表现出了这种回避倾向。在这种类型的患者中，反复出现的共同特征是：患者通常是家里最年幼的孩子（在有些情况下，即使患者不是家里最年幼的孩子，也与他的弟弟或者妹妹的年龄差距很大）；患者的左右脸不对称，其右脸所处的位置低于左脸；患者的顶骨隆起过度，并表现出左撇子的迹象。

精神病患者的态度更加坚定。他们放弃了一切真诚的追求，因此，他们回避世界的程度更高，他们贬低的对象的范围更广泛，他们更加无法承受现实。

6. 就像神经症患者认为的那样，精神病患者也认为虚弱是不可改变的，等待他们的是悲惨的命运。这种看法在某些情况下是必要的，包括充满困难的新情境，需要做出专业决定的情境，以及个体需要进行各种类型的测试的时候，比如"怯场"这种非常复杂的情况。调查人员必须十分小心，不要过分强调自己对情境中的困难的态度。他们之所以会患上忧郁症，之所以会产生"忧郁症不可治愈"这种疯狂的想法，并不是因为他们的智力或者逻辑存在问题，而是因为他们缺乏意愿，他们不愿意使用逻辑。患者会以不合逻辑的方式进行感受和行动，因为他们只能通过躁狂这种方式来缩小自己与目标之间的距离，并且加强自己的人格意识。因此，在他们看来，任何想要改变他们的躁狂的人都是他们的敌人，他们会将一切医学治疗措施和别人的劝说当作对自己的地位的直接挑战。

7. 忧郁症患者的特质之一是，通过继续那些经过精心准备的老旧模式，患者成功地建立起了自己的疾病图像。他们通过自由地表达以及过分地强调虚弱，强迫别人给自己更多的帮助，并且从环境中获得更多的关怀。在忧郁症发作之后，所有来自外部的安抚都变得没有用了，因为忧郁症源自患者没有逻辑的推论，并且忧郁症患者的目的是坚定不移的，他们想最大程度地让自己周围的人感到震惊。他们想要限制所有相关人员的行动，他们想要让别人放弃自己的前途。一旦忧郁症患者对自己展现出的优越感满意，他们的忧郁症就可以被治愈，他们的康复速度取决于患者身上残存的对生活的信心有多少。通过圆滑地建立真实的连接，他们的康复之旅会取得不错的结果，这些连接既不涉嫌冒充优越，也不涉嫌希望自己总是正确的。预测一个人的忧郁症什么时候会被治愈当然比预测一个孩子什么时候会停止哭泣更难。没有希望的处境，从童年开始就反常地对生活缺乏兴趣，挑衅他人，极度缺乏对环境的尊重……这些问题累积到一定程度之后可能会导致忧郁症患者产生报复自己的行为，其极端形式是自杀。

对失败的恐惧、焦虑、竞争，或者预计自己不再具有应对社会或者家庭的能力……这些都会使忧郁症患者认为自己会堕落，从而避免其主观感觉到的麻烦出现。忧郁症的视角产生于这种自我专注的行为：无论是在白天还是在夜晚，这种有目的的行为都取得了成果，因此它变得越来越根深蒂固，对患者的机体造成了持续的影响，致使他们的器官运转不良。我们可以对患者的器官功能、姿势、睡眠、肌肉力量、心脏活动，以及肠道活动等进行预后评估。心理方面的联系会妨碍我们对阿布德哈尔登（Abderhalden）发现的有关精神病的结论进行病理学解释。在我们看来，只能对精神病中出现的明确的且条件化了的表现或者严重的症状进行病理学解释。另外，我们必须强调一个事实，即器官缺陷可能代表个体在童年时期形成的自卑感的重要病因基础。

8. 忧郁症患者的器官会受到忧郁目标的影响，从而调整自己的功能，以便适应整个情境的需要，它们就能够协助建立忧郁症个体的临床表现，包括患者的心脏、体态、食欲、排便情况、排尿情况、思考的倾向等方面。在强制性刺激的作用下，忧郁症患者的器官被迫产生了忧郁的情绪。还有一种可能，即忧郁症患者的器官功能基本上是正常的，但是患者抱怨它们出了问题。患者会不时通过明显没有意义的行为来制造某种紊乱以及某种令人烦恼的状态，包括睡眠障碍或者频繁排便和排尿。

9. 最后，在那些与营养吸收有关的案例中，患者经常表现出一系列自动诱发的紊乱。这些紊乱会在患者没有进行足够的自我批评的前提下系统且有条理地继续下去，再加上患者对自己的器官功能提出的消耗性要求，患者臆想自己很难做出正常行为的错误评估，都表明患者的目的在于设法获得一种能够证明自己生病了的可视化证据。

10. 患者对营养的吸收受限于某些想法。这些想法会促使患者做出呕吐这种行为或者做出让人焦虑不已的猜忌，比如食物会不会有毒。而且，像其他功能一样，患者对营养的吸收处在自我关注的压力之下，并且这种自我关注是由有目的的忧郁症患者表现出来的（"好像什么东西都没有用，好像一切事情都没有好结果"）。如果个体感受到抑制不住的忧思涌上心头，总是辗转难眠，并且为了入睡而采取了显然没有什么意义的手段，这就说明个体出现了睡眠紊乱。如果排泄器官持续受到对抗性的影响，或者持续接收个体提出的过分要求，排便和排尿功能就会出现问题。在某些案例中，个体会通过让相应的器官发炎的做法来让它们的功能变得紊乱。心脏活动、呼吸、患者的态度以及泪腺偶尔会承受忧郁症患者虚构出来的重压，进而使个体倾向于在绝望的情境中不停地沉迷于关注自我。

11. 仔细来看，只有采取个体心理学的综合方法，我们才能获得一种更深入的视角。从这种视角来看，对前文的案例中描述过的个体而言，忧郁症性的态度就是对条件的描述，与此同时，它就像一件有杀伤力的武器。如果有这种态度的个体没有表现出忧郁症，则可能会表现出生气，甚至勃然大怒或愤愤不平的样子。个体在社交活动方面的缺陷决定了他们这种类似于自杀的特殊态度。个体可能在很小的时候就已经产生了这种缺陷，这种特殊态度会蔓延开来，从伤害个体自己到对环境进行威胁，或者让个体产生实施报复行为的想法。

严重的忧郁症或者自杀通常代表了个体的报复行为。在这些案例中，这种态度体现得最为明显。

12. 忧郁症患者经常要求别人服从自己和照料自己，这既体现了他们对所有活动的预设，又暗示了他们认为自己很重要。同时，他们也经常坚持认为错在他人。这种忧郁症性的态度让患者形成了虚假的优越感，并认为自己可以免于承担责任。通过强化我最后提到的特质，也就是坚持认为错在他人，偏执狂和忧郁症之间的细微差别就变得很模糊了。

13. 因为忧郁症患者把照料自己的人仅仅当作凸显自己人格意识的工具（就像控制忧郁症一样，患者也要掌控友谊发展的形态），所以他们对别人蛮横无理，没有下限，夺走他人的所有希望。患者的主要目标是摆脱他人对自己的所有要求，如果他们被迫放弃这个目标，那么他们会产生自杀的想法，或者走到自杀的境地。当患者遇到不可逾越的障碍时，他们其实真的会自杀。

14. 换句话说，对患者来说，当他们的地位受到威胁时，忧郁症发作其实是一种理想情境。至于患者为什么不享受这种状态，其实这个问题很容易回答。事实是，忧郁症患者不允许自己产生其他任何情绪。他们的目标是成功，如果愉悦的感受会干扰忧郁中包含的（追求成功）的强迫性态度，他们就会排斥这种感受。

15. 一旦患者通过某种方式重获得了他们想象中的优越感，并避免了这种疾病可能带来的不幸，他们的忧郁症就会消失。

16. 容易患上忧郁症的人是那些从幼年时期就不信任他人并且对社会不满的人。类似地，我们也可以从这种态度中鉴别出忧郁症患者的主要假设之一，即带有补偿功能的自卑感，以及不顾所有对立说法而对优越感进行的谨慎追求，尽管其中存在各种相悖的说法。

二、偏执狂

1. 偏执狂对社会抱有一种态度，即在他们的活动或者生命线经历了相对温和的上升趋势之后，在离目标还有一定距离的时候，他们会停下来。这种目标可能来自患者自己，也可能来自环境。然后，他们会通过广泛的知识或者与人为制造出来的困难进行臆想的对抗。这样一来，他们就在潜意识中具备了一种借口。对于他们预想出来的自己可能会在生活中遇到的失败，这种借口可以起到掩盖、辩护或者无限地推迟失败到来的作用。

2. 个体在面对所有问题时都会表现出来的这种态度在他们的童年期就开始萌芽了。这种态度经受了许多考验和磨砺，它能够避免个体受到现实生活中最无情的拒绝的伤害。这就是偏执狂系统比其他精神病拥有更多有条理的特质的原因，也是偏执狂系统只能在初期和状态极佳的情况下才能受到影响的原因。在偏执狂患者中，那些人类共通的情感以及功能都没有被彻底摧毁。社会情感的功能就是现实逻辑是"普遍有效的"。

3. 这种态度的假设之一体现在一个方面，即个体深刻地感受到自己对生活的不满意，并且感觉到自己是不能发生改变的，这种感受迫使个体在自己和他人面前将自己的失败隐藏起来，以免自己的尊严或者自我意识受到伤害。

4. 就像偏执狂患者的活动经常表现出来的那样，他们属于好斗的类型。偏执狂的本质在于个体对优越感这个目标的追求，而且有一个事实是崩溃通常发生在比较年长的个体身上。这样一来，偏执狂获得了一种从外部看来更成熟的特质。

5. 偏执狂患者的目标是获得优越感，因此他们会自动对自己的同胞形成一种批评和敌对的态度。就像我们在前面分析的那样，这种态度归根结底是针对其他人，针对那些被怀疑隐藏了人性的影响和情境。通过这种方式，当患者过分强调的计划失败时，他们就会找别人替自己承担责任。偏执狂患者对优越感目标（妄想）的预期也起到了一种作用，即为患者的优越感打下了一个坚实的基础，并且允许患者通过在次级行动领域的活动来逃避他们本该为自己在社会中的失败所负的责任。

6. 至于偏执狂患者的态度，他们对同胞的敌意往往产生于童年早期。被害妄想患者和妄想夸大狂患者会积极地追求普遍的优越感，这体现为他们认为自己必须得到别人的关心。在所有这些情境中，患者都把自己看作所处环境的中心。

7. 我们只需要把偏执狂的单纯形式看作（躁狂症的）边缘状态即可，这种情况通常存在继续发展的倾向。直到个体创造出了躁狂的机制，这种倾向才会停止。这一点也适用于早发性痴呆患者——他们对生活的恐惧似乎更严重。他们似乎更难满足生活对他们的要求，因此会较早发病。我们在偏执狂向躁狂症过渡的过程中注意到了癔症性意志缺失、神经衰弱的忧郁表现和冲突性神经症（参见《论神经症性格》）的案例。在冲突性神经症患者身上，我们看到暂时性的压抑表现得更明显。精神性癫痫、慢性酒精中毒、吗啡和可卡因成瘾等的动态表现与上述提到的疾病都有很大程度的类似性。不同之处似乎在于，后者在经历大量的活动后或者与外界的联系更少后，遭受的压抑更加顽固、频繁。

8. 在精神病患者的所有行为中，我们通常都会明确地发现以自杀作为终点的敌对特质。其实我们可以把精神病看作一个人在脑力上进行的自杀：这个人要么认为自己不能满足社会对自己的要求，要么认为自己无法实现目标。我们会发现这种人的后撤活动隐秘地存在着一种对现实的敌意，他们的前进活动则在他们得意洋洋的时候显露出其内在脆虚弱。

9. 偏执狂患者的自我评估有时会强化至神灵的标准。这种倾向建立在患者补偿性的自卑感之上。那些能够显示出患者本身的虚弱的途径如下：患者在面对来自社会的种种要求时立马宣布自己做不到，在遇到挫折时放弃自己的计划，把自己的行动领域转移到不真实的领域，表现出制造偏执借口的明显倾向，坚持错不在己，等等。很明显，患者对自己缺乏信心，他们对人类知识和人类能力的不信任使得他们倾向于构建自己的宇宙观和宗教政体观，并将这些观点与人们的普遍观点进行对照。这些途径对患者实现平衡和安定来说都是必要的。

10. 我们很难纠正偏执狂患者的想法。只要患者想形成自己的观点，他们就必须保持这种特定的状态，以便为失败寻找借口，避免让自己承担责任，并且让自己在社会中的活动变得引人注目。同时，这些想法也符合他们虚构出来的，且没有受到检验的优越感，因为他们总能将过错归因于外部的敌意。

11. 如果忧郁症患者表现出的被动性是为了迫使别人服从自己，偏执狂患者的主动幻想就是费时费力地寻找避免为自己的失败负责的借口。

12. 与之形成对照的是，至少从外部看来，忧郁症患者更倾向于将过错归因于他人而不是外部环境。

13. 当个体认为自己处于危险的情境中时，他对社会地位的需求是无法被满足的，比如当个体即将承担某些任务，正在执行某些任务，预期自己会降职或者变老时，他们就可能变得偏执。

14. 在躁狂机制的影响下，患者的责任感会被摧毁。但是，通过对迫害妄想狂、尊重要求狂、自大狂进行自我认同，患者的价值感却增强了。正如我们在神经症心理学中所阐述的那样（参见《论神经症性格》），这种机制代表了一种补偿活动：这种活动源自患者对贬低的预期，并且会朝着男性抗议的方向发展。

15. 患者产生疯狂想法的时间可以追溯到其童年时期。他们像婴儿一样与白日梦和幻想建立了联系，其幻想的内容包括让他们感受到羞辱的情境。

16. 偏执狂在躁狂系统中给心理和身体都预留了足够的位置。刻板化的表情、态度和行为都与这种起主导作用的观点相关，并且这些表现大量存在于偏执狂患者群体和早发性痴呆患者群体。

17. 忧郁症特质经常与偏执狂特质交织在一起出现。我们发现，个体关于睡眠不足以及营养不良倾向的抱怨随后会朝着夸大狂的方向被放大，演化成（被）迫害、中毒的想法。患者不时地采取这种方式，其目的仅仅是强调疾病的特殊性。

18. 幻觉通常与患者对自己所扮演角色的明显的自我关注有关，幻觉往往包括鼓舞人心或者有警示作用的劝诫内容。只要人们会把患者的意愿作为最终的决定，并且患者不用为这个决定负责，患者的幻觉就出现了。我们可以把劝诫看作与梦类似的东西——患者不见得明白其中的深意，但是劝诫内容能够代表患者为了解决某些明确的问题而采取的策略。幻觉和梦都是患者将主观冲动进行具象化的手段，患者会在潜意识中屈服于这些冲动的目标（参见本书第十八章以及《论神经症性格》中有关梦的理论部分）。因为不用负责，所以患者的意愿不再听凭自己的指挥，而是被陌生的嘴脸和劝诫内容取代。

19. 根据以上内容，必须再补充一点，即躁狂系统的固化，其途径是对记忆进行的有目的的选择，比如个体选择自己喜欢的记忆，以及根据最终目标来进行的经验评估。从我们的观点来看，这种构建系统的倾向出现得非常主动，而且是十分重要的。（目的包括逃避，推卸责任，并将过错归咎于他人，以及隐藏显而易见的个人失败。）

20. 当正常人丧失了勇气时，他们的态度就会变得偏执。那些本质上更脆弱的人会自杀或者怒气冲冲地抱怨他人；在这个地方，那些攻击性比较强的人会像个懦夫一样逃避来自生活的种种要求，比如他们可能会犯罪或者酗酒。只有那些为适应社会做了充分准备的人才能保持平衡。有时候，我们遇到的人是上述几种类型的混合体。

21. 偏执狂患者进行的单方面的斗争导致他们把所有人都当作敌人或者棋子来对待。像神经症患者和精神病患者一样，偏执狂患者也缺乏对同胞的善意。这样的人从来都不是值得依靠的社会生活参与者，他们会带着一种不正确的态度进入正常人的关系，比如谈恋爱，发展友谊，寻求职业发展，以及参与社会活动等。之所以产生这种反常的态度，是因为患者低估了自己，同时高估了生活中的困难。这也是患者做出一系列类似于神经症和精神病行为的原因。患者对社会的敌对态度绝对不是遗传而来或者不可改变的，它仅仅是一种吸引人眼球的发泄方法的极端形式。

22. 偏执狂很少会消失，因为它在个体的生命线中所处的位置正是患者怀疑自己必定会失败的地方。如果我们能在一开始就对患者身上毫无意义的夸张形式进行纠正，这种疾病是有可能痊愈的。

23. 偏执狂易感人群的态度在他们的童年早期就有所表现了，这种态度使得他们很容易在困难面前停滞不前。我们经常在患者的生活中发现频繁干扰他们的东西——它们具备让人迷惑不已的本质，并直接影响着个体的发展道路。所有阻碍进步且有风险的计划，包括频繁跳槽和不工作，实际上都是个体的指导观念的胁迫手段，它们要求个体为获得时间而浪费时间。

喜欢支配别人，让人难以忍受，没有同伴，缺失亲密关系，只与温顺的人交往……这些特点都在偏执狂患者身上有规律地反复出现。我们能够通过这种人的本性来辨认他们：他们喜欢对别人、事物进行抱怨和不公正的批评。

附录

以下内容节选自一个忧郁症患者的梦。

一位四十岁的官员被调到了另一个办事处。十三年前，他在类似的场合表现出了忧郁症的迹象，那时，他已经不能像平时那样正常工作。他偶尔会认为自己的这种状况是别人造成的。在他看来，是别人忽略了他，是困难妨碍了他。总而言之，就像忧郁症患者经常表现出来的那样，他似乎走上了偏执狂这条路。为了逃避痛苦的折磨，他曾经向我索要毒药，因为他想自杀。不管事件本身如何，他都能成功地看到其不好的一面。在他身上，失眠和消化方面的问题，不间断的抑郁，以及对未来的极度恐惧与日俱增，这些使我能对这个人进行明确的忧郁症诊断。

如上所述，人们将忧郁症看作"遗留问题"：为了证明自己有病，患者会使用自责和贬低自己的伎俩，逃避做出明确的决定。例如，这个患者会通过自己的方式来行动，他要么设法避开对他不利的成功，要么通过证明自己生病了来削弱他的这种成功，要么通过让人把自己的成功归结为对一些缺陷的部分补偿，虽然这种想象出来的缺陷根本不存在。他总是强迫别人帮助自己，然后利用别人的好意，他还会利用自己的疾病来煽动别人为自己做出更多的牺牲。如果将这种情景的意义置于童年时期，我们会想到孩子哭泣的场景。以下内容是这个患者最早的童年记忆：他把自己描绘成一个躺在沙发上哭泣的小男孩。在他八岁那年，姨妈打了他，然后他跑进厨房大喊道："你让我很没面子！"通过特定的手段，即通过抱怨和哭泣来让旁观者不堪其扰，这样他便能够应对所有新情境。我们不能忽略一个现实，即只有当我们假设自己面对的是一个有野心的人时，我们才能理解这种手段。尽管他有野心，但是他不相信自己，甚至到了认为自己不能通过直接的手段实现优越感这个目标的地步。情况已经很明显了，他私下里认为自己是近似神一般的存在。在这种观念的压力之下，他之所以不想对自己在现实生活中的结果负责，是因为他不想让神接受测试。这解释了他的"犹豫不决的态度"，他对这种"遗留"的潜意识安排，以及他与优越感这个目标之间的"距离"——每当遇到新情境，他就担心自己会丧失这种"距离"。

在治疗的第一周，患者做了那个关于世界末日到来的梦——我们在本书第十九章叙述过这个梦，我们也在其中发现了忧郁症的机制。他预设了一种自己完全不用负责的情境，并表现得像一个强大的人一样。他在幻想中像神一样与命运进行游戏。当一切即将毁灭时，他便可以为所欲为。[1]他在梦中的这种情绪与他在说"你让我很没面子"这句话时的情绪是一样的。当他低估自己的时候，我们可以继续将其解读为"我正在通过最强大的行动接近目标"。自杀在这里其实是悬而未决的事情。他

---

① 这同时让他自己摆脱了社会情感的束缚。

难道不是在利用忧郁来进行勒索吗？

　　一切都必须服从他的意志！这就是他患上忧郁症的目标。接下来是这个患者的另一个梦："我在街上遇到的一个女孩来到了我的房间，她自愿委身于我。"这个梦隐含着什么意义呢？这其实很容易解释。女孩自愿委身于他，这样一来，患者就不用公开地表现出攻击性。有一种神奇的力量驱使每个人都臣服于他。通过利用毁灭世界带来的威胁和他的忧郁症造成的影响，他就像一个魔术师那样使一切步入了他所谓的"正轨"。

　　另一个梦则显示了患者对自己的忧郁症的安排。"我发现自己拒绝做的工作很容易上手，那里的一切都令人愉快并且井然有序。"换句话说就是："幸福，就在那身不曾至的远方！"[1]这其实是他的态度的一种假设，他的目的是让自己在当前的处境中显得痛苦。想要证明这一点不对是不可能的，因为如果他想象自己身处另一个地方，我们就需要处理一种没有被满足的条件。毫无疑问，如果把他放到另一个地方，那么他就会想出其他的花招来抱怨自己的处境。

　　　　（本章内容是作者于一九一四年撰写的《从一项有关精神病的
　　　　　研究中得到的个体心理学研究结果》）

---

　　① 这是舒伯特的作品《流浪者之歌》（*Der Wanderer*）的最后一句歌词。

第二十一章

对阿尔弗雷德·贝尔格*的《内廷参事艾森哈特》的个体心理学评论

个 体 心 理 学

THE PRACTICE
AND
THEORY OF INDIVIDUAL PSYCHOLOGY

---

* Alfred Freiherrn V. Berger，其小说代表作是《内廷参事艾森哈特》（*Hofrat Eysenhardt*）。——编者注

小说简介：弗朗西斯·冯·艾森哈特（Francis von Eysenhardt）博士出生于维也纳革命爆发（一八四八年）前几年。他的青年时代正好赶上十九世纪五十年代初的反动时期。当奥地利从君主专制国家转变成现代国家时，他开始进入皇家法院的刑事部门工作。

　　艾森哈特的成功主要取决于他的才干。在他身上，我们看到了老派官僚的特点与现代政府要求官员具备的新精神的成功融合。他利用恰当的时机展现了自己所持的政治观点的本质，即人们必须无条件地服从君主。

　　作为刑事律师，他名声在外，再加上他很擅长演讲，因此他十分受人欢迎。当他被任命为司法部部长时，刑事圈和辩护律师们为此震惊不已。几年后他又成了法官，并且被任命为陪审团的首席官员。他的智力、天赋和出色的记忆力，让所有人都赞叹不已。人们有时会批评他存在偏袒的行为。在潜意识中，他似乎只对进行指控感兴趣，在他任陪审团首席官员期间，他对所审理的案件量刑之重让所有人都感到惊骇不已。所有人都感觉到，之所以人们很难对他审理的案件产生影响，是因为他的做法体现了一种严格的正义感，他既将这种正义感用在自己身上，也将它用在别人身上。当他坐到了司法界的最高位置上，并且被任命为内廷参事时，人们认为这是对他的贡献所给予的奖励。据说，艾森哈特还会被下一届政府任命为司法部部长。

艾森哈特的工作生活和私人生活都是不同寻常的。他没有朋友，甚至连泛泛之交都没有。除了应付公务之外，他可以一整天一言不发。从本质上来说，他是个内向的、不友善的、害羞的人。他之所以会发展出这些特质，在很大程度上是因为父母对他的教养方式是十分严格的，甚至可以说到了残忍的地步。哪怕他只是犯了个小错，父亲也会用鞭子抽他。这种做法明显助长了艾森哈特的报复心理。当年轻的艾森哈特用自己攒下来的一点钱买了一把左轮手枪，并以此威胁父亲时，才给父亲对他的残酷对待画上了句号。在他年轻的时候，他在性倾向方面表现得不那么正常。他从来不与有体面家庭出身的姑娘交往，人们经常发现他造访混乱不堪的居民区。当艾森哈特还是个少年时，他的父亲因为他为自己买了一副女士手套而狠狠地揍了他一顿。在四下无人的时候，艾森哈特就会轻轻地亲吻这副手套。

这样一来，艾森哈特既让人轻视和害怕，同时又受人爱戴。在精神和智力都处于孤立状态的情况下，他一直恪尽职守。突然，他发生了彻底的改变。整个维也纳的人都熟悉的他那老派的外表改变了：他把自己的络腮胡修剪成了十分雅致的样式，并且身着时髦的新装。而且，发生改变的不止他的外表，他那阴郁的本性似乎也被一盏灯照亮了。我们开心地发现改变同时体现在他的外表和性格上。我们可以猜测，他之所以发生这种改变是因为他即将成为司法界的高官。这种解释或许有点道理，因为艾森哈特希望升职。这种愉悦的心境维持了大约三周。之后发生的一件事使这段时光结束了。这段时光可能是他一生中最快乐的时光。他掉了一颗牙！在他毫无准备的情况下，这种象征着他上了年纪的标志的出现让他惊恐不已。这种干扰让他那原本就紧张的心理更加紧张，因此他经常担心自己在智力方面是否也已经释放出变老的信号。以往他的内心通常不可撼动，现在却充斥着对即将到来的危险的莫名恐惧。

当他因为内阁危机而没能谋得司法部部长这个他梦寐以求的职位时，他仿佛触电了一般，不停地思考政府不任命自己的理由，同时，他开始集中精力研究自我。这对他来说是一件很陌生的事。他并不是人类动机和人类感情的鉴赏家，他只具备一种天赋，即从已经收集到的证据中推导出那些一步步地导致一个人犯罪的过程，然后将这些过程通过令人赞叹的、戏剧化的形式呈现出来。他从不认为案件中的人是自己的同胞，即他从不认为案件中的人是跟自己联系在一起的人。然而，当他的心理出现问题时，他对案中人的态度开始有了改变。他对案中人的看法开始被自己的良心折磨，他在晚上会做噩梦。有一次他梦到了一个人，由于这个人强奸儿童，他给这个人判了重罪。这个人的名字就是马库斯·弗罗因德（Marcus Freund）。在那些与他曾经起诉过的人有关的梦中，艾森哈特成了被告，其他人则是原告。当弗罗因德第一次出现在他的梦中时，哪怕在白天他都无法让自己不去想这个人，因此他决定重新翻一遍卷宗，以便使自己确信弗罗因德确实有罪。然而他将此事一拖再拖，直到有一天他偶然听说弗罗因德已经死了——弗罗因德死的那天正好是艾森哈特梦见他的那天。在那之后，他的情况变得更糟了；他认为世界上的所有人都像他一样关心弗罗因德的案子。在他坚韧的人格崩溃的同时，源自他本性的性本能也变得更加明显了。家人几乎都没有注意到他内心的崩溃。性本能这种新的折磨人的强迫观念的出现，让他将自己智力倒退的想法放在了一边，因此，他的思想变得更自由了，工作也更加出色了。当他被任命去主持审理一个重要的间谍活动的案件时，他又成功地恢复到了原来的样子。这一任命通知让他十分开心，因为这份通知秘密地暗示他，之所以他没有被任命为司法部部长，是因为他需要腾出空来处理这个错综复杂的间谍活动案件。艾森哈特似乎完全康复了，并且忘掉了有关弗罗因德的一切。

然而就在人们对这个间谍活动案件的审理即将结束的前一天晚上，发生了一件促使艾森哈特自杀的事情。虽然我们不可能弄明白这场悲剧的起因，但是它与艾森哈特对间谍的审判有关：在这个案件中，被告的妻子和他未成年的女儿也参与其中。还有一个关于艾森哈特的夜间冒险的故事：有密探发现艾森哈特现身于风月场所。这种情况让艾森哈特十分难堪。于是，他留下了一张字条：

以皇帝陛下的名义！

我犯下了重罪，我认为自己既不适合担任现在的职务，也不适合活在这世上。我给自己判了最重的刑，并且它会在几分钟后生效。

艾森哈特

在开始讨论之前，让我们先对伟大的心理学家和思想家贝尔格致敬。

在很久以前，我们就肯定地认为，为了发现人类行为的主要动机，我们可以对文学作品进行分析。我们需要讨论的唯一问题是，我们对此采取的策略具有什么样的普遍性质。当然，我们不可能对此达成完全一致的意见。

这本关于内廷参事艾森哈特的人生故事的小说之所以引起了心理学家的注意，是因为它的真实性。它不仅基于历史名人的故事，还基于其写作者贝尔格那富有创造力的想象。贝尔格既是一位艺术家，又是一位心理学家，他对人类的心灵有着直觉性的看法，并且不止一次地为这些看法提供了证据。

所有心理学家都把贝尔格的创造看作确证的事实，或者看作事后体验。我一点都不会为此感到惊讶。正如贝尔格的书中所记录的有关斯坦赫尔（Steinherr）的精彩言论，每个人都只看到了他们能够理解的部分，并且他们尝试着提取相关知识来对人类的心灵和艺术进行调查研究。

我们无意歪曲文学家和思想家的精彩观点，我们仅仅会通过他们创造出来的东西来尝试判断我们在多大程度上是对的，以及通过个体心理学的工作方法我们对他们的作品能理解多少。

我们的研究领域的朝向与贝尔格的艺术所开辟的方向是相同的。我们一直以来都在关心那些引人注目的性格特征，我们尝试着回溯童年，甚至更进一步，希望发现每种行为的开端。我们不仅对引人注目的人格转换感兴趣，还尝试理解各种各样的思想连接，以及尝试了解一个人总体的表达方式。

在对儿童关于未来职业的幻想进行了深入的调查之后，我们发现，尽管个体对职业的选择受到了很多因素的制约，但这种选择仍能够体现出个体虚构出来的生命计划的本质。这种职业选择处在儿童对自己人格的掌控之中，而这种人格是被神化和教条主义化的。①

我们接下来会把注意力全部放在人格和神经症之间的相互关系上。

如果我们对神经症的解释是正确的，我们就能在这种连接中发现那些关于人类心灵的指导路线——它们既基本又抽象，并且体现在不同寻常的人格特征的创造之中。从文化价值方面来看，艾森哈特是创造者还是毁灭者？他是正常人还是患有神经症或者精神病的不幸之人？

在有关艾森哈特的描述中，我们会发现人们对那些不同寻常的人的心理结构的科学判断和偏见。

文学家已经仔仔细细地从方方面面创造出了他小说当中的主人公。我们只要开心地往下读完就行了。甚至，无须多想，我们也可以指出一点，即文学作品的艺术魅力源自它对不同方面的结合，而科学分析是对这份结合的亵渎和破坏。

既然已经把贝尔格的这本书的故事梗概介绍清楚了，我们现在的任务就是尝试对内容进行划分，从而理解主人公艾森哈特身上体现出来的

---

① 在某种程度上，这种职业选择代表了对个体身上潜藏的、"正式"的前进冲动的本能的满足。

鲜活动态的生命力。这样一来，我们就能获得某种程度的支持，以及一些关于人性知识的公式，从而用教育、自我控制和疗愈方面的视角来指导我们的实际活动。

让我们从艾森哈特的身体特征开始进行分析。我们了解到，他有着瘦削的肩膀，凸起的前额和浓密的眉毛。他开始长胡子的时间比正常人晚，他有黑眼圈，并患有胆和胃方面的疾病。从临床上来看，这是一个患过佝偻病的人，他在消化道方面的疾病是他自卑感的外部表现，这个人可能像大多数神经症患者一样——第二性征有所退化。

人们已经足够频繁地指出，上一段提到的这组身体特征以及这组身体特征给人带来的是痛苦和不足等相对负面的心理体验和状态，它们会导致人们从幼年时期开始就做出错误的自我评估，进而会让人产生自卑感和不确定性。

年轻的艾森哈特是家里的独子，他有个暴虐成性的父亲。艾森哈特所处的这种情境很明显地加剧了他的"情感的不完整性"——"情感的不完整性"这个概念是由珍妮特（Janet）提出的。

为了直面生活并获得安全感，这种孩子的心理必须通过补偿（它是正常的策略）的方式进行造势，即设立更加宏大的人格目标，并且更加果断地肯定这个目标。这样的孩子走在自己的道路上，创造了自己的神灵，而之后这个神灵会作为上帝或魔鬼指引他们前行。

他们的意志和欲望变得更加明显，更加具有侵略性；他们的行动变得更加隐秘，更加狡猾；他们的支配欲、仇恨、残忍和贪婪，喷薄而出；他们更加小心翼翼，更加精准无误地为生活做出了准备。

我更倾向于采纳贝尔格的描述。

艾森哈特是个有野心的人，对上位者带着些谄媚，并且有着装腔作势的爱国精神。他坚韧而勇敢，在社会上扮演着救世主的角色。他在说话方面既有技巧又有天赋，并且有着超群的记忆力和智力。他具备好奇心以及敏锐的洞察力，并且对信息感兴趣。这些都让他得以成为天才侦探。他是个孤独且以自我为中心的人，他遵循着老一套的模式，在仪态、态度、习惯和思想方面喜欢明确的方式。人人都对他有看法，他们要么恨他要么爱他。

戈特洛布·斯坦赫尔（Gottlob Steinherr），一个落魄的野心家，他在独创性方面不亚于艾森哈特。当艾森哈特的野心更加直接地、公开地表露出来时，他了解到了艾森哈特关于旧时代的人格理想。斯坦赫尔推断说，艾森哈特是一个把自己的犯罪本能和反社会本能转化为合法行为的例子。他假设艾森哈特的指导路线是粗暴的性本能和不受限的自满：他想支配别人，甚至奴役别人，并且想占有女性。

让我们回忆一下我们已经了解的事实：为了防止自己被父亲毁掉，艾森哈特形成了野心勃勃的人格理想。他学会了适应自己所处的环境，并且认为有必要对权力表现出明显的服从，却在某一天用左轮手枪威胁了自己的父亲。毫无疑问，他的人格概念被他那暴虐成性的父亲深深影响，但他的人格概念比父亲发展得更完善，他既学会了回避强大的敌人，也学会了压制弱小的敌人。他的性行为代表的不是他的行动的原因，而仅仅是一个类比。他的侵略性态度变得模糊不清，他在性方面的侵略性只不过是亲吻女士手套。强大的女性、嚣张跋扈的女性，以及易怒的女性都让他充满了恐惧。他将妓女捧为受人尊重的淑女，并且渴望征服儿童。他可能会很容易具有同性恋倾向，但是他对男性的蔑视使他克服了这种倾向。此外，他可能会发展出对弱小的无力反抗的女性，甚至是尸体的欲望。

他的心理姿态似乎表明，他正在为自己的行为准则寻找一条发展路线。他正走在路的边缘，沿着中产阶级的道德底线行进。在他死后，人们发现他把自己的铅笔摆放在合适的位置。他恰当地限制了让自己过于紧张的侵略性和名声，他在性方面的老生常谈的行为标准①已经足够证明他是个男人。他的名声给了他足够的机会来享受优越感，尽管这种优越感其实是一种错觉。他贬低人的目的是让自己成为神。

他的位置越高，他的能量就越弱。当他的生命线倾向于消耗能量时，这位辩护人就不那么热衷于对被告穷追猛打了。当他得到了自己梦寐以求的职位时，他变成了人类。他的社会情感突然发展了出来，并且冲破了厚重的外壳，这层外壳曾将他与自己的同胞隔离开来。当艾森哈特感觉自己与神类似时，他便发生了转变。

艾森哈特是如何发生改变的？

这种改变有可能发生在一个人身上吗？或者说，它有可能发生在神

---

① 指艾森哈特经常出入风月场所。——译者注

经症患者身上吗？因为神经症患者的表现普遍存在一种恒久不变的明显特征，我们据此认为其中存在一套完整的机制。在进行了更深入的了解之后，我们发现，即使在这种状态中，患者的心理都没有按照同样的路线运行。患者可能只是十分兴奋，也可能时而忧郁消沉时而精力充沛，时而沮丧失望时而开心快乐，时而积极进取时而怯懦退缩，总之，当这些特质以对立的形式共同存在时，隆布罗索（Lombroso）称之为"双相"，我称之为"两极和雌雄同体"，布洛伊勒称之为"矛盾心态"，其他人称之为"二重竞争"以及"分裂的人格"等。在健康人身上，在这种矛盾的特质发展到神经症之前，我们也能观察到这种对立的特质，其表现形式包括犹豫、怀疑、焦虑、羞怯，害怕做决定，只要面对新事物就担心，等等。所有那些我们感受到的特质和冲突，无论是积极的还是消极的，它们要么更靠近现实，要么更靠近自我理想。成熟的神经症有着强大的力量，保障了更基本的性格特征。"矛盾心态"是实现这个目标的整合式方法。

内廷参事艾森哈特正盼望着完成他最后的目标，但是我们知道，由于他的指导目标是虚幻的，这一刻不会以令人满意的方式到来。这个目标太高了，它根本不可能实现。我们知道，很多神经症患者都会忧心忡忡地期盼好事发生，尽管他们会表现出犹豫，同时我们又会观察到他们很激动：一种愈演愈烈的人格意识推动着他们变成了"另一个人"。作者对这一阶段进行了幽默的描述，他在描述中强调艾森哈特的整个外表都成了时髦人士的样子：精心修剪过的有着时髦样式的胡须取代了短短

的络腮胡。作者也在这里提到了一种神经症特质，即艾森哈特会为自己
掉的那一颗牙哀悼。我们怀疑，男子气受到限制的艾森哈特正在哀悼自
己的男性气概的丧失。他变得容易接近了，也变得友好了，因为他那自
动出现的自我意识使得他能够放弃自己与目标之间的"距离"。尽管他
还是在扮演原来的角色，他还是原来那个生硬的人，但是他开始自由地
给出建议，并对别人进行鼓励性的称赞。这既表明他变得更宽容了，也
表明他放弃了一部分总是想要证明别人有错的欲望。斯坦赫尔知道，艾
森哈特之所以会变成这样仅仅是因为他现在处在更好的位置上。艾森哈
特的变化也给被告带来了好处，因为他们现在不必再充当他那施虐狂般
的欲望的牺牲品了。即使是他的外貌，也不再表现出那些显示他想要进
行支配的强烈欲望的特征。他那以防卫为目的的节俭特质也变得没那么
强烈了。从我们的视角来看，即使是他的情绪中的那些不可更改的基本
元素也发生了变化：他原来把自己的职业看作让人愉悦的锻炼，现在却
认为它是一种重担，他希望摆脱这种重担。事物面貌的变化取决于你看
待事物的方式。

　　艾森哈特的生活和态度展现了神经症患者为预料中的失望所做的防
卫准备，他的记忆力则展现了支持这样的准备的"回忆残留"。其中，
他所有对不确定性的恐惧，以及对自己必须做决定的恐惧，都重新出现
了。正如贝尔格在另一个地方所说的那样，意识到自己的男性气概不完
整的艾森哈特有一种预感，因为父亲曾经击败过自己，所以他担心自己
会再次被打倒。

在艾森哈特吃饭的时候，他的下门牙变松并脱落了。艾森哈特认为这件事是象征自己的不足的另一个标志。掉牙意味着失去了身体的一小部分，这破坏了他的男性气概。一股因迷信而产生的冲动深深地刺痛了他：我的生命快要结束了！一切皆空！他殷切渴望的胜利终于到来了，他为了这种胜利而鞠躬尽瘁，他所有的生命计划都是根据这种胜利制定的。然而，就在这一刻掉牙这一事实压垮了他。原来的不确定性又限制了他。如果他在智力方面的力量，即他的主要武器消失了，那么会产生什么结果？他再一次求助于原来的方法，他一直以来惯用的方法。他想找到证据来证明自己的力量，他想得到某些确定性。通过自我批评的方式，他可以随意地降低或者提高自己的威望。他最怕的不是现实，而是现实表现出来的样子，即他是否被剥夺了世俗中的权力。在疑病症这种充满疑惑的状态中，他对恐惧的构建驱使他采取更多的预防措施。心慌，以及轻微的焦虑发作都是他幻想的防卫措施和警告。然而，这些都动摇了他精心设计的志得意满的形象根基。他的胜利体现为他当上了司法部部长，但是当失望出现，这种胜利便流产了：这个已经生病并且摆脱了原来的防御措施的人重新开始被不确定性所困扰。

在所有这些例子中，个体通往成功的路径如果被切断了，并且有关男性气概正在减少的悲惨感受又重新出现了，会发生什么？尽管个体做了尝试和准备，以证明自己曾经拥有的人格没有真正存在过，但是天不遂人愿，这种人格会被更牢固地固定下来。艾森哈特的行为习惯驱使他更频繁地造访卡特纳大街附近的妓院。我们可以假定，他那堕落的性生活并非源自生理原因，而是源自他对他的命运进行补偿的愿望。也就是说，这其实是一种自我欺骗，它的基础是想要获得权力的强烈意愿，即强烈的神经症性的指导路线。即使当斯坦赫尔宣称艾森哈特表现出的这种肉欲无可厚非时，贝尔格似乎也倾向于采纳这种观点，因为贝尔格把艾森哈特表现出的这种轻微的堕落行为解释为由于隐秘的绝望而表现出来的行为，即我们所说的男性抗议，其中包括屈辱、自卑感的重新出现，以及本体感的下沉。

艾森哈特还在另一个方面经历了转变，并向我们展示出，如果一个人在充满压力和泪水的世界中长大，他的发展会在多大程度上依赖于他对自己的看法。性格图示（character-picture）是可以改变的，即它可以像其他方案一样相互转化，因为性格图示代表的从来不是它本身的意义，而是一种心理态度。通过这种态度，个体能够以最快的形式实现人格理想，或者以某种迂回的方式实现人格理想，不管是否存在无法逾越的障碍。艾森哈特之所以变得更富有同情心和人情味，是因为他想向人们展示，只要他愿意，他也可以变成这样的人。"他那曾经封闭的自我现在变得更自由了，并且他能够与人接触了。"他的良心觉醒了。我们有理由认为，这种觉醒是心灵的一种策略，它的目的是让个体在不安全的情境中产生自我感。这种觉醒以及对一个人犯下错误的意识，使忏悔者与上帝之间的距离更近了。这种觉醒预设了一个对手，在这个对手面前，艾森哈特的优越性能够得到证明。但是，艾森哈特的对手是谁？艾森哈特这次想把谁放在错误的位置上，毕竟他的整个生命计划一直以来都是追究别人的错误？艾森哈特现在准备揖控谁，毕竟他一直以来都完全掌控着自己的表达方式和思想？他的思想等内容已经在与他本身的对抗中占据优势，而他被迫完全根据自己的指导路线行动，以便加强他对自己的神性的想象，并且坚持到最后。他现在的敌人是政府，也就是具有统治政权和生杀予夺权力的父权。艾森哈特认为自己之所以受到侮辱，是因为政府有眼无珠，是因为这个政府中没有比他更好的仆人了。然而这个仆人遏制不住自己的野心，他想成为政府的司法统治者，当他发现他被自己的虚构内容和假想出来的权力欺骗了时，他实施了那些在他看来对政府最危险的措施——他一向严苛的态度转变成了宽大和心软的态度。这是他为了反对政府而采取的最强烈的攻击和最有力的反叛。以前他总是说"宽大就是混乱"，现在的他故意变得宽大。

我们在这里看到了起指导作用的虚构内容的变化。在一开始，艾森哈特想要根据自己在童年为生活所做的准备来行动，即像对待父亲那样通过征服别人来实现自己的统治愿望。当他的目标快要实现时，他受到了阻碍，于是他创造出了更强的保护措施，并且通过司法能够宽恕的形式制造了一场叛乱。

内廷参事艾森哈特的神秘经历

艾森哈特在一封信中描述了自己所受的痛苦。这封信并没有被烧毁。作者说艾森哈特忘了烧毁这封信。贝尔格是一位优秀的心理学家，他不会就此打住。因此，让我们沿着上面的线索继续下去。艾森哈特选择了遗忘这种安排，其目的是激发自己做出更进一步的反抗，并且向公众展示一向忠于政府的他现在沦落到了什么样的境地。

请记住，在职业生涯的一开始，艾森哈特的虚构内容的目的就是对他的男性抗议进行控制，即通过让自己服从政府的权力来实现这种支配性。他的这种虚构行为可以追溯到很久以前，至少可以追溯到他对抗父亲失败的那个时候——他被迫采取迂回的策略。坦率并不是他的个性特征之一。现在我们发现，当死亡向他派出信使之后，他再次在自己的主线（main line）上被打败了。现在他唯一能做的就是放弃迂回策略，转而对政府发起直接的进攻。尽管自己尽忠职守，政府却如此忘恩负义，于是他开始放弃那些一直以来约束着自己的准则和法律：一些是由他自己制定的，另外一些则是由政府制定的。所有这些在他内心中涌动的东西部分地表现了出来，他那无政府主义式的宽大得到了强化。

研究神经领域的专家遇到过不计其数的由上了年纪的人发起的反抗；为了让自己的指导路线发生变化，这些人通过各种各样的借口放弃了自己的职位，背离了自己的家庭和有序的世界。

处在这个阶段的艾森哈特尝试着去看专科医生，尽管他曾经鄙夷地认为，这种职业不仅具有破坏性，而且具有混乱性。他认为接受医师的询问是一件让人感到屈辱的事情，于是他将有关自己的疑病症和焦虑的情况写了下来，仿佛纸上描述的是另外一个人，这样一来，他便能够消除那种认为自己是个病人的想法，从而让自己的感受更好。

这就是他等待任命的那个时期，也是掉牙这件事刚发生的时期。与之相关的一连串的思绪和情绪性的结果使他认为自己的能力，尤其是记忆力受到了"警告"。

这就是神经症患者身上表现出来的典型的"犹豫不决的态度"：只要他们发现自己处于新情境之中或者自己要接受新任务，他们就会表现出这种态度。艾森哈特试图牢牢地抓住他可能成功的机会，但是他在此刻却丧失了灵活性，他几乎不相信自己能够为新职位做出必要的改变。

在这里，文学家贝尔格帮我们理解了这个问题，他把艾森哈特所做的犹豫不决的准备称为他这个人在外部进行的转换，比如他的特点变得更明显了。从这些基本事实和艾森哈特对这些转换的强制执行上，我们可以推断出，他身上存在一种内在的不安全感，这种不安全感要求他做出补偿。同样的不安全感驱使他脱离了社会，并且使他无法跟出身于体面家庭的女性交往。只有在对妓女和罪犯获得支配感时，他才能感觉到自信。

在缺乏安全感的情境下，心理，尤其是神经症患者的心理，会产生非常奇怪的应对方法和策略。在这种心理的指导下，个体会低估自己的能力，并且坚持认为自己有自卑感，以便获得更多进步的空间。这是神经症患者唯一熟悉的状态——他们会从这个角度对生活进行预估。我们能更加明显地觉察到嫉妒给他们造成的每一点刺痛，以及他们身上被激发出来的对支配性和侵略性的渴望。他们会谨慎地采取每一步行动，以便能够获得成功。正是这种"犹豫不决的态度"中体现出来的谨慎，使神经症患者对自己的能力产生了疑虑。如果艾森哈特怀疑自己的记忆力出现了问题，那记忆力问题就不仅仅是他的托词。因为这反而代表了他最强的保护手段，这是一种告诫自己提高警惕和发动所有力量的最好方法，以便实现自己的指导目标和人格理想，或者这至少可以达到一种目的，即自己如果不能通过装病来获得成功，也就不用因为失败而感到难受。

那么，在这种联系中，脱落的牙齿扮演了什么角色呢？我们再怎么高估它的影响也不为过，因为艾森哈特对自己身上的哪怕是最小的部分都十分看重。因为这个神经症患者自身有着不足感，所以他不能承受任何类型的损失。我们也不能排除有关掉牙的广为人知的象征意义对他的影响。牙齿的脱落一直以来都与死亡、变老和怀孕有关。在梦境、幻想和诗歌中，我们发现，牙齿通常代表一些正在生长的东西，一些后来的成长，以及男性力量的展现。因此，牙齿的脱落就代表男性力量的削弱。作家们想要传达的情绪性的观念很可能是相通的。艾森哈特认为，脱落的牙齿是自己想象出来的力量正在减弱的标志。他是不是非得通过这种方式进行解释？你还记得恺撒在刚登陆埃及就摔了一跤时所说的"非洲，现在你属于我了！"这句话吗？为什么艾森哈特认为掉牙这件事意义重大，为什么他不通过另外一种方式对其进行解释？答案其实很简单，因为这样做对他有好处。从我们的观点来看，他自己身上有一种犹豫不决的态度，让他变得小心翼翼。与此同时，他即将做出与自己的处境有关的决定，而且自己的处境也即将发生变化。牙齿就在这个节骨眼上脱落了。或者我们也可以从另外一个角度进行解释，即他在利用掉牙这件事来增加自己的防卫力量。

然后，他那有逻辑的机能开始受到最终目的的影响。

接下来，他的屈辱感出现了。他坐上司法部部长这个位置的希望落空了。这个挫折使得他每晚都做梦，而且梦中出现的通常是男性，偶尔也有女性。他能从特定的细节中认出这些人都是被自己判过刑的人。这些梦不仅干扰了他的睡眠，而且让他充满恐惧。恕我无法在这里对作者描述的有关艾森哈特的精彩细节进行讨论。这些梦似乎意在反映艾森哈特对于制造出某种疾病的需求，以及他所处的这种忏悔状态存在的危险。

通过对精神病患者和神经症患者的观察，我得出了一个结论：当神经症患者即将发展出十分明确的防卫措施时，他们会将这一心理状态反映在梦中的形象上。

艾森哈特的梦经常让他联想到自己的自卑感。例如，在梦中，他允许别人显示出他们的优越感，通过对艾森哈特的严苛进行谴责，让艾森哈特意识到自己也是一个罪犯，比如弗罗因德对他进行的召唤。弗罗因德这个形象在艾森哈特的一系列梦中有着同样重要的意义，它甚至明确地表现出了艾森哈特心理上的脆弱部分——这一部分现在已经受到关注。像弗罗因德一样，艾森哈特也害怕女性，只不过艾森哈特选择在妓女身上找乐子，而弗罗因德则把自己的性欲发泄在了儿童身上。当我们对神经症患者身上表现出来的变态倾向进行分析之后，我们发现一连串的事件是这样展开的：个体害怕女性，最多能在妓女身上获得性满足，随之而来的是单纯的恋童癖。因此，这样的人可能会沿着这条路线发展出恋尸癖或者成为同性恋。大多数神经症患者眼中的女性是无价值的、薄情的，他们的策略是对女性进行贬低，直到让人觉得她们一无是处。

艾森哈特正是通过这条路线对自己的性格有了最明确的了解，因为从他那被最近发生的事件强化了的不足感中，我们发现他的这种嗜好之所以变得更严重，是因为他可能已经开始发展自己的男性抗议。他是否已经预感到这条路会导致自己对儿童的欲望？通过发展出有警告作用的梦和骇人的形象，他想尽了一切办法来保护自己。就像别人发展出对社会或者信仰的感情一样，他对幻觉发展出了感情，其目的是通过失败唤起的侵略性来保护自己。

我们也发现了另外两种会导致幻觉的条件，这两种条件会进行密切的配合。他的疾病和幻觉——随之而来的焦虑状态，以及他对自己能力的怀疑都显示出他生病了——会毁掉自己这个专门为政府而打造的工具人。他对自己的谴责就是他对政府、司法监管以及公共安全的谴责，而他曾经是它们的捍卫者之一。通过这种审判，他动摇了自己持有的司法概念的根基。他现在正在重击自己的对手，他的真正敌人就是政府，就是统治阶层，他把自己所有的失败都归因于它。

由他的幻觉所塑造出来的如此详细的心理情境能够帮助我们理解接下来发生的事情。在深陷幻觉的某一时刻，他克服了自己复仇的欲望，其方法是创造出那些让人害怕的幽灵。这些幽灵向他展示了如果他按照自己正常的路线行动会产生什么后果。他表现出来的侵略性的意义在于，那是他为了反对睡眠和毫无戒心的主宰者而做的神经症性的、敌对性的准备；他威胁这个主宰者的方式与他曾经威胁自己父亲的方式类似。在寻找安全感的过程中，艾森哈特通过自己身上的神经症性的视角在弗罗因德身上发现了一种充满威胁性的回忆。因此，艾森哈特又一次成了胜利者。

当他被任命为间谍活动案件的主要审理者时，他感到自己重新成了征服者，因为人们指望他来维护政府的福祉。他像在以前的场合那样进行了准备。"他不再想起弗罗因德"，因为他再也不需要弗罗因德了。他那因为对抗而产生的性压力也减轻了。

通过反对"女性"，他也能够保护自己，因为当面对她们时，他原来建立起来的羞怯的结构仍然是有效的。但是，他在一个孩子面前屈服了。"如魔鬼一般的"女性气质打败了他，从童年时他就有一种预感，那就是这件事迟早会发生。但这一开始就是他自己创造出来的预感。如果他想逃避这份所向无敌的强大女性力量，他现在只有一个选项，那就是死亡。他坚定地沿着这条路走了下去，这样一来，他就满足了我以上列举的两个条件：他让政府少了一个忠诚的仆人，而政府几乎不能承受这个仆人的离开；他还让民众对司法程序的信念变得支离破碎。对他的幻觉的第一种解释，也就是他为什么会在产生侵犯儿童的想法时表现出退缩，已经变得毫无意义。他曾经把枪口瞄准了父亲的头，因为自己对爱情的渴望而与自己的父亲抗争，但是这一次，如果他要击中真正的敌人，他就只能将枪口瞄准自己。

第二十二章

陀思妥耶夫斯基

在西伯利亚的地下矿机中，迪米特里·卡拉马佐夫（Dimitrji Karamasov）①希望唱出有关永恒旋律的歌。这个既有罪又无辜的弑父者举起了十字架，在这宽容一切的旋律中，他得到了拯救。

"十五年来，我一直是个白痴。"米什金（Mischkin）②王子亲切地笑着说。他能够对手写内容的所有笔迹进行解释，他会直接说出自己内心的那些不可告人的想法，而不会感到一丝尴尬，他也能立即意识到别人身上那些不可告人的想法。这里的对比感比我们想象中的要强得多。

"我是拿破仑还是虱子？"拉斯柯尔尼科夫（Roskolnikov）③在自己的床上仔细思考了一个多月，他的目的是跨越由自己以前的生活、自己

---

① 陀思妥耶夫斯基的作品《卡拉马佐夫兄弟》中的人物。该书改编自一桩真实的弑父案，描写了老卡拉马佐夫同三个儿子之间的尖锐冲突，以及弑父案件的法庭审判。整部小说有两个层次：从表面上看，这是一桩弑父案，而受害人的几个儿子在某种程度上有串谋之嫌；但在更深的层次上，这是一幕关于人的精神的戏剧，讲述了情欲、信仰、理性与自由意志间的道德角斗。作品体现了错综复杂的社会、家庭、道德和人性的悲剧主题。——译者注

② 陀思妥耶夫斯基的作品《白痴》中的人物。小说中的主人公米什金有一定的自传性，他身上体现着陀思妥耶夫斯基所认可的观念，其行为方式也是由作家用一种理想主义的笔法所规划的。——译者注

③ 陀思妥耶夫斯基的作品《罪与罚》中的人物。小说描写穷大学生拉斯柯尔尼科夫受无政府主义思想毒害，认为自己可以为所欲为。为生计所迫，他杀死放高利贷的老太婆阿廖娜和她的无辜的妹妹丽扎韦塔，制造了一起震惊全俄的凶杀案。在经历了一场让他的内心十分痛苦的忏悔后，他最终在基督徒索尼娅姑娘的规劝下投案自首，被判流放西伯利亚。——译者注

的社会情感和经历设定的那条线。在这里，我们又一次看到了一个明显的对比，那就是我们参与的事情与我们感受到的事情之间的对比。

陀思妥耶夫斯基创造出来的其他主人公和他自己也存在这种明显的对比。"就像个头脑发热的人一样"，年轻的陀思妥耶夫斯基从父母的家里搬走了。如果我们读了他给家人和朋友写的信，我们就能发现其中充满了谦卑、服从，以及对自己悲惨命运的接纳。他的生活中充满了饥饿、折磨和困苦。他像个朝圣者一样生活。这个头脑发热的年轻人像朝圣者一样给自己戴上了十字架，他一步步地走着，把所有的经历都汇集在一起，拥抱了所有人类，为获得知识以及一直生活下去，以便找到真理和新的教义。

对任何心中有着这样的对比，并且被迫在这些对比之间建起桥梁的人来说，如果他想得到片刻休息，他就只能喝得酩酊大醉。他不会回避生活中的任何麻烦和苦难，哪怕是生活中最不重要的部分他也不会放过，因为他试图发现生活是如何与自己的一套公式相符的。他的天性激励着他形成对生活的完整解释，以便他能够在永恒的震荡带来的躁动不安中找到安全感和内心的平静。

为了获得平静，他必须触及真理。但是，通往真理之路荆棘丛生，个体需要付出巨大的努力，并且坚持不懈地对心理和灵魂进行大量的训练。虽然这个探索天性的人十分躁动不安，但他却比其他人与真实生活的距离更近，也就是他距离合作的逻辑更近。这真是一件很奇怪的事情！

陀思妥耶夫斯基成长于贫困的环境。当他去世时，所有俄国人都在精神上为他送葬。虽然他喜欢工作，充满生机，并且总是那么鼓舞人心，但是与其他人相比，他在工作方面的能力是受到限制的，因为他患有癫痫。一旦癫痫发作，他在数天或者数周内都无法进行工作。这个"罪犯"在托博尔斯克戴了四年脚镣，在这四年中，他被迫在西伯利亚步兵团做苦役。这个高尚而无辜的受难者在服刑期间留下了一段充满真情实感的话："我因为在心里反对沙皇而受到了惩罚。尽管我的想法已经发生变化，我却仍旧无法离开这里。这真是太糟糕了！"

他所在国家的生活充满了数不胜数的对比。在陀思妥耶夫斯基出现在公众面前时，俄国正处于动荡时期，人们最关心的问题就是解放农奴的问题。陀思妥耶夫斯基总是被推向"穷人和底层人民"，孩子以及受难者。他的朋友说，他很容易与来朋友这里看病的乞丐交朋友。他的朋友还描述了他如何把那些人带到自己的房间，如何招待那些人，并且如何尝试着理解那些人。在陀思妥耶夫斯基服刑期间，有一件事激发了他最强烈的怜悯之心，即别的囚犯把他看作君子，并因此离他远远的。他一直以来都渴望理解和分析监狱生活的意义，以及监狱内在的法律，以便明确自己能够在什么样的界限之内与他人相互理解，并培养友谊。像很多伟人一样，流放的经历使得他在残酷的环境中发展出了敏感性。经过锻炼，他的洞察力变得十分敏锐，从而使他能够了解生活中的相互联系，平衡所有既会动摇他的根基又会让他感到困惑的对立的事物，并且让这些对立的事物统一为一体。

陀思妥耶夫斯基的心理矛盾的不确定性中蕴含着他追求的目标，即找到符合逻辑的事实。他这个时而反叛，时而顺从的人被深渊①吸引了，他曾经因为害怕而在这个深渊面前退缩了。为了获得真理，他不断试错以找到正确的方向。因为不能确定自己是否已经掌握真理，我们有时不得不准备着撒谎，所以在很长一段时间内，陀思妥耶夫斯基的原则都是通过错误来触及真理。因此，他逐渐成长为"西方"文化的敌人，因为在他看来，西方文化的基本特征似乎是去真存伪。只有把他内在的那些互相斗争的对立的事物统一起来，他才能找到真理。这些对立的事物经常出现在他的作品中，它们"威胁"他说，它们要毁了他和他的那些主人公。本着这种精神，他变成了诗人和预言家，并且继续为他的自爱建立界限。他发现，权力陶醉（power intoxication）的界限是由"爱人如己"设定的。一开始，激励他向前的是对权力和主导性的明确追求，即使他尝试把所有生活公式化，也明显地展现了他追求优越感的冲动。在他创造出的所有主人公的行为中，我们都发现，这种向上的冲动驱使他们超越他人，完成拿破仑式的任务，接近深渊的边缘，甚至俯瞰深渊，哪怕自己在跌入其中时有粉身碎骨的危险。他对自己说："我应该因为自己的野心而受到责难。"但是，陀思妥耶夫斯基成功地通过某些对社会有益的形式展现了自己的野心。他像自己创造出来的主人公那样前进，他允许自己创造出来的所有主人公疯狂地超越某些局限。在他意识到社会合作的逻辑性需求后，他发现了这些局限。通过激起他们的野

① 源自尼采的"当你凝视深渊时，深渊也在凝视你"，指与黑暗抗争。——译者注

心、虚荣心和对自我的保护，他首先把这些人推向了生活中最遥远的边界，然后把愤怒的合唱团安插在他们的路上，最后把他们重新赶到人类天性强加的边界上，他允许他们在这边界上和谐地吟唱赞美诗。在他的作品中，最常出现的形象就是"边界"，偶尔也会出现墙的意象。他是这样评价自己的："我对穿透现实的边界有着疯狂的热爱，因为那里就是幻想开始的地方。"至于癫痫发作带给他的感觉，他描述道，那仿佛是一种让人愉悦的醉酒经历，这种感受引诱着他抵达生物感官的极限，他感觉他只要再迈出一步，就能切断自己与现实之间的联系。这种情况一再体现在他创造出的主人公身上，它有着重要的意义。让我们听听他那如救世主般的新教义：将英雄主义般的生活与爱人如己的情怀成功结合起来。他笔下的主人公似乎正是在这条边界线上，他们的命运才得以圆满。他自己也被引诱着走向那条边界线。他有一种预感，即他能在边界线那里找到人类价值的最丰富的实现形式——同胞之爱，因此他以最明确的形式画出了这条边界线。在他之前，几乎没有人做到过这一点。从他那具有创造性的才能和他的道德立场来说，这个目标变得特别有意义。

　　他和他创造出来的主人公一再被引诱着去探索经验的终极边界：在这里，他摸索着、犹豫着，在上帝、沙皇与俄国面前怀着最深的谦卑，给他的主人公们融入人性。我们可以将这种遏制住他的感觉称为限制感。这种感受让他叫停。这种感受已经转换成具有防卫作用的内疚感，就像他的朋友经常谈到的那样，他不知道原因为何。当一个自负的人想要超越他的社会情感的极限时，某种神秘的力量就会出现，从而建议他进行反省。

拉斯柯尔尼科夫已经在思考他将要使用的武器的性质，他正在大胆地推进自己的谋杀计划，他冲动地认为一切都有被选定的性质。在行凶之前，他已经在床上躺了好几个月。最终，他把棍棒藏在外套下面，走上台阶去行凶，他的心狂跳不已。在这种心脏的狂跳声中，我们辨别出了生活的声音，其中体现了陀思妥耶夫斯基对生活的局限性的敏感。

他的很多作品所表现的内容并不是一个孤独的主人公逾越了爱人如己的局限，而是这个主人公摆脱了自己的无价值感，死得高尚而英勇。在这些作品中，出生于底层的人，普通人、妓女和儿童都成了主人公。他们的形象都突然变得高大起来，他们会来到包罗万象的人类英雄主义的边界线上。这正是陀思妥耶夫斯基希望引导他们到达的地方。

在他的整个青年时代，他就已经对边界线上可以做的事和不可以做的事的概念有了很深刻的认识。在他成年后的早期，一切还是老样子。他由于疾病而落下了残疾。因为他有着差点被处决的悲惨遭遇和流放经历，所以他的精神早就受到了影响。他的父亲无疑是个严格的学究式人物，在他的童年时代，父亲一直尝试着纠正他那固执的，未被驯服的，激情四射的灵魂。但是，父亲的做法显然强行将他推到了边界线上。

陀思妥耶夫斯基的短篇小说《圣彼得堡之梦》描述了他的早年生

活，因此我们可以从中发现他明确的行动路线。如果我们可以从艺术家的灵魂的发展过程中有逻辑地推断出某些东西的话，这些东西一定是他早期的作品、草图、计划与他后期的创造形式之间存在的一系列联系。但是我们首先要记住，艺术创作的轨道与生活战斗的轨道是不同的。因此我们可以假设，当所有艺术家面对社会对他们的正常期待时，他们都可能会表现出无感、无能为力或者退却。艺术家不依赖任何东西，或者我们也可以说由于对现实的焦虑态度，他们创造出了另一个世界，而不是对现实生活做出回答。艺术家避开了生活和生活对他们的要求，他们呈现给了我们一个令人费解的艺术创造物。"好吧，我承认自己是个神秘主义者和梦想家。"陀思妥耶夫斯基告诉我们。

当我们准确地理解了陀思妥耶夫斯基对人类生活的看法时，我们也就可以明白他文学作品中的创作方法了。他在上面提到的短文中做出了明确的暗示："当我来到涅瓦河边时，我停留了一小会儿，以便沿着河流望向那暮霭沉沉之地；这时，黄昏的最后一点痕迹也消失了。"然后，他匆匆赶回家，并且像正常人一样梦到了席勒作品中的女主人公。"我从来没意识到阿马利娅（Amalia）①竟然住在我附近……"沉醉于爱情中的他更愿意忍受折磨，他认为这种折磨比生活中的所有快乐都甜蜜。"要是我与阿马利娅结婚了，我肯定不会幸福。"这难道不是世界上最简单的事情吗？通过沉迷于梦境，这个文豪让自己与生活中的混乱保持了适当的距离，他停留了一小会儿，结果发现想象出来的爱情的甜

---

① 指席勒的作品《强盗》中的女主人公。——译者注

蜜程度是不可超越的。"哪怕是我想象出来的理想事物都会被现实破坏，因此我宁愿逃到月球上。"这意味着他想保持单身，他不想爱上任何地球人。

因此，这个文豪建造的壁垒成了他对抗现实以及现实对他提出的要求的武器。这与我们在《白痴》或者"既不抗议也不发声"的患者案例中看到的不一样。陀思妥耶夫斯基不知道自己对苦难的忍受有朝一日会成为自己的特质。当他因为愤怒和内疚而离开自己的轨道时，他发现自己体内的那个正常人就是毁灭者和革命者——加里波第（Garibaldi）①。在发现这一点的同时，他还发现了到那时为止尚无人能理解的内容，即谦卑和顺从并不代表最终的行为，而是代表反抗。这种反抗代表需要被克服的"距离"。托尔斯泰也知道这个秘密，虽然他经常讲述这一点，但是人们往往充耳不闻。

真正的秘密可能已经被刊登在报纸上了，但是没有人真正了解它。例如，没有人知道阿巴贡·索罗维耶夫（Harpagon Solowjow）想要通过饿死自己这种可怜巴巴的死法来报复谁，同时，他还在自己的破报纸里藏了十七万卢布②。当他悲惨而无助地与自己的猫和管家隔绝开来，并且欠着所有人的债时，他的内心怎么会感到愉快呢？他掌控着所有那些只承认金钱有力量并且想要获得金钱的人，强迫他们向自己摇尾乞怜。这一点导致他发展出一种奇怪的责任感，并且有条不紊地对生活施加暴力。

① 意大利民族解放运动的领袖，军事家。——译者注
② 俄罗斯货币单位，原为苏联货币单位。——编者注

为了执行他的攻击方法，他必须饿死自己。"他自己已经超越了所有欲望。"人有必要疯狂到这个地步吗？如果有必要的话，索罗维耶夫是愿意做出这种牺牲的。那时他就不用感到自己有责任蔑视人类，以及那些自负的财富追逐者，并且谴责那些靠近自己的人。他具备进入上流社会的一切条件，但是他犹豫了一小会儿，把自己的魔杖扔进了垃圾桶，他感到自己很伟大，并且凌驾于人类之上。

陀思妥耶夫斯基的生活中最重要的一点在于，他所有伟大的作品都会以如下方式出现，即主人公的行为会被认定为无效的、有害的、可耻的，并且只要个体的顺从中隐秘地包含着个体比其他人更优越而产生的愉悦感，救赎就存在于顺从之中。

所有有关陀思妥耶夫斯基的传记都会对他最早的童年记忆进行解释。他在《死屋手记》这部作品中提到了这段童年记忆。为了更好地理解这段记忆，让我们大概介绍一下相关背景。

有段时间，陀思妥耶夫斯基几乎对自己与狱友建立联系失去了信心，他无可奈何地躺在床上，并且开始思索他的童年、他的整个成长过程，以及他的成长经验。突然之间，他想起了一段往事：某天，他从父亲的庄园走出去好远，并径直穿过田野，突然他停了下来，变得十分惊恐，因为他听到有人在喊"狼来了"。他开始往父亲的庄园跑，当他看到田野里有一个农夫时，他准备上前寻求庇护。这个被吓哭的男孩抓着农夫的胳膊，并将自己的遭遇告诉了他。农夫用手指朝着他画了个十字架，并安慰了他。农夫向他承诺自己是不会让他被狼吃掉的。人们通常将这段回忆解释为陀思妥耶夫斯基与农民阶层形成紧密联系的原因。然而，这里的重点是狼，是狼驱使他重新与人类接触。这一经历持续存在于他的脑海，它是他的人生追求的象征性表现，因为它存在于他的活动的指导路线上。一想到要让主人公与世隔绝，他就会感到害怕。对他而言，这种状态就像这次经历中的狼。这只狼让他与来自社会底层的穷人站到了一起；通过十字架这个记号，他试图和他们建立联系。他希望借助这种联系成为一个有用的人。这就是他说"我的生命交予我的人民，我的思想属于全人类"这句话的意思。

尽管我们强调陀思妥耶夫斯基是俄国人，并且是现代文化的敌人，但是泛斯拉夫思想（Pan-Slavic ideal）在他体内深深地扎了根，这与他那希望通过错误寻求真理的灵魂并不冲突。

他在普希金纪念碑揭幕典礼上进行了一次演讲。这次演讲传递的思想是他最伟大的思想之一，因为他尝试着在西欧派与斯拉夫派之间建立联系。他的做法在那个夜晚产生了巨大的影响。两派的拥护者都来到他面前，他们拥抱了他，并根据他的立场表达了各自的观点。但是这种共识并没有持续很久，毕竟人类还没有从沉睡的状态中彻底觉醒。

陀思妥耶夫斯基竭尽所能来让大众意识到他内心一直渴望实现的目标，即完善包罗万象的人性（他注定要做这件事），同时，他自己也形成了一种关于这种同胞之爱的具体象征。

陀思妥耶夫斯基不仅将个体搁置一边，而且将世俗的权力搁置一边，他尝试着拯救自己和他人的做法让人自然而然地对他形成了一种印象：他是俄国的救世主。他的信仰声明很简单："对我来说，基督是有史以来最美好和最尊贵的人。"在这段话中，陀思妥耶夫斯基直截了当地揭露了自己的指导目标。他描述说，当他的癫痫发作时，他在欣喜的感受中不断升腾，并实现了永恒的和谐，他感到自己就在上帝附近。他的目标就是常伴基督左右，承受基督所受的创伤，并完成基督的使命。他反对个人英雄主义，因为他所经历的个人英雄主义事件带给他的感受比他之前遇到的任何人带给他的感受都要更强烈，使得他将其看作病态的自负，即一种与普遍的连接感形成对比的自爱方式。这种普遍的连接感存在于个体对同胞的爱以及对社会的逻辑性要求中。"跪下吧，骄傲的人类！"面对那些动辄就放弃的人，陀思妥耶夫斯基之所以伤害他们的自尊是为了追求和平，他朝他们喊道："工作吧，懒人们！"为了反驳他，有的人会向他提到人性以及关于人性的明显的外部准则。他对此的回答是："蜜蜂和蚂蚁都知道自己的公式，但是只有人类不知道自己的公式。"说起我们对陀思妥耶夫斯基的追求的推论，我们还可以补充以下一句话："人必须寻找自己的公式，人既能够在自己愿意帮助他人时发现它，也能够在自己愿意为人民做出牺牲时发现它。"

因此，陀思妥耶夫斯基变成了一个解密者和一个寻找上帝的人，比起大多数半梦半醒的人，他能够更强烈地感受到自己的内心。他曾经说过："我不是心理学家，我是理想主义者。"这一点让他与所有的现代艺术家和心理学家之间有了明确的区分。他与社会情感之间有着密切的联系。社会情感是社会的基础，是一种我们想要理解却还没有完全理解的真正的现实。这就是他能够把自己称为理想主义者的原因。

陀思妥耶夫斯基创造的人物对我们产生了巨大的影响，让我们来列举一下支持这种说法的理由。其中最主要的理由是，他们的身上体现出了统整性（integrated unity）。无论你从哪种角度来检验他作品中的主人公，你都能在他们身上找到完整的生活和理想所需的要素。就好比在音乐领域，一段旋律在演奏的过程中能够一再展现整个乐章的情绪和发展态势。陀思妥耶夫斯基笔下的人物也是这样的。比如拉斯柯尔尼科夫，躺在床上计划谋杀的人是他；在心脏怦怦跳着的同时走上台阶的人是他；将一个醉汉从马车轮子底下拖出来并且把自己身上最后的钱都给这个醉汉，以便这个醉汉能够养活饥饿的家人的人也是他。陀思妥耶夫斯基就是通过这种方式造就了这些角色内心情感和目标的一致性，这种一致性对我们产生的影响是深远的。在潜意识中，我们会把陀思妥耶夫斯基笔下的每个人物都看作被牢固地焊接起来的塑像，仿佛他们被写在了不朽的媒介①中，他们与《圣经》《荷马史诗》以及希腊悲剧中的人物相似，我们必须提及他们的名字，为的是让他们对我们的灵魂产生影响。

在我们理解陀思妥耶夫斯基产生的巨大影响时，我们还须解决另一个困难。让人感到很幸运的一点是，解决这一困难所需的必要条件都唾手可得。这一困难就是，陀思妥耶夫斯基笔下的每个人物都绕着意识的双轴线转动，每条轴都巧妙地固定在一个明确的点上。角色都在一个空

---

① 指文学作品。——编者注

间中安全地活动。这个空间的一边是个人英雄主义，在这里，主角变成了狼；另一边是个体对同胞的爱。两边界线分明。因为双轴线使他笔下的每个人物牢牢地占据了自己的位置，并形成了自己坚定的立场，所以他们深深地印刻在了我们的记忆和感受中。

我们还要说一下为什么陀思妥耶夫斯基是个道德主义者。他必须否定与自己的天性对立的环境因素，他必须在对立感极其强烈的事物之间建立桥梁，而这些独立的事物来自他所处的环境。因此，正是环境因素驱动着他去寻找一些公式，即寻找关于人类的爱的积极表现形式。这些公式不仅能够包容他的追求，而且能够帮助他实现这种追求。他找到了一个公式。这个公式位于所有由康德提出的至高律令之上："每个人都参与了他人的罪恶。"我们比以往任何时候都更深刻地体会到了这个公式的影响有多深，以及它与生活中最真切的现实之间有着多么紧密的联系。虽然我们可以否定这个公式，但是它总能重申自己的权威，并且告诉我们，我们这样做其实是在骗自己。这个公式不仅仅意味着对同胞的爱，也不仅仅是一种至高律令的形式。至高律令即使在隔绝个人野心的情况下依旧能够保有自己的价值。如果我参与了所有人的罪恶，我就有一种永恒的义务：它不仅要求我负责任，而且命令我付出代价。

通过这种方式，陀思妥耶夫斯基本人既是艺术家又是道德主义者，这是一个伟大而难以达到的形象。

我们还没有论述他作为心理学家所做出的贡献。我们想冒昧地说，他在心理学方面的预言视角比心理科学的穿透力还要强，因为他更熟悉人性，而心理学是在概念化的基础上发展起来的。像陀思妥耶夫斯基一样的人都尝试思考过大笑的意义，他们认为，一个人的笑声体现出来的可能性比他的生活态度体现出来的可能性更多，任何这样做过的人都会想到"偶合家庭"①这个概念。在这样的家庭里，家庭成员各自追求自己的目标，他们彼此之间是隔离的；年长者会将这种倾向灌输给自己的孩子，以实现更大程度的隔离和更大程度的自爱。陀思妥耶夫斯基看到的东西比我们预期和要求心理学家看到的东西更多。在《少年》这部长篇小说中，陀思妥耶夫斯基让一个钻在被窝里的男孩通过幻想来表达自己对权力的观点。任何记得这个情境的人都会意识到其中蕴含的真理，以及他对精神病的起源的描述中体现的敏感性——他认为个体发展出精神病的目的在于进行反抗。如果一个人能够感受到这一点，他就会承认哪怕在今天，陀思妥耶夫斯基也能成为我们的老师，就像尼采敬陀思妥耶夫斯基为老师一样，因为陀思妥耶夫斯基已经意识到专制统治的倾向对人类心灵的影响有多深。他的见解和他对梦的讨论至今仍具有不可替代的作用，而他的观点与研究精神的学生所取得的结果是一致的，即所有人都是根据目标，或者说根据最终的重要时刻来行动以及思考的。

因此，陀思妥耶夫斯基在不同的领域成了受人喜爱的大师。陀思妥耶夫斯基的作品像一道光一样唤醒了沉睡者。他描绘出的关于生活的理

①　指人们在外力的作用下不小心结合在了一起。这样的家庭表现出一种虚伪的无根状态：家庭成员之间互不理解，各自追逐自己的目标，钩心斗角。陀思妥耶夫斯基笔下的卡拉马佐夫一家就是典型的"偶合家庭"。——译者注

想形象向我们解释了其中的原因。沉睡者们揉了揉眼睛，四处看了看，根本没有意识到刚刚发生了什么。陀思妥耶夫斯基很少睡过去，即使睡着了，他也会频频醒来。在理解人类的合作性方面，他的作品，他的道德准则和他的艺术把我们带到了更深的层次上。

（本章内容是作者于一九一八年在苏黎世市政厅发表的演讲）

第二十三章

有关战争神经症的
新观点

关于战争神经症的新文献一直都认为，当前我们有关神经病学的观点与战前流行的神经病学的观点并没有很大变化。神经病学家告诉我们，我们的肉体没有变，发病原因没有变，发病历程没有变，困难也没有变，只有与疗法相关的内容发生了根本的变化，这些变化是由战争和军事情境强行施加的状态造成的。

然而，我们有必要着重强调一种新变化，它很重要，可能会增加如今神经病学方面的调查研究的难度。在和平年代，人们虽然没有明确地表达这样一种观点，但它是不证自明的，那就是对神经症患者进行治疗的目的就是让他们痊愈，或者至少让他们不再受相关症状的困扰，以便他们能够找回自我，并且过上由自己支配的生活。与之不同的是，军事神经学不再是为了治愈患者而对其进行治疗，而是为了军队和"政府"的利益而对其进行治疗。这样一来，以服务为目的医学观念和纯粹的医学考虑便与本应该是客观科学和疗法的东西混为一谈。尽管像这样的纯粹的医学考虑既是必要的，也是人们想要的，但是它显然增加了我们了解这些问题的难度，因为人们会在对疾病进行调查研究时过分侧重它的某一方面。这样一来，我们的问题就简化成了神经症患者在外部强加于自己情境中所采取的行为方式。

我们手头有足够的战前材料，所以我们能够部分地了解这个问题的独特性。实际上当医师把有着广泛分级的建议疗法应用于患者，用来治疗那些烦人且持续存在的单一症状时，医师是很清楚这些疗法的效果的。但是人们经常有一种执念，那就是他们的病能够痊愈，而且永远不会复发，哪怕患者那时正在因为自己老毛病的复发而头疼，或者因为新出现的症状而重新接受治疗，这一点从他们说的话和写的信中似乎也能看得出来。

我需要提醒大家，在治疗过程中，我们所看到的，与其说是治疗病人的手段，不如说是让患者去完成一些既定的任务。例如，一个法律系的学生抱怨说，自己在考试前出现了失眠、疲惫、健忘和头痛的症状。距离他考试只剩八天时间了。我会将治疗师对这个案例中的个体治疗所采取的所有步骤呈现出来。在医师的建议或者其他治疗程序的帮助下，这个学生成功地参加了考试，这样的例子毫无疑问也是存在的。例如，可以采取的方法包括让患者保持清醒、催眠疗法、冷水的应用、电击疗法以及药物治疗等。在对神经症患者的治疗过程中，医师的话或者任何人的话都足以改善患者的状态。[1]在考虑这样的案例时，所有人都会赞同我的观点，那就是不管他们症状的本质如何，他们身上的问题并不严重，他们与正常人并没有什么不同。上述疗法当然并不总会起效。有些学生在考试的时候发现自己根本无法集中注意力。在很多例子中，症状会变得更严重，他们随后会将其作为自己转变职业选择的借口。有时

---

[1]　对半数的神经症患者来说，看医生意味着下定决心放弃自己身上那些不必要的症状。现代神经病学中的所有派别都建立在这半数患者痊愈的基础上。

候，有些人会发展成严重的神经症，甚至会走上自杀这条路。很多人会将自己症状的恶化归咎于自己接受的治疗，他们后来拜访的医师通常会强化这种猜测。我还记得一个案例，在这个案例中，有一个人的妻子不敢坐马车，于是他让马跑得更快，反而治好了妻子的恐惧。

没有人可以断言上述案例中的人被治愈了。除了少数人之外，即使是战争神经病学专家，他们也认为自己所做的事情只不过是让患者摆脱了症状，而且这些症状会在患者接受治疗后反复复发，因此患者很难回到正常状态。在和平年代，医师在进行治疗时通常想要立刻实现自己的目标，并且会在患者的配合下尝试实现这一目标，与之形成对照的是，战时治疗的即时目标在于使一个人积极地适应军事职能，但是这种服务的本质，或者说目的可能会被削弱，并且变得不那么重要。即使治疗是成功的，神经症患者也会落于人后，他们不得不继续面对治疗之后产生的新问题和其他重要问题。各种权威总是强调医院"氛围"的重要性，这一点是非常正确的。但是这种氛围绝不仅仅产生于个体对那些从疗法中得到的推论所采取的态度，还是由服务过程中成百上千的细节组成。这些细节在某种程度上包含某些假设，而这些假设与后续的实用性问题以及未来难题的正当性在本质上有关。

尽管我们不愿意暗示一点，即每年一度的抚恤金发放是值得神经症患者追求的目标，但是我们在这里不得不谈谈抚恤金发放的问题。对那些因为不测可能发生在自己身上而变得歇斯底里的患者来说，他们并不是为了获得抚恤金。然而，对战争神经症患者来说，抚恤金的价值与战争勋章的价值等同。战争神经症患者会通过抚恤金向亲属们证明，自己参与过战斗，并且自己因为战争而患上了疾病。他们也可能会将其作为逃避服役的手段。在接受复查的时候，领着抚恤金的退役军人总能让神经病学家触动，他们在交谈时往往带着批判性的语气，并且坚持让神经病学家细读自己的病历。最能打动神经症患者的是"想象出来的抚恤金"，患者自己会下意识地说出合乎逻辑的理由，解释自己为什么需要这笔钱，比如因为恐惧、危险、想家，或者为了获得个人利益等。

就像在和平时期一样，在战时，医师的一举一动都会被患者的反向努力影响。我遇到过很多背井离乡的神经症患者。无论亲人是不在身边还是偶尔出现，无论亲人离自己是近还是远，只要有这种反应，就可以被看作纯粹神经症性的反应，只要这种反应持续存在，其影响方式（指对抚恤金的需求）都是一样的。每一个对该问题的偏见，都使简化问题变得更难了，同时也使改善患者的进程变得更艰辛了。为了应对这一问题，我可以提供一些建议，比如私立疗养院的治疗师可以明确地根据其疗效的性质来选择治疗手段。

我们总能证明一点，那就是神经症症状的"易变性"源自患者所处的环境，所以我们也可以认为神经症是一种职位导向的疾病（position illness）。正是这个原因，神经病学家有必要完整地了解每个人的特性，以及患者语言的每个方面，但是有时候我们很难了解这一情况。

人们采用的疗法的性质造就了神经症患者中的一部分人对自己病情的"定位"。如果患者接受了不止一位医师的治疗，那么这个问题就不好解决了。因此，我们推荐患者去神经病学方面的小型专科疗养院接受治疗。那里提供的有关患者痊愈的完整记录对我们来说是很有帮助的，我们可以根据这些疗法的成功率来对其进行评估。只有当关于患者痊愈的信息来自那些真正参与了治疗的医师时，我们才能认为这些信息是可信的。只有当治疗方法成功地揭露了患者的心理时，我们才能将该疗法当作真正的心理治疗的一部分。因此从这个定义来看，如今人们使用的所有"心理治疗方面"的手段中，神经学治疗被排除在了真正的心理治疗之外，人们仅仅把它视为能够进行应用的普遍准则。在战时，神经学治疗的成功全部源自当局对它们的使用，以及它们赠予了患者"最起码的舒适"。从前面关于心理治疗的定义来看，催眠、唤醒建议、假装的神经症，以及实际治疗之前进行的 "心理治疗方面"的准备都不属于"心理治疗"的范畴。治疗师们通常会使用一些大胆的方法，这些方法往往使人痛苦，比如使用水床、吓唬患者、剥夺患者的某些目标以及故意使患者的状况恶化等。

目前的从业者所采取的方法都更强调行动，这一点在所有从业者身上都表现得很明显。在过去，有的治疗师会把患者带到更适宜的环境中，让他们平静下来并且等待好转，但是目前的从业者认为这种做法没有任何意义。如今的战争神经学的基本观点是，人们会尝试通过引起患者的对立特质来克服顽疾。从外部看来，这种疗法会让人觉得它是更温和的，但它实际上是更强烈、更根本的，而且它在这种情况中能够带来更快、更持久的疗效，这在那些以战争经历为托词的患者身上尤为显著。但是，这种疗法不能防止患者心理"定位"的恶化，并且它存在瑕疵，因为它只不过是一种虚假的治疗手段而已。

神经症是习得的还是遗传的？有关该问题的答案目前还不统一。但是，人们已经比以前更重视教育、环境因素的影响，以及儿童对神经症父母的模仿。如今的人们依旧强调神经症发病因素的出现频率或规律性。个体心理学是从预断的视角来看待患者在个人生活和社会环境中的自我定位的，它认为这种定位具有决定性作用。从个体心理学的角度对患者表现出的心理学图像进行的洞察，合适的既往病例，加上人们对患者有关生活的态度的更好了解，这些注定会让我们根据患者的恶化程度给出最安全的指导，并且也会帮助我们揭露所有虚假疗法的真面目。

目前有一种主导观点，即神经症症状与患者之前患过的疾病有关。这种观点简单地认为，症状的发展与器官缺陷有关，症状代表了一种情感的正常表现形式，比如颤抖、恶心、失语等的持久性固着。人们很少研究导致这种固着产生的原因。人们普遍认可的一种解释是，固着的倾向是一种像症状的易变性一样的神经症特质。我们可以从患者的"定位"来解释神经症固化一种症状的方式：如果症状与患者的目的匹配，那么患者就会认同该症状，否则患者就会拒绝显露该症状。我们也在正常人身上看到了类似的表现。

现在我想讨论一下近两年发表在各种刊物上的很多表述、观察结果和建议。

（1）尚茨（Schanz）认为，神经痛始于脊柱节段的缺陷。

（2）布仑克（Blencke）认为，即使脊柱节段的缺陷确实与神经痛有关，它们之间也不存在直接的关系。人们更倾向于把神经衰弱引起的疼痛归因于身体缺陷。如果我们的身上长了一颗痣，这颗痣要么是长在疼痛的地方，要么是长在脊柱的某个节段上，那么我们就会对这一说法感到满意。如果这一情况与轻微的脊柱侧凸或者脊柱后侧凸同时出现，那么我们通常就可以排除患者装病的情况。通过口头建议疗法，以及对法拉第电刷（Faraday brush）的应用，安德纳赫（Andernach）总能成功地改善患者的症状。他同样强调治疗师进行建议疗法的重要性。罗特曼（Rottmann），以及后来的约瑟夫（Josef）和曼（Mann）都尝试对处于昏迷状态的患者进行假手术，并且在假手术之后为患者绑上绷带，他们的目的是通过假手术来改变患者的心理。卡尔穆斯（Kalmus）和迈耶（E. Meyer）喜欢使用目前更温和的考夫曼（Koufmann）方法。考夫曼方法现在包含一种准备措施，其形式首先是进行口头建议疗法，过一阵子之后再使用中等强度的电流对患者进行感应电疗法，患者在接受感应电疗法的过程中会被军事操练打断。属于神经衰弱类型的精神病患者可能有严重的癔症发作或者一般心理表现，迈耶希望将这样的个体，或者说患有严重心理疾病的个体排除在该疗法之外。让我补充一点，那就是医师比疗法的性质更重要。我们不能草率地假定患者的疾病是假装的。如果我们发现感应电疗法对患者造成了过度的刺激，那么就不应该对他们继续使用该疗法。

（3）利贝迈斯特（Liebermeister）似乎有一些重要的建议。因为他的疗法不被允许在德国之外的地方进行应用，所以我只能参考他的工作写了一个描述性的文献综述。我从这些文献中推断出了他的观点，那就是从业者要承诺自己一定会治好患者的疾病，否则从业者就不能对患者收费。

（4）阿德勒得出了同样的结论。另外，他还强调了个体心理学方法和教育性的疗法的重要性。这种教育性的疗法认为，神经症患者从童年时期就持续存在的性格基础是有缺陷的，也可以说是错误的。如果我们抛开所有这些概略的解释，我们就会发现一种现象，即神经症患者会本能地保护自己不受来自生活的一般要求的影响，为了实现这个目的，他们会在主观上表现出虚弱。他们试图通过对也许并不存在的危险进行自我认同，保护自己远离真正的危险。这样一来，神经症就变成了个体进行逃避的一种手段。如果在患者的既往史中，呈现早期积极合作的迹象，在学校、友谊、恋爱、适龄婚姻、育儿或职业等方面已有进展，那么患者的预后将更好。神经症患者倾向于"保护"自己的小家庭圈。他们表现出的症状和固着都是由"他们努力捍卫的未来目标"支配的。我们能很容易地分辨出装病的神经症患者和真正的神经症患者。以上陈述来自一个关于拒绝使用高压电流进行治疗的讲座，演讲者在结束时给出的警告是："避免使用任何伤害人的尊严的方法！"

（5）莱万多夫斯基（Lewandowsky）也表达过类似的意思："患者发展出神经症的目的是守护自己的安全感。他们中的些人遗传了某种缺陷，这种缺陷使得他们没有能力服从自我。他不愿意进行适应，这一点在很大程度上影响了他们的愿望的发展，而他们的愿望就是待在家里。……我们无法在患者的既往史中或者任何种类的创伤性状态中找到真正的病因，我们只能在患者的未来，即患者不再愿意承受的东西中找到真正的病因。……疾病使得患者能够实现自己想要逃离危险的愿望。"莱万多夫斯基也强调了把很多神经症患者集中到一起的危险，因为他们之间存在相互影响的可能性。他认为，当患者在自己的家里接受治疗时，治疗会更难进行，因为家毕竟是患者最想待的地方。但是他没有提到一点，那就是我们应该采取什么措施来对抗患者想留在家里的愿望。他指出了痊愈案例是通过什么方式影响其他患者，从而使之痊愈的，这种做法是正确的。我也知道很多痊愈的案例，一个护士会把有关其他患者的痊愈案例告知正在接受治疗的患者，这种做法会促进正在接受治疗的患者的痊愈。莱万多夫斯基可能夸大了军衔对治疗的影响，他的治疗包括尝试使情境恶化，并且将建议疗法和感应电疗法作为补充，这不同于考夫曼的方法和催眠。他拒绝使用假手术，并且拒绝让患者进入假昏迷状态。

（6）迈耶认为，只要医师相信一种方法并且大胆地使用它，这种方法就是好方法，重点在于使神经症患者相信自己能够回到之前的工作中发挥自己的价值。

（7）雷特尔（Raether）描述了考夫曼方法的一种应用形式，那就是在使用感应电疗法的时候，同时使用一种心理治疗方面的介绍性的治疗方法，随后的治疗该紧跟其后。结果显示，97%的患者痊愈了，他们重新具备了工作的能力。

（8）曼（L. Mann）指出，早在一九一一年，他就已经应用了口头建议疗法，并在随后对患者进行了感应电疗法。

（9）从内格利（Naegeli）的作品《意外和欲望神经症》（*Unfalls-und Begehrungsneurosen*）中，我希望大家注意一个事实，那就是只要人们能够发现个体的活力的本质是什么，那么患者就会痊愈，并且重新获得工作的能力。就像当时的很多人一样，他强烈反对奥本海姆（Oppenheim）的观点，因为奥本海姆认为存在"事故神经症"（accident neurosis）。

（10）特朗纳（Troemner）的研究揭示了一种创伤神经症（奥本海姆）的变体形式，他将其解释为伴随着神经性营养不良出现的癔症性瘫痪。之所以会出现神经性营养不良，是因为患者包扎绷带的时间长达两个月，这对他的手背造成了伤害。特朗纳同样描述了"双侧肌无力"的表现之一，如果把圆规的两个脚打开，并将其同时扎到有这种情况的患者身上，那么即使圆规的两脚之间距离很远，患者也只能感受到是圆规的一个脚在扎自己。他认为我们可以利用这种演示操作来证明一点，那就是癔症会对患者的注意力造成限制。

（11）洛伊赛尔（Leusser）对一个超过四代人的心动过速发作的家族性案例进行了评论。

（12）海因策（Heinze）描述到，催眠疗法能够成功地治疗与战争有关的癔症性表现。他的成功率是86%。接受这些疗法的患者都没有重获完整的工作能力，尽管他们的症状消失了，但是只有很少一部分人能够加入军事战斗。海因策把神经症性的战争疾病看作暂时性的反应，这种反应是由心理病理学方面的缺陷造成的。

（13）明科夫斯基（Minkowski）让我们回想起了三十年前发生在以色列的一个案例：治疗师在患者身上进行了假手术，该疗法的效果一直持续到患者知道真相的那一刻。布姆克（Bumke）强调说，心理情境的图像是十分复杂的。他声称催眠也是十分复杂的。有些患者很难治，有些患者会用催眠来保护自己的撤退路线，然而有些患者却对痊愈表现出了过度的兴奋，让我们认为他们身上并不存在"想要生病的想法"。布姆克的经验使他得出结论，那就是不应该发放抚恤金，因为发放抚恤金会导致患者认为自己具备不出去工作的可能性。所有医师都应该明确地反对假手术和其他类似的做法，因为毕竟我们应该做的最重要的事情是对相关人员进行恰当的教育，从而让他们放弃使用强迫、惩罚或者欺骗等手段。

（14）克劳斯（Kraus）似乎没有弄清楚神经症的本质，由于他声称神经衰弱不是神经病学唯一关注的内容，因此症状只不过是一种手段而已。他的论点明显基于一个事实，那就是他把体质方面的因素和器官缺陷当作个体发展出神经症的必要条件而非充分条件。

（15）莫尔（Mohr）在很多勤勉认真和一丝不苟的忧郁症患者身上发现了忧郁症的本质，这些患者身上存在一种冲突，即职责感与想要回避不愉悦感的想法间的冲突（我们也可以认为这种冲突是一种与"非社会性的责任心"有关的东西）。只有对他们施加心理方面的影响，我们才能保证他们能够痊愈。以下条件是对患者进行治疗的必要条件：小型疗养院，每一个医师负责二十到三十个患者；患者离开自己的家接受治疗；患者只接受单一治疗，同时在患者能够控制自己的症状的前提下，应用心理疗法。

（16）韦克布罗特（Weichbrodt）指出了一个事实，那就是战争神经症会在个体经历创伤很久之后才表现出来。个体偶尔会通过再现创伤的形式发病。战争神经症偶尔也会出现在还没有上过前线的士兵身上。如果士兵在上前线之前就表现出了战争神经症，那么这个士兵应该被送回家还是被送去前线后方？韦克布罗特拒绝给出直接的回答。他认为罗特曼（Rothmann）的方法除了让患者关注自己的疾病外没有太大的优势。另外，他认为应该废止通过麻醉患者来进行治疗的方法。他同意保留考夫曼方法。在使用催眠方法时，他认为农内（Nonne）的权威性是最高的。农内的方法包括让患者在二十四个小时内持续泡澡，泡澡的时间有时候会延长到四十个小时。如果让患者在一个封闭且嘈杂的环境中泡澡，那么泡澡带来的效果就会得到强化。该方法的效果并没有延伸到癔症患者身上，它仅仅对神经症患者有效。患者提出的外出或者请假的要求会被拒绝。在经过治疗之后，只有很少的患者能够去服兵役，但是他们都能够出去工作。韦克布罗特不赞成发放抚恤金的办法。这种疗法不适合使用在军官身上。

（17）阿尔特（Alt）认为战争神经症指的就是"腹地神经症"

（hinterlands neurosis）。按照他的说法，在那些经他治疗过的患者中，有75%的人能够上战场。

（18）昆塞尔（Quensel）认为，战争神经症是真正的疾病与个体对环境做出的反应的结合。

（19）约利（Jolly）认为，1%～3%的战争神经症患者能够上战场，并且他十分强调工作在治疗方面的价值。催眠疗法似乎没有很大的用处，但是他认同了电心理治疗（electro-psychic）的效果。他推荐对患者使用弱电流，并让患者辅以运动。"我们不应该考虑士兵是因为什么退伍的，而应该考虑他们退伍之后发生了什么。"

（20）克雷尔（Kehrer）明确表示，这些人没办法完全治愈了，我们根本不可能让患有战争神经症的个体恢复到可以服现役的水平。克雷尔认为，患者在经过治疗后或许可以在后方成为有用的工人。他的方法建立在通过各种方式使患者所处的情境恶化的基础上，包括限制营养摄取，实行牛奶餐，进行"强制锻炼"等。他批评说，非医学从业者对电感应疗法进行了误用。他还对某种心理疗法表达了自己的不满，因为该疗法的使用者试图在自己对战争神经症没有深入了解的前提下对患者症状进行解释。他也重点强调了治疗氛围应该是什么样的：所有患者都愿意说，自己在痊愈之前是不愿意离开的。他想让军方来控制这种氛围。

（21）绍尔（Sauer）与弗兰克一起接受了布洛伊尔-弗洛伊德的早期观点，在这种观点看来，神经症是一种被压抑的情感。萨奥尔不赞同弗洛伊德的晚期观点，该观点认为战争神经症与性方面的原因有关。通过让这种情感在个体的催眠状态中重新出现，绍尔试图消除"这种情感产生的张力"。他提到，该疗法成功地治愈了一些患者，证据来自他在后面收到的信件。韦克斯伯格（Wexberg）在几年前就坚持让我们考虑一种理论以及相似的理论，该理论认为，如果一个人被某种经历或者创伤改变了，那么他之所以生病不是因为这种经历或创伤的出现，而是因为他早就已经病了。我们还需要进一步考虑一个事实，那就是我们不能通过这种疗法了解患者的本质。因此我们可以这样说，这种疗法不是人们在了解了疾病产生的原因后施加的。而且，任何情境方面的恶化都是由人们采用的不科学的方法造成的。我们能够自然而然地假定，在这种疗法中，比起医师的观察，患者本人能够揭露更多关于自己心理生活和目标的内容。当处于这种位置的时候，患者其实已经开始放弃自己的症状。这并不意味着该疗法的实际效用被否定了。我们还应该提到一个现实，那就是韦克斯伯格更喜欢让患者在自己家乡的医院接受治疗。

（22）贾洛维奇（Jalowicz）强调的重点在于，在战场上出现的神经症发作的案例是很罕见的。在二十五个案例中，他发现只有两个案例中的患者在上战场之前没有接受过任何治疗。他呼吁人们注意前线的"战争恐惧"的存在，它不利于神经症的发展。他还展示了人们对"由于埋葬而引发的震惊"的误用，这种震惊会让个体产生创伤。他坚称自己从没遇到参加过真正的"埋葬"的神经症患者。奥本海姆认为，个体有可能从假装神经症转变为患上真正的神经症，贾洛维奇不同意这一点。贾洛维奇警告说，不要把患者太早送回家。但是，贾洛维奇对奥本海姆的反对也仅仅是表现出明显的反对而已，因为像奥本海姆一样，贾洛维奇也没有真正地思考这些案例中的神经症的起源。这些案例中病症的起源往往来自个体对神经症症状的模仿。症状易感性的完全发展确实需要个体进行大量的准备和安排，正如和平时期的实践所显示的那样，这些安排属于假装和恶化的范畴。它们通常发生在"潜伏期"，我们可以通过梦对它们进行最好的研究和预测。

（23）佐默（Sommer）通过一种实验心理学方法治好了士兵中出现的功能性耳聋。当患者坐在实验设备前接受手指活动分析时，他们的背后会突然响起铃声。这时他们的前臂紧接着活动了一下，这说明他们听到了声音。实际上佐默的所有患者都存在生理创伤，比如鼓膜破裂。佐默发现，神经症的本质在于"神经症患者会病理性地强迫自己对反射进行压抑"。这只不过是用迂回的方式来描述事实。尼斯尔·V.迈恩多夫（Nissl v. Meyendorf）在对上述观点进行讨论时说，在这些有关耳聋的士兵的案例中，有很大的可能性是他们实际上能够听到声音。我们可以认为，佐默的方法在治疗方面的效果类似于通过以下方式得到的结果：详细地检查后，以"不存在这种疾病"这样的言论来驳回新案例。

（24）伊姆霍夫（Imhofer）指出了人们在揭露装聋的个体时存在的困难：我们不仅需要投入大量的时间，还需要进行持续的观察。在某些情况下，我们甚至需要特别心灵手巧的医师的帮助。患者器官的整体构造和患者的个人史都是很重要的因素。对鼓膜进行的麻醉并不是重要的因素。然而，在稳定的条件下收集到的关于患者器官的情况却是很重要的因素。同时，我们也需要运用有关真正的听力障碍者的心理学。另外，我们还需要考虑患者的智力水平是不是不高。

（25）埃里克·施特恩（Erich Stern）发现，神经症的发病机理包括"个体因素的易变性，以及个体整个心理随后在此基础上发展出的不稳定的平衡"。

（26）施廷佩尔（Stuempel）对两组患有功能性神经疾病的患者进行了区分：第一组患者的疾病与意识状态没有一点关系，第二组患者的疾病与意识状态的变化有关。第一组患者中有癫痫患者、舞蹈病患者、子痫患者、肌无力患者、破伤风患者、三叉神经痛患者和偏头疼患者。他将第一组患者所患的疾病命名为躯体化神经症。他发现自己很难对震颤、肌阵挛和血管运动性分泌性创伤性神经症（vasomotor secretory traumatic neuroses）进行归类。与功能的丧失有关的表现，比如退化的反应、瞳孔反射性僵直、反射缺乏，以及疾病的病理性增强都向我们揭示出一点，那就是震颤、肌阵挛和血管运动性分泌性创伤性神经症都是真正的器质性疾病。然而，也存在支持它们具有心因性起源的因素，这些因素包括易怒症状，特征性麻醉和半麻醉，以及有关疾病的心理暗示。施廷佩尔所做的这种区分可能对某些方面进行了过分的解析，比如对反射增强的重视以及对促反射区的延伸，心因性的战争神经症患者身上经常表现出促反射区的延伸，他们会表现出自己在潜意识中习得的痉挛。所有观察者在实践中都观察到了这一点。

（27）罗特（Rothe）推荐患者接受斯多葛主义的训练来克服口吃。

考虑到大部分疗法都失败了，这确实是一种有趣的观点。当一个人确信
"在斯多葛派学者看来，口吃是命运施加在他身上的考验，他必须通过
保持平静的态度来证明自己是有价值的"时，罗特试图探究患者整个人
在这一过程中发生的转变，否则，口吃的病因就不得而知了。在最好的
情况下，它会在医师对它一无所知时自行消失。

（28）斯特茨（Stertz）强调正常的情绪辐射（affect-radiations）以
及它们的癔症性症状的重要性。我们将把情绪辐射看作物理性的而非心
理性的。癔症性的反应独立于同步发生的器官变化，它是一种明确的倾
向性的发展结果。像夏科（Charcot）和布洛伊尔一样，他在"催眠状
态的条件"下发现了导致这种疾病发作的另一个因素。"固着"的倾
向可能是心理病理学方面遵守的普遍原则。癔症性情结可以在个体没
有欲望、愿望、期待和恐惧的情况下存在。正如在抚恤金和战争癔症
（pension and war-hysteria）的案例中显示的那样，如果癔症性情结确实
是存在的，那么它们就成了能够为疾病的产生提供条件的能量源，并且
永远不会衰竭。至于症状的易变性和它们的固着是否代表了一种普遍的
倾向性，以及一种疗法或者另一种疗法在什么时候是可操作的，斯特茨
根本就没有对其进行考虑。他也没有提到自己是通过什么方法成功排除
了癔症患者的"被明确地赋予的目标"。另一方面，他的"抚恤金和战争
癔症"的概念接近"实际上的位置"（actual position）这个概念。

（29）桑戈（Zangger）的讨论基于一种视角，那就是我们可以通过
改善患者的性格以及锻炼患者的思维能力来治好他们的神经症。

（30）虽然杜波依斯（Dubois）没有提供有分量的理由，但是他正确地对弗洛伊德学派的"转换"观念进行了反击。他认为，"所有可观察的神经紊乱都是一种情绪性的情境在情绪和生理方面的一般表现，这种情绪性的情境与正常情境的区别仅仅在于它们的强度和固着程度"。这在某种程度上是正确的，因为我们实际上感觉不到生理方面以外的表现。人们之所以使用"转换"这个概念，是因为他们假设存在生理能量的转换，并且他们把这种转换的存在归因于一个事实，那就是医师将每个偏离了自己标准的反应都当作转换。

（31）舒斯特（Schuster）通过忽略个体功利主义反应的存在，得出了一个结论，那就是在那些功能已经发生病理性改变的案例中，患者的解剖基础在某种程度上已经与正常人的解剖基础不一样。

（32）在农内提出的建议使用的方法中，他关心的只有一个问题，那就是如何让患者摆脱症状。他的方法也适用于军官。修正的能力是伟大的。他很少能够让自己的患者恢复到能够重新上战场的状态。在四十二个新案例中，有二十六人能够从事全职工作，有十六人虽然受到症状的困扰但是仍然能够履行部分职责，其中有两人的病症得到控制后又复发。原来的考夫曼方法在这里已经转变成一种劝导方法（persuation method），并且被辅之以感应电疗法。

（33）施特拉塞尔（Strasser）说："我们可以将一切从想象出来的人类品质中创造性地发展出来的东西，用于功能性的情绪性疾病或者神经症性疾病的症候群之中。我们大体上可以将每种心理活动都看作个体对未来所做的预先准备。我们的研究结果显示，心理事件的最终方向存在于每一种神经症中，但是人们喜欢将这种最终方向仅仅归因于'抚恤金癔症'。与创造过程本身一样，关于某物已经被创造出来了的信念也能够以同样的方式在功能方面产生影响。'创伤'具有把个人的责任感推向一边的能力。人体可以通过很多管道从健康状态进入患有神经症性疾病的状态，其实每个人都以某种方式保留了一些管道，它要么是回忆录，要么是某些保护性的机制。从个体心理学的视角来看，我们必须意识到一点，那就是每种神经症背后都藏着一个虚弱的人，他无法适应大多数人的想法。这使我们想到了一种侵略性的态度，它是以神经症性的方式表现出来的。我们需要找到合适的方法来解决社会责任和个人责任之间的基础冲突。"

战争神经症加速了人们对神经症心理学中基本问题的讨论。进一步研究得到的结果，以及关于这个主题的大量作品很可能会导致一种与个体心理学观点类似的整合观点的出现。

（完稿于一九〇八年一月）

参考文献

1. SCHANZ, *M. m. W.*, 1916, H. 12.

2. BLENCKE, *Ibid.*, H. 32.

3. LIEBERMEISTER, *Ueber die Behandlung von Kriegsneurosen* (Halle 1917).

4. ADLER, *Lecture delivered before the meeting of Army Physicians at Cracow*, Nov. 1916.

5. LEWANDOWSKY, *M. m. W.*, 1913, H. 30: *Feldärztliche Beilage.*

6. MEYER, *Ther. Mh.*, June 1917.

7. RAETHER, *Arch. f. Psych.*, 1917. vol. 57.

8. L. MANN, *D. m. W.*, 1917, No. 29.

9. NAEGELI, *Unfall- und Begehrungsneurosem* (Stuttgart 1917).

10. TROEMNER, *Aerztlicher Verein in Hamburg*, May 22, 1917.

11. LEUSSER, *M. m W.*, 1917, n. 23.

12. HEINZE, *Med. Scktion d. Schles. Ges. f. vaterl. Kultur zu Breslau*, March 9, 1917.

13. MINKOWSKI, *Ibid.*

14. KRAUS, *Kriegsärztliche Abende.*

15. MOHR, *M. Kl.*, 1915.

16. WEICHBRODT, *Arch. f. Psych.* vol. 57, H. 2.

17. ALT, *Ibid.*

18. QUENSEL, *Zwanzigster Vers. mittledeutscher Psychiater u. Neurologen in Dresden*, Jan. 6, 1917.

19. JOLLY, *Ibid.*

20. KEHRER, *Zschr. f. d.ges. Neur.* vol. 36 H., 1 and 2.

21. SAUER, *Ibid.*

22. JALOWICZ, *Ibid.*

23. SOMMER, *Zwanzigster Vers. mittledeutscher Psychiater u. Neurologen in Dresden*, Jan. 6, 1917.

24. IMHOFER, *W. kl. W.*, 1917, no. 23.

25. ERICH STERN, *Sommers Kl. f. psych. u. nerv. Kr.*, 1917, vol. 10, H. 1.

26. STRUEMPELL, *M. Kl.*, 1916, vol. 36.

27. ROTHE, *Zschr. f. ges. Neur.* 1916. vol. 36.

28. STERTZ, *Ostdeutscher Verein f. Psychiatrie*, Dec. 1916.

29. ZANGGER, *Neurol. Ges.*, Berne 1916.

30. DUBOIS, *Ibid.*

31. SCHUSTER, *Neurol Zbl.*, 1916, H. 12.

32. NONNE, *Wandervers. d. süddeutschen Neurol. u. Psych. in Baden–Baden*, June 1917.

33. STRASSER, *Schweizer Korr.*, Bl. 1917, no. 9.

第二十四章

脊髓发育不良或
器官缺陷

我的《器官缺陷及其心理补偿的研究》一书通过对泌尿系统的病理学变化的研究表明了一点，即不管病理学的变化体现在功能性方面还是形态学方面，它们都与可遗传的器官缺陷和神经上部结构有关。这种器官缺陷经常处于潜伏状态，因为由它导致的缺陷可以在某种程度上得到补偿。通常的情况是，某处器官的缺陷会影响身体的整体情况。

我在书中指出，标志着个体出现了病理性变化的最明确的表现如下：疾病的遗传性和它在家族中的出现，如不孕不育，身体功能的退化，以及出现反射方面的异常。总之，我能够证明遗尿与病理性的变化有关。我在那时收集了五十个案例的信息，并且案例的数量在后来不断增加。通过对这些案例进行统计，我成功地证明了器官缺陷具有统一的特性和单一的特性。

"节段缺陷"（segment inferiority）发挥着很重要的作用，在那些有遗尿问题的案例中，节段缺陷表现为可遗传的下肢异常，以及在感染区域出现痣、神经纤维瘤和血管瘤。

"倾向"（disposition）这个概念指的是器官以及它们的神经上部结构容易发育不全并且发育不良。我在书中最关心的问题是替换"倾向"这个概念，以便通过有关缺陷症状的临床证明来使我们的案例更有说服力，我在前面提到过这些缺陷症状。

　　我的书中包含了与人体的异常和疾病有关的内容，鉴于它们是很基础的内容，因此，人们应该更加重视我在关于器官缺陷的理论中得出的结论，以及我试图证明的适用于整个器官系统的内容。我们有必要不断地重复一点，那就是虽然器官缺陷影响了整个器官和它的神经上部结构，但是它仅仅出现在特定的部位。我在书中写道："我们必须坚持认为，同时出现的多器官缺陷会延伸到个别部分和中枢神经系统的神经束，而且，器官的效能经常与特定的神经纤维的效能成比例对应。神经纤维与特定的器官相联系，它们从器官那里接受刺激，并将神经冲动传给器官。""我在这里的关注点是，缺陷的表现形式的聚焦是如何通过遗尿这种方式发生的，我会通过具体的案例来证明中枢神经系统和性器官同时存在缺陷。""原发的、有缺陷的精神运动性上部结构与那个器官有关，该器官不能对环境做出充分的反应，即该器官对膀胱反应不足……"上述引文以及这本书的整体目标就是为了证明一点，那就是无论从形态学方面来说还是从功能方面来说，缺陷既可能会明确地出现在机体的特定部位，也可能会出现在机体的"神经上部结构"。

　　阿尔弗雷德·富克斯（Alfred Fuchs）在《维也纳医学周刊》发表的关于脊髓发育不良的研究中提出了以下观点："在目前看来，正如某些疾病甚至很多疾病所暗示的那样，功能性的神经症可能源于靠下节段的脊髓的先天发育不良或者先天发育不全。"他的作品使得人们开始关注我已经描述过的那些相互关系。我对这些相互关系的研究所得出的结论，与我根据自己所掌握的有关身体的大量事实得出的结论是相同的，这使得富克斯假设，有六组因素属于脊髓发育不良的症候群。

（1）在成人身上表现出的括约肌无力，尤其是遗尿症。

（2）并趾。在提到这一点时，富克斯还提到了一些额外的症状，比如先天性色素沉淀，它们以机动的顺序（mechanical order）从第六胸椎排列到骶骨中央；腰部多毛症和扁平足。

（3）敏感性障碍。

（4）存在于脊柱下部和骶骨的缺陷；未充分发展的隐形脊柱裂，很可能存在多余的骶椎股，以及下腰椎的变化等。

（5）反射异常。

（6）足部骨骼结构畸形，脚趾在营养和血管运动方面存在障碍。

在我前面提到的作品中，我用了很大的篇幅来讨论第一组症候群中的症状以及其他始于儿童时期的缺陷。在那个板块中，我把这些缺陷当作判断个体的器官是否存在缺陷的重要标志，并且得出了一个结论：如果儿童身上的缺陷也存在于父母、兄弟姐妹以及其未来的孩子身上，那么我们可以猜测，这种缺陷与特定的器官有关。既然富克斯已经证明了一点，即成人遗尿和儿童遗尿具有同样的重要性，那么我就不赘述了。我也不必提到一点，那就是我还得出了更进一步的结论。但是我们可以把我的建议当作一个例子：这个系统的其他部分，以及相关的神经束可能是器官缺陷的表现和结果。在《维也纳医学周刊》有关肾结石的研究中，我能够证明它与遗尿之间的联系，从而证明我在书中的陈述是有依据的。我当时的陈述内容是，大多数的泌尿系统疾病与机体本身的缺陷有关。这种缺陷具有遗传性，它会以遗尿的形式表现出来。除此之外，还存在其他有关缺陷的标志，比如耶勒（Jehle）以及其他科学家在后来证明，腰椎异常可能是个体存在"脊柱前凸性蛋白尿"（lordotic albuminuria）的标志，遗尿通常在这一疾病中发挥着重要作用。我曾经建议说，遗尿以及其他同类型的有关缺陷的标志都与脊髓痨存在关联，后来在其他案例中得到了证实。我在以前指出，施莱辛格（Schlesinger）（将肾结石与脊髓空洞症和脊髓痨进行结合）和伊斯拉埃尔（Israel）（肾复视障碍和脑积水）进行了类似的观察。

一方面，我想问的问题是，脊髓发育不良是否真的如富克斯认为的那样，是"一种重要的病原学因素"，以及我们是否有可能将遗尿追溯到脊髓下半段的"先天发育不良或者先天发育不全"；另一方面，是否正如我第一次强调的那样，我们不能证明脊髓发育不良属于有缺陷的胚胎期功能以及有缺陷的神经上层结构。因为这个问题包含的内容与我的观点存在偏差，所以我只能简短地对其进行讨论，而我表达的主要观点来自我以前的文章。为了支持通过心理影响实现的治疗效果的独立性，我会首先提到人们在实际应用中取得的成功。[1]富克斯也提到了这一事实。同样得到确认的还有一个事实，那就是尽管遗尿这种疾病存在明显的统一性，但是它的病程中充满了变量，过渡期经常发展为尿频、排尿困难（参见《研究》[2]），以及膀胱排出异常。我们可以将所有这些表现

---

[1] 保罗·费德恩（Paul Federn）在大量的案例中观察到了遗尿由于环境的改变而变得引人注目的方式。

[2] 指《器官缺陷及其心理补偿的研究》一书。——编者注

的相继出现归因于心理因素。因为这些事实符合富克斯的理论，所以我们有必要认为，我们可以将诸如遗尿这样的常见疾病呈现出来的明确形象归因于脊髓的反常，而脊髓通常只产生相同的效应（effect）。这个假设被一种情况推翻了，那就是脊髓积水患者会一直遗尿。

我和富克斯后来假定，多种多样的发育不全方面的异常会引发遗尿，但是这种假设最终只是一个不合理的假设。更有依据的观点来自有关缺陷的学说，根据这种学说，遗尿表明个体在早期发展阶段存在功能停滞，并且个体的器官系统存在缺陷。我们同样也可以发现，遗尿同样与形态学方面的有关缺陷的标志有关，形态学方面的这些标志包括器官本身，传入神经和传出神经，以及中枢神经上部结构。

在适宜的情况下，这些额外的异常中的每一种都能成为积极的诱因，并且导致个体表现出症状，但是不会直接引发遗尿情结（enuretic complex）。但是根据我们的假设，器质性神经疾病仅仅是局部的缺陷导致了炎症或者退行性变化的特殊例子（参见《研究》第六十九页）。

针对第二组症候群中的症状，像富克斯一样，我也认为并趾只是众多外围的退行性标志中的一种，我们可以从这些退行性标志中推测个体的下肢出现了缺陷。我在《研究》等书中强调了它与泌尿系统（当然也包括生殖系统和排便系统）的缺陷之间的联系，在这些书中，我对并趾的产生进行了解释，即它与毗连的节段的参与有关。

在《研究》一书的第三章中，我持有的态度是，外围的退行性小班表明机体不仅存在器官方面的缺陷，还存在神经外部结构方面的缺陷。

如果（器官系统中的）胚胎期阻滞的痕迹延伸到了身体的四肢，并且被发现了，那么它就会以众所周知的退行性小斑的形式表现出来。富克斯的功绩在于，他发现了对他来说最常见的退行性标志中的一种。尽管我们有理由在这个例子中说这是一种并发（coincidence），我讨论过的与富克斯提出的第一组症候群相关的内容中也存在这种并发，但是正如福克斯在他的小结中所说的那样，我们既没有权力说这是"并发"，也没有权力把并趾看作脊髓发育不良的一种"症状"。但是，如果这真是并发，那么富克斯的观点就与我的观点一致了，那就是将退行性标志和小斑解释为它们所属的器官存在缺陷的外围性标志，在那时，这一观点确实会因为人们发现了并趾的角色而得到巩固。

我曾经指出过一点，那就是下肢的退行性标志是与遗尿一起出现的，我将对这一点重新进行简短的讨论。

在《研究》一书中，我重点讨论了一种观点，该观点强调了痣的重要性，它认为痣以及其他的血管异常都是与它们相连的器官出现缺陷的标志。

根据这种关于痣的理论，很多外部的小斑，比如痣、血管瘤、毛细血管扩张和纤维神经瘤都展现出了它们与对应的外部器官的节段的联系，因此，它们的出现代表了节段的缺陷（是一种"节段缺陷"）。我们不能像富克斯一样认为这表明痣的出现是由于脊髓的异常，而应该认为这暗示存在外围性的、协调性的缺陷症状。

我在相当多的案例中观察到了一点，那就是这些小斑经常出现在有缺陷的器官或者病变的器官中，它们有时是纵向排列的。我也能够验证一种观点，那就是在泌尿系统缺陷的案例中也存在这种联系。在我之后，人们开始关注罗伯特·弗兰克（Robert Frank）[1]在这些案例中的个体身上发现的肺结核，但是他对肺结核的解释与我不同。约瑟夫·乌巴赫（Josef Uhrbach）[2]在他关于尾椎骨和关节疾病的研究中提到了"痣理论"，并且接受了我的解释，他推断说，象征着缺陷的标志的出现，比如出现在背部和肚子上的痣，膝内翻以及静脉扩张，可能意味着患者身上存在容易患距骨关节病的倾向。西格蒙德·施泰纳（Sigmund Steiner）根据我的结论，重新审视了大量材料，他验证了我的一个主张，即大部分的脊柱异常通常伴随痣的出现，这个事实支持了一点，即脊柱弯曲患者的脊柱上可能存在可遗传的缺陷。

在我的书中，我也辨认出并提到了其他由于遗尿情结而导致的缺陷的标志，比如脊柱异常、扁平足、脊柱前凸多毛症和脊柱裂。扩大的骶管裂孔的出现频率（frequency），以及我们通过X射线对它进行成像的图片，为我们进一步认识与缺陷有关的标志做出了有价值的贡献。在这种情况下，我们既不能否认这是一种并发症，也不能否认这是单独发生的。因此，无论是把脊髓发育不良叫作痣的症状，还是把痣叫作脊髓发育不良的症状，都是正确的。

我很少研究第三组症候群中提到的症状，即器官缺陷中的敏感性障

---

[1] *Münchener Med. Wochenschrift*, 1908.
[2] *Wiener Klin. Rundschau*, nos. 31 and 32, 1919.

碍。我参考了它与头部分区的联系，并尝试将感觉异常性股痛与泌尿系统缺陷联系起来。帕尔斯（Pals）在早期的研究中发现了感觉异常性股痛与泌尿系统缺陷的并发，这使得我们能够明确地将这一疾病列入我们的讨论范围。这是我目前能够就这一点提供的所有信息。患者会描述说自己的下肢知觉减退，根据富克斯的说法，我们应该将这种感觉与遗尿情结联系起来，这确实让我们在繁杂的知识系统中找到了方向。把这种感觉解释为"器质性的脊柱症状"的做法仅仅反映了作者的观点。这种迟钝感也可能代表了大脑的缺陷或者外围的缺陷，它要么是一个代表性质的变量，要么是一个基于骨骼异常和皮肤异常的形态学变量。像这样的敏感性测试得到的结果通常既依赖于大脑得到的训练和童年缺陷的病程，又依赖于患者表现出的遗尿病征。最终的决定经常在于大脑做出的补偿，我们总有正当的理由假定，大脑缺陷是所有有关缺陷的表现的基础，因此，大脑缺陷也有可能是所有协调性的遗尿的根源。当我在书中对有关感觉器官的缺陷进行讨论时，我揭露了一点，那就是缺陷症状以部分知觉消失，即"解离性的知觉停止"的形式表现了出来，缺陷症状也经常通过感觉能力增强的形式出现。我们可以将感觉能力增强解释为大脑进行补偿的倾向，这种倾向偶尔会导致过度补偿，它有时也是艺术能力的来源。①这些解释使得大多数例子中对脊髓发育不良，甚至是敏感性障碍的直接依赖变得让人怀疑，并且为那些认为这一"症状"与其他

———
① 以色盲为例，某些色盲患者是著名的画家。色盲这种感觉方面的症状是基于外周的缺陷。研究显示，相似的外周的小斑也出现在其他感觉器官上。

症状协调出现的看法提供了正当理由。我们应该将它与道德狂乱症患者身上存在的不良的、神经症性的、广泛的感觉过敏症状放在同一水平上进行讨论。

第四组症候群包括骶管开口的持续存在等，在《研究》一书中，我认为这提示患者可能存在脊柱裂，这一点真正代表了福克斯提出的重要观点。根据我的理论，第四组症候群中的症状属于节段缺陷的标志，它们实现了各自的正当化，并且独立于脊髓缺陷。我们经常遇到与腰椎相关的异常和个体仪态问题，并发现它们有时候与肾脏疾病，比如肾结石有关。至于脊柱的构架与脊髓的效率的共病的概念的起源，如果我们希望在这个问题上保持真正公平，那么我们就应该像加尔（Gall）一样探究药物的历史。这样一来，福克斯对骨裂缝异常的发生率的观察便促进了缺陷标志的数量的上升，尽管有些标志在他看来并不是真正的缺陷标志。

至于第五组症候群中的症状，我们可以参考我的《研究》一书中的第四章（作为缺陷标志的反射异常），我当时得出的结论是，在那些有关有缺陷的器官系统的案例中，某些表现的缺席代表了"运动功能不全，相应的腺体的分泌物不足，更不完善的发展，甚至是所有种类的反射反应的缺失，但是它们也可能意味着相反的情况，即运动功能过度，腺体过度分泌，以及更加强烈的反射反应。"请大家在这一刻再次注意一个问题，那就是有缺陷的反射机制，这种有缺陷的反射机制既涉及有缺陷的器官，也涉及童年缺陷，比如遗尿、过度眨眼、口吃、呕吐等问题。我们还发现，括约肌痉挛与遗尿有关，括约肌痉挛是"一种额外的括约肌反射"（有缺陷的反射）。另外，我们还发现了并不罕见的弗洛伊德内收肌现象（Freudian adductor phenomenon），它代表了部分性肌强直。可遗传的反射机制的缺失依赖于脊髓和大脑的周围神经束的延伸。（甲状腺和上皮细胞的）毒性影响是多种多样的缺陷的附属品，我们不能再草草地反对这一观点，而应该将毒性影响看作脊髓和大脑的补偿机制。因此，我们可以将形态学方面的变化看作原本协调性的小斑，这些小斑在某些情况下能够催生出"症状"。除了这些，正如我在与器官缺陷有关的颚反射（palatal reflexes）这个案例中试图证明的那样，在反射异常中，有一种胚胎期的特征也十分引人注目。

至于第六组症候群中的症状，即下肢缺陷，除了我已经提到的内容，我还想再提一点，那就是腿的尺寸不成比例。富克斯提到的畸形，包括扁平足、足内翻和外翻已经不再与"脊髓症状"（spinal marrow symtoms）有关，它们现在仅仅是我们在上面提到过的缺陷。

我之所以引用自己在《研究》一书中总结的关于遗尿情结的特质的内容，不仅是为了显示它们与福克斯言论的一致性，也是为了表明它们之间存在的分歧（第七十六页）：

"我们必须十分重视人们在遗尿患者身上发现的节段障碍，皮肤异常经常在肾脏上、膀胱区域以及腹股沟内，以痣或者纤维神经瘤的形式表现出来。虽然我不应该如此强调皮肤异常的重要性，但是影响臀部的整个背面的缺陷会通过排尿、排便、射精等方面的能力不足的形式表现出来，这种缺陷通常可以被克服，并且得到过度补偿，它很明显地与腰椎区域的脊髓缺陷有关。下肢经常出现这种缺陷。这个问题对于我们了解脊髓痨、坐骨神经痛和大便失禁很重要，并且对于我们了解遗尿的家族史也很重要。无论是脊柱裂的迹象或者脊柱畸形的迹象，还是下肢发展出的诸如长度不一致的腿或者关节疾病这样的畸形，它们都与脊柱的参与有关。"

　　福克斯于是放弃了有关神经症的"神经症性理论"。我自己也在之前经历了同样的阶段，我坚定地相信遗尿以及其他童年缺陷存在器质性基础。然而，我的发现让我的研究更近一步，促使我将存在于大脑的缺陷同时考虑在内。这样一来，童年期缺陷就成了"个体没有成功地征服周围神经系统的缺陷和中枢神经系统的缺陷的标志"。在执行这种想法并且对神经症患者进行研究之后，我得出了一个结论：神经症的所有表现和心理神经症的所有表现都可以追溯到器官的缺陷，都可以追溯到还没有成功的中枢神经系统做出的补偿的程度和性质，都可以追溯到补偿障碍的出现。这样一来，我便得出了一个结论：在所有情况下，我们都可以将遗尿归因于器官的缺陷以及它的神经上层结构，补偿的发展在有缺陷的大脑中引起了一种"心理高度紧张的状态，个体容易患上神经症的倾向正是从这种状态中涌出的"①。这些结论得到了一部分人的支持，我们可以在奥托·格拉斯（Otto Grass）②的作品中发现这一点，他的著

① Cf. also Adler, *Die Disposition zur Neurose* in *Heilen und Bilden*.
② *Ueber Psychopathische Minderwerthigkeiten* (Braumüller, Vienna).

作可读性很强，在书中，他开始讨论的视角比较局限，并且援引了阿农（Anon）的作品，他最终得出了一个结论："在精神病态的组成中，我们会发现一种障碍在补偿性规则（compensatory regulations）中的直接表现形式，我们甚至可能会发现，全脑的补偿性挪用与大脑表现出补偿性的超级活动的能力之间确实缺乏联系。"

我想要再次强调一个事实，那就是神经症症状更喜欢在有缺陷的器官上以及它的神经上部结构中表现出来[1]，它们会使童年期缺陷重新上演。我目前了解的精神分析学派共享的假设中也包括这一观点。那些认为遗尿应该完全被包括在神经症中的主张主要是由布雷斯劳学派（Breslau school）提出的，而我挑战了这一主张。我们当然不能声称这一学派"有某种投机倾向"。[2]

---

[1]　Cf. Adler, *Der Aggressionstriel im Leben und in der Neurose*, in *Heilen und Bilden*.

[2]　从那以后，很多科学家，尤其是扎佩特（J. Zappert）（*Wien. Klin. Wochenschr.,* 1920, No. 22）开始支持我的解释而不是富克斯的解释，因为我们俩的观点在一些细节方面有所不同。

第二十五章

个体心理学教育

从研究神经的专家的治疗立场来看，彻底理解教育问题是十分重要的一件事，每位医师都有必要在某种程度上对这些问题有所理解。我们有理由要求医生对人有着基本的理解，因为我们知道医患关系是一个很重要的问题，所以如果医师缺少对人的基本理解或者没有掌握教育方法，那么医患关系通常就会破裂。赞同这种观点的菲尔绍（Virchow）说："医师最终会变成人类的教育者。"

　　如今有个问题已经变得很严峻，而且它会在短时期内变得更严峻，这个问题与医师和教育者的相关领域有关。我们有必要在某种程度上对一系列相关问题达成一致意见，并且从全局来看这些问题。尽管医师和教育者这两方的职责存在部分重叠，但是他们却没有进行合作。

　　如果我们询问教育的目的是什么，那么其中涉及的主要观点必然都与医师的工作领域有关。我们对儿童进行教育的目的是让他们依据道德准则行动。在医师看来，通过培养儿童的美德来为社会谋福利的做法是不证自明的，他们预想的生活就是这样的。我们有充分的理由向医师提出要求，即他们所有的行动和准则都应该遵循这一教育目标。教育的方向通常由教育者，也就是由老师和父母掌控，但是我们假设他们对这些问题和困难的理解已经到达自己能力的极限，只有医师才能在这些理解的基础上进一步深入了解这些问题和困难，因为医师会从心理生活出发通过它与病理学方面的相互联系揭露这些问题。我特别希望强调一点，那就是我们不可能在短时间内涵盖如此广阔的领域，只有形成一个统一的概念，我们才能精准直接地触及某些问题。对这些问题进行的更深入的讨论应该是未来几代人都应该关心的问题。尽管如此，对这些观点进行了解仍旧是很重要的一件事。个体心理学认为，这些观点都是很重要的基本观点，如果我们对这些观点没有正确的理解，那么儿童就会在发展的过程中吃苦头。

医师们最关心的教育方面的问题是心理健康和身体健康之间的关系，人们常常说"健全的心智存在于健康的身体中"，但这是一种特别没有依据的说法。我们经常看到，有的人有健康的身体，心理却并不健康。让身体有缺陷的儿童达到身体健康的儿童所表现出来的和谐状态并不是不可能，只是很难达到。以存在先天性消化问题的儿童为例。在刚出生时，人们会对他们进行最悉心的照料，让他们在一个十分有爱的环境中成长。人们通常会保护他们，会对他们的行动进行指导，并且会通过大量指令和禁令来对他们进行限制。因为食物的重要性被明显地夸大了，所以他们会学着高度重视甚至高估营养和消化方面的问题。这就是有消化问题的儿童，他们给自己的教育人为地设置了障碍，有经验的医师已经对这个问题有所了解。据说这样的儿童必然会变成容易紧张的人。至于这种明确的强迫行为是否存在，这个问题是不确定的。然而有一点是真的，那就是这种来自生活的"有敌意的"性格对儿童的影响很大，他们会因此形成对世界不友善的、悲观的态度。因为环境在他们自己看来是充满敌意的，所以他们对自己被剥夺的东西很敏感，他们需要更强烈地保证自己的重要性。他们不仅变得以自我为主义，而且很容易与自己的同伴失去联系。

这样的儿童会被一种强烈的诱惑困扰，其表现形式为儿童与环境之间的关系，儿童对学校的态度，以及儿童因胃部和肠道的虚弱而经常加剧的不适。所有这一切的目的都是让儿童通过证明自己生病来获得益处，而这种获益是具有补偿性的。例如，儿童会表现出被惯坏了的反常倾向；在很小的时候，儿童就习惯于让其他人为自己排忧解难；我们很难让他们独立解决问题，他们会拒绝在充满危险的生活情境中做出更多的努力。这种儿童的勇气和自信的根基几乎被动摇了。这种态度会一直持续到儿童年龄比较大的时候，到这时再要把一个十年、十五年甚至二十年来一直被大家娇生惯养的弱者塑造成我们的时代所需要的，具有主动性、进取心、自信心和勇气的人是非常困难的。

这样的儿童对社会产生的害处当然比对他们个人产生的害处更大。我们不仅应该将肠胃虚弱的儿童考虑在内，还应该考虑所有那些存在器官缺陷、感官缺陷，以及那些发现生活之路被堵住了的儿童。我们经常在人物传记或者患者的抱怨中发现上述问题。在这种情况下，医师必须关心的问题已经不仅仅是心理教育问题，他们还必须用尽全力去进行补救或者对缺陷进行治疗，以防止儿童在年龄很小的时候就开始利用自己的虚弱。如果我们能够意识到，自己并不是在处理永久性的缺陷或者困难，如果我们能够意识到自己应该牢记的重点，那么我们就更有力量去采取对策。重要之处在于，即使最初的器官缺陷在后来得到了矫正，因为器官缺陷而导致的永久性的虚弱感也可能会继续存在，并且使个体不能很好地适应生活。因为儿童自己会在某种程度上努力进行一些补偿或者矫正，所以情况会变得极度错综复杂。只有为数不多的儿童成功地得到了充足的补偿，大多数儿童会通过某种方式消除自己与正常儿童之间的不同。为了弥补自己的缺陷，他们要么会求助于文化的方法，要么会强化自己的主动性和心理力量。

在所有这些情况中，我们都能够发现可能导致障碍的外显的性格特征，比如心理过于敏感通常会导致冲突。我们必须牢记一点，那就是我们正在处理的是生活中那些无法轻松跨越的问题，如果我们不解决它们，那么我们的身体和心理就可能受到伤害。

至于沮丧和紧张对儿童心灵产生的影响有多大，我们再怎么强调都不为过。如果我们把一个人的一无是处看作他从儿童时期带来的某种持续存在的东西，那么我们就很容易理解那些对社会没有任何贡献的人的心理习惯。对儿童来说，疾病以及关于疾病的想法比我们通常认为的更重要。如果有人希望从这个角度对儿童的心理进行调查研究，那么他们很快就会发现，这些对儿童来说都是重要的存在。人们还会发现，几乎所有情况下出现的疾病都不仅仅意味着儿童面临的困难增加了。随着病情得到缓解，儿童会更加珍视自己的疾病，因为此时的疾病已经成了他们在家里和学校中获得温柔、权力，以及某些优势的手段。

一方面，有大量的儿童经常产生这样的想法：觉得自己病了，并且很虚弱。在所有这些情况下，我们不能用任何医学知识解释他们身上持续存在的症状，这证明了一点，那就是儿童正在利用这种关于疾病的感觉来获得他人的重视，以便恰如其分地处理自己想在家里获得支配权和重要性的欲望。例如，当患有百日咳的儿童痊愈后，他们依旧会继续费力地表现出类似的咳嗽。我们发现，儿童总能通过这些做法成功地让家人为他们担心不已。这就是医师有必要通过自己的教育能力来进行干预的情况中的一种。

另一方面，也有家长和教育者持相反的观点，他们会严苛甚至残忍地对待自己的孩子，或者至少希望让孩子觉得自己是严肃的。

生活是多种多样的，因此它往往能够弥补教育者犯下的错误。尽管如此，如果一个人在没有爱的环境中长大，那么即使在他年纪很大的时候，他也依旧会表现出不同于在充满爱的环境中长大的人的特征。这样的人会经常认为人们对自己不友善，于是他们便切断了自己与他人之间的联系。人们经常会回过头去想那没有爱的童年，仿佛这样做可以获得势不可当的力量。自然而然地，儿童不一定会因为父母很严厉就发展出对世界和他人的不信任感，也不一定会因为他人对自己冷淡就以冷淡对待他人，或者因此变得不信任自己的能力。但是，神经症和精神病常常诞生于没有爱的童年。在这种不幸的儿童所处的环境中，我们总是能够发现某些让人不安的人会毒害儿童的心灵，他们要么对儿童缺乏理解，要么对儿童怀有恶意。除了医师，几乎没有人能改变儿童所处的环境，他们可以采取的措施包括建议儿童换个地方住，或者对儿童和他们的家长进行疏导与解释。

　　但是，只有当一个人对人类有了深刻的理解时，他才能在最大程度上澄清某些复杂的内容。例如，最年长的孩子的心理发展与第二大的孩子或者最年幼的孩子的心理发展相比有着本质的不同。我们也很容易刻画出独生子女的个性特性。如果一个家庭中只有一种性别的孩子，或者有多个男孩而只有一个女孩，或者有多个女孩而只有一个男孩，那么这样的孩子也会表现出独特的心理特征。儿童正是从这样的事实和位置中发展出了自己的心理特征。我们通常可以通过一个人的行为来辨别出他是家里最年长的孩子还是最年幼的孩子。我发现，最年长的孩子经常表现出保守的倾向。他们总是将权力这种要素考虑在内，他们十分尊重权力，并且能够表现出一定的交际性。在冯塔纳①的自传中，他声称，如果有人能够向他解释他自己身上为什么总是表现出某种支持强者的倾向，他就愿意为此付出很大的代价。我从这一点断定他一定是家里最年长的孩子，因为与弟弟妹妹相比，家里最年长的孩子更倾向于认为地位与权力的优越性是不容侵犯的财产。事实证明我的推断是正确的。

　　对家里第二大的孩子而言，比他们大的孩子和比他们小的孩子都可能有比他们更强的能力，而且在父母眼里，那些比他们大或比他们小的孩子比他们更重要，通常那些孩子也有更多的行动自由，并且所处环境更优越。如果家里第二大的孩子能够有所发展的话，那么他们无疑生活

----

　　① 指特奥多尔·冯塔纳（Theodor Fontane），他是十九世纪德国杰出的批判现实主义作家。——译者注

在一种让他们需要通过持续的努力来超越自己兄长的环境中。他们就像开足了马力的车一样，永不停歇地工作着。神经症患者中有很大一部分是家里第二大的孩子，他们往往表现得躁动不安，而家里最年长的孩子往往会表现得十分不愿意竞争。

一方面，我们发现了一种主要存在于家里最年幼的孩子身上的态度，这种态度中包含着幼稚、谨慎以及犹豫不决，仿佛他们不相信自己能够做出值得表扬的行为。如果他们做出了值得表扬的行为，那么他们要么已经看到别人做过这种行为，要么知道别人可能会做出这种行为。这样的人很容易认为，他们需要处理的问题就是使最初存在的情境保持稳定。他们的身边总是围绕着比自己更强的人，他们只会去见那些比自己更重要的人。另一方面，通常来说，他们能够把环境中所有的爱和温柔都吸引到自己身上，并且不必付出任何回报。他们没有必要彰显自己的本领，因为他们会自动成为自己所处环境的焦点。我们很容易理解这会给他们的心理发展带来什么样的伤害，因为他们会因此期待别人为自己做好一切。还有一种最年幼的孩子属于"约瑟①类型"，他们会不断地前进。他们不仅通过自己具备的超常主动性［昆斯塔特（Kunstadt）］超越了所有人，还成了探路人。在《圣经》和童话故事中，最年幼的孩子往往是最有天赋或者有魔法相助的人。

---

① 约瑟是《圣经》中的人物，他是犹太祖先之一雅各的儿子，因为父亲十分宠爱他，所以嫉妒他的众兄弟便把他卖到了埃及。当约瑟在埃及成了高官后，他的众兄弟和雅各因为饥荒来到埃及买粮食。约瑟不计前嫌，他不仅赠送了家人粮食，还退还了钱。他的举动令众兄弟愧疚不已，一家人终得团聚。——译者注

一个在一众兄弟的环绕下长大的女孩的行为也值得我们探讨。因为这种情况会产生太多紧张的情境，所以我们假设她更有可能发展出不正常的生活态度。但是，我们在这里说的并不是必然会发生的结果。女孩在很小的时候就会清楚地意识到，自己的本质与男孩的本质十分不同。很多男孩天性使然的东西对她们来说是禁忌，而且男孩会声称这样的东西是男孩的特权。在这种情况下，人们很难用表扬和溺爱来替代这种特权，因为我们在这里关注的是对儿童来说必要并且不可替代的情感价值。一个处在这种环境中的女孩会感到困扰，她会按照命令和指令来做出每一步行动。她对批评十分敏感，不断尝试展现出自己强大的一面，显得自己仿佛已经摆脱所有缺陷的束缚；同时她身上也存在一种恐惧，她担心自己的无价值感被发现。这样的女孩经常有发展出神经症方面的疾病的倾向。

对于那些在一众姐妹的环绕下长大的男孩，道理也是一样的，只不过对比会更加明显。一个这样的男孩通常拥有某些特权，因此他的姐妹会一起反对他。他经常会因此遭罪，仿佛置身于一场大阴谋中。他说出的每句话都有自己姐妹的印记；她们从来不把他当回事；人们也会嘲讽他身上的优点，放大他的缺点，由此导致的结果是，他经常会丧失自控力和自信心，并且几乎不能在生活中取得进步。然后，人们会说他很懒。但是，懒惰只是一种外部表现，这种表现以及它的结果是以出现了病理性异常的气质为基础的，即他害怕面对生活。我们需要记住一点，那就是我们正在讨论的人要么已经丧失了自己的信念，要么倾向于抛弃自己的信念。一个这样的男孩会在行动之前习惯性地后退，哪怕没有必要这么觉得，他也会害怕被嘲弄。他会很快放弃所有真正的工作，转而去消磨和浪费时间，并且变得意志消沉。当一个大一点的男孩和他的小妹妹一起长大时，他通常也会遇到同样的困难。

医师应该考虑的另外一点是，如何向儿童解释性的问题。因为儿童的成长环境千差万别，且儿童本身还存在着个体的差异，所以我们不可能用同一个答案来应付所有问题。但是我们应该记住一点，那就是如果我们让儿童忽视自己的性别角色的时间过长，那么这对他们来说是不公平的。令人感到奇怪的一点是，这时常发生在儿童身上。我经常从一些男性患者那里听说，他们在十岁之前不清楚自己的性别。在他们的发展过程中，一种不确定的感受油然而生，他们似乎不像其他人一样生来就是男孩或女孩，他们也似乎不能像其他人一样发展。这样的儿童因而有了一种强烈的不确定感，而这种不确定感会表现在他们的所有行动中。对女孩来说，道理也是一样的。有很多女孩一直到八岁、九岁、十岁、十二岁甚至十四岁才能明确自己的性别，在这之前，她们一直想象自己能够通过某种方式转变成男性。这一事实也得到了对相关主题进行了研究的文献的支持。

在所有这些情况中，正常而明确的发展都会受到干扰。这样的人会人为地把童年时光都用在努力弥补性别角色的差异上，其目的是沿着充满男子气的路线进行发展，并且避免做出会导致失败的决定。他们沉迷于那些自命不凡并且夸张的行为，我们可以从中明确地看出或者推断出他们对自己基本性格的不确定性。女孩会采取一种充满男子气的态度，迫使自己表现出一种在她们自己和她们周围的人看来具有男孩特征的行为。她们喜欢嬉戏玩耍，其形式已经超出我们愿意对孩子进行忍耐的狂野而无伤大雅的方式的范围。她们对嬉戏玩耍的形式的选择也可能表现得十分坚决，仿佛她们是被强迫这么做的。因为她们十分频繁地表现出这种行为，所以她们的父母在她们很小的时候就认为她们具有病理性格。男孩也会表现出类型的行为，他们仿佛被某种疯狂的东西占据了，但是，当他们因为自己遇到的障碍而受到教训时，他们很快就会停下来，并且发展出一种犹豫不决的态度，或者将他们的注意力转向女孩。然后，男孩和女孩身上都会激发出被唤醒的性欲，它通常表现为不自然且不合常理的特质，并且与个体的一般态度同时存在。

让我们接下来谈一谈某些特定的表现，它们通常被人们视为违抗行为。违抗行为有很多种表现形式，医师会将违抗行为看作疾病的标志。应该被考虑在内的违抗形式通常包括个体拒绝摄入营养，甚至还包括那些通常与排便和排尿有关的反抗形式。无论是我们在明显的形式，比如遗尿患者身上发现的所有病理学症状，还是我们在无法解释或者无法改变的便秘患者身上发现的所有病理学症状，它们通常都基于儿童身上存在的根深蒂固的违抗行为。这样的儿童会想尽一切办法来逃避别人强迫自己所做的事情，因为他们认为任何形式的强迫都是对自己的干涉和羞辱。当周围的环境对他们提出要求时，他们拒绝轻易地服从这些要求，并从这种拒绝中获得了一种满足感，仿佛自己因此变得更重要了一样。我们将违抗行为解释为儿童进行反抗的标志。我们很容易检验这个问题，因为我们总能找到其他违抗行为的标志。除此之外，我们也可以将那些无害的坏习惯，比如挖鼻孔、流口水和咬指甲看作儿童进行反抗的标志。个体身上存在的坏习惯明显地表明，个体的发展与社会提出的要求的方向是相反的。对这样的个体来说，扮演敌人角色的人会一直存在。这种症状之所以出现，几乎都是因为个体身上的机能是有缺陷的。

在儿童对职业进行选择的过程中会出现各种各样的转换，当我们考虑这些转换时，它们形成的整个链条是很有趣的。比如一个小女孩是如何放弃成为一个公主、舞者、教师的渴望，最终有点无奈地选择了成为一名家庭主妇。我们经常在成人群体中发现一点，那就是他们选择某种职业是为了和父亲的意愿对着干。当然这种对立不是以公开的形式发展的。他们内心对职业的规划会受到各方面压力的限制，而这种压力是由最终目标的性质施加的。一种职业的优点会被特别强调，同时这种职业与另一种职业对比而暴露的缺点也会被特别强调。通过这种方式，我们就可以对每种职业表示支持或者反对。同样地，我们必须明确地将这种态度考虑在内。但是从另一个角度来说，医师也是关心此事的，这既表现在他们试着对个体职业选择提出的建议上，又表现在他们就个体的实际的职业选择的看法中。一方面，指引医师的应该是他们有关一个人身体健康的知识；另一方面，医师也应该意识到，心理因素有着同样的重要性，甚至在某些情况下比生理因素更基础。

医师的任务是跟进每个出了问题的人的状态，或者说跟进每个患有神经症或者精神病的人的状态，以便改善或者治愈他们的症状，这当然是一项十分不讨喜的工作。这项工作会耗费他们大量的精力，因此我们应该认真地将注意力明确转向预防措施。目前已经有大量有利证据的支持。例如，我们一直以来都在试着借助教育家长和医师来朝这个目标前进。但是，鉴于与丧失信心有关的神经症和精神病案例大量增加，我们有必要付出更多的努力。或许我们首先要做的就是传播那些有关对人的认识的思想，以及人们通过个体心理学获得的教育方面的观点，然后就是通过各种可能的方式对这些观点进行应用，以便它们能够对我们产生帮助。个体在心理发展中表现出的异常一开始看似只是微小的坏习惯，但是它们随后可能会导致神经症方面的疾病或者犯罪这样的严重问题。

（本章内容是作者于一九一八年在苏黎世医师协会发表的演讲）

第二十六章

颓废的儿童

在第一次世界大战爆发后，随之而来的最明显的问题可能就是年轻人的颓废或道德丧失现象。大家都注意到了这一现象，并且有很多人因为这种现象而变得十分惊恐。公开的统计数据已经显示出这种现象的严重性，如果我们停下来想一想，那么我们就会更加重视这一现象。我们会发现自己仅仅认识到了由此引发的害处中的一小部分，并且大量的案例会在数月或者数年之后悄无声息地出现。最终，我们面对的个体就不再是当初道德丧失的人，而是一名罪犯。统计得出的数字相当骇人，没有被统计的数字则更加骇人。在个体的早期阶段，大部分道德丧失行为发生在家庭这个圈子里。人们希望能够逐渐改善这一现象，并采取了某些措施。尽管颓废的青少年犯下的很多过错都给家庭造成了很大的损失，但是它们都被粉饰过去了，犯错者并没有受到法律或者青少年法庭的直接惩罚，因此他们的本性没有发生一点改变。尽管我们没必要因为年轻人所犯的错误和罪行而放弃对他们的希望，但是考虑到人们普遍不理解并且不了解该用什么方法解决这些问题，我们也没有理由太过乐观。尽管如此，我们还是需要指出一点，那就是在一个人尤其是年轻人的成长过程中，不可能一切都会按照理想路线行进，对理想路线的偏离时有发生。如果我们变成年轻时代的自己，我们也会发现自己在那时曾经犯下很多错误，但是我们仍旧在后来成了还算是说得过去的人，甚至成了杰出的人。为了让大家知道青少年罪行的蔓延有多么广泛，我可以做一个粗略的总结。我有时会尝试通过温和的方式在学校里进行调查研究，以便没有人会因此受到伤害。学生们会在一张纸条上匿名回答这样的问题："你有过撒谎行为或者偷窃行为吗？"结果显示，几乎所有的儿童都承认自己有过轻微的偷窃行为。其中最有趣的一件事是，有一位女老师也参与了对这个问题的回答，她承认自己在童年时期是个小偷。

现在让我们将注意力转向这个问题的复杂本质。某个孩子的父亲和蔼并且睿智，他知道该如何做才能理解自己的孩子犯下的过错，并且在很多情况下都成功地做到了这一点。另一个孩子可能做了同样的错事，但是他可能做得更拙劣、更显眼，并且表现得更厚颜无耻，然后他就会立即感受到家庭规矩施加在他身上的全部压力，并且开始确信自己就是个罪犯。这样一来，我们就不会惊讶于一点，那就是惩罚的不同本质与家长采用的不同手段之间存在关联。最坏的教育方法就是告诉一个孩子他将一事无成，以及他天生就有成为罪犯的倾向。尽管有科学家说有的罪犯具有家族遗传性，但是"天生是罪犯"的观念基本属于迷信的范畴。然后，我们就自然而然地引出了道德丧失这个问题，德国目前的教育系统没有任何办法来控制它发展的任何一个阶段。我们不应该对此感到大惊小怪，因为我们关心的是儿童心理生活的问题。但是，理解这一问题的人却凤毛麟角。

当我们说起道德丧失时，我们通常会认为它发生在个体开始上学之后。但是，专家级的观察者却能指出一系列在开始上学前就存在道德丧失行为的案例。我们不可能总是把道德丧失归因于养育方式。我们必须告诉父母，不管他们有多么谨慎小心，有些因素总会比他们有意识地进行更好的教育对儿童的影响更大。这些因素往往来自其他圈子，并且让人无法察觉。

这些关于养育的外部影响因素代表了所有来自生活和环境的事件和条件。父亲为了维持生计而遇到的种种困难，会给儿童留下格外深刻的印象。这时儿童已经意识到来自生活的敌意，只不过他们嘴上没有说出来而已。他们会通过自己笨拙的手段，以及幼稚的解释方式和经历来建立起自己的世界观。这种世界观对儿童来说就是一种评估手段，他们会将其作为自己在所有情况下进行判断的基础，并且得出相应的结论。但是，这些结论在很大程度上却是错误的。我们现在正在处理的是没有经验的儿童，他们的推理能力还没有得到充分的发展，因此他们很容易做出错误的推理。你可以想象这样一种情形，第一种儿童的父母住在一个破房子里，生活环境不尽如人意；第二种儿童没有像第一种儿童那样明显地感受到来自生活的敌意。通过对两种儿童进行对比，你就可以发现外部因素给他们造成的影响有多么不同。因为这两种类型的儿童十分不同，所以你可以从他们的表情和举止中推断出他们属于哪一类。这两种儿童对生活的态度，以及他们表现出来的自信和勇气的程度也非常不同。这一点会十分明显地反映在他们的仪态中。第二种类型的儿童很容易与世界成为朋友，因为他们根本不知道生活中的困难是什么样的，或者他们很容易就克服了生活中的困难。我曾经问出身于贫困家庭的儿童最害怕什么，实际上所有人都回答"害怕被打"，换句话说就是，这件事在他们的家里时有发生。如果儿童害怕自己那强大的父亲、继父或者母亲，那么他们到了青春期也仍然会保持这种恐惧。我们必须记住一点，那就是综合来看，贫穷的人并不像中产阶级那样对世界感到满意。大量这种可悲的姿态都源自一个事实，那就是他们成长于一个害怕惩罚的生活环境。这种环境是让儿童发展出悲观主义的最毒的毒药，因为它们会使这种悲观主义视角贯串一个人的一生，让人变得毫无自信、优柔寡断。为了获得一种勇敢向前的态度，个体既需要花费时间，又需要花费精力。那些来自富裕家庭的儿童经常说自己最害怕的事情是做作业。这表明他们既不害怕人也不害怕环境，他们认为自己处在生活中，而让他们感到害怕的任务和工作就存在于生活中。这显然会让我们假定，学校没有锻炼儿童乐观而勇敢地面对生活，而是让他们充满了恐惧。

现在让我们回到个体在上学之前就表现出的道德丧失这个问题。那些让个体对生活产生恐惧的令人不安的关系会导致个体的情绪处于兴奋状态。如果儿童把自己的同伴想象成对自己有敌意的人，那么他们就会一直奋力地去获得威望，并且不敢表现出自己无足轻重的样子，否则别人就会试图征服他们。鉴于这些情况，我们就不应该对个体在上学之前表现出的道德丧失现象感到惊讶。所有教育系统最重要的原则之一就是，我们应该认真、平等地对待儿童，并且不能侮辱和取笑他们。正如更弱小的人往往比心理和身体都处于优势地位的人更敏感一样，儿童更容易把自己受到的对待看作压制性的，而且他们也有必要这么觉得。人们不允许儿童做的事往往是他们眼睁睁看着自己的父母和兄长在日常生活中经常做的事，这一点会对他们产生很大的影响，但是我们目前还不能明确地描述这种影响。那些能够读懂儿童心灵的人应该都意识到了一点，那就是儿童十分渴望获得权力和他人的重视。他们的自我意识正在逐渐增强，他们希望能够施加影响并表现出自己的重要性。年轻人自称英雄的现象反映了一点，那就是他们想要获得权力。

我们能很容易解释儿童身上表现出来的不同。在一种情况下，儿童能够与父母和谐相处，在另一种情况下，他们可能也会对父母持有敌对的态度，并且对社会提出的要求充满敌意，为的是避免产生一种自己一无是处、毫无价值以及入不了别人的法眼的感觉。如果儿童在发展的过程中真正意识到自己的无价值感和自己不再那么重要，那么他们就会立即进入自我保护的模式。所有儿童都会这么做，然后，道德丧失的迹象就出现了。我曾经遇到过一个女孩，她在五岁的时候就已经杀了三个孩子。这个反应多少有点迟钝的女孩经常在"作案"时采用以下方法：她会寻找比自己小的女孩下手，因为她住在乡下，所以她会带着"目标"跟自己一起玩，然后把"目标"推到河里去。直到第三个孩子遇害后，人们才发现她就是凶手。最后，人们把她关进了精神病院。她丝毫没有意识到自己的行为有多么糟糕。她会哭泣，但是她的注意力很容易就会转移到其他事情上去。我们费了好大的劲才得以了解整个情境的性质和她的动机。在她四岁之前，她不仅是家里唯一的女孩，还是家里最年幼的孩子，因此她受到了过分的宠爱。然后她的妹妹出生了，父母把所有的注意力都放在了刚出生的妹妹身上，因此她就不再是他们关注的焦点了。因为她无法忍受自己的处境，所以她对自己的妹妹十分厌恶。由于她的妹妹被保护得很好，并且她可能意识到自己的所作所为很容易被发现，所以她没有在那种情况下表现出自己对妹妹的厌恶之情。于是，她把自己的厌恶泛化和转移到了其他比自己小的女孩身上。她把所有这些女孩都看作自己潜在的敌人。在这些女孩身上，她看到了自己妹妹的影子，而正是由于妹妹她才失宠的。在这种情绪的煽动下，她甚至产生了杀掉这些女孩的冲动。人们曾经尝试让这样的儿童在短时间内重回正道，但他们却失败了。因为在有些时候，这样的儿童的心智是如此不健全，甚至已经到了超出人们想象的程度。我们必须做好准备对他们进行长时间的治疗，为此我们可以巧妙地使用一种特殊的训练方法，从而使他们能够再次参与社会生活。很多常见的案例都与心智不健全有关，我们对此的兴趣没有那么大。我们必须在某种程度上把它们当作生物活动的例子，因为这些人可能永远无法完全适应人类社会。但是，大部分道德丧失的年轻人是没有心理缺陷的。相反，我们经常发现，他们中的很多人极其有天赋，他们在一段时间内发展得特别好，并且发展出了一定的能力。但是，一旦失败，他们就没有能力阻止灾难让他们偏离正常的生活方向。在每一个案例中，我们都发现了同样的一些特质，它们会有规律地反复出现：野心的明显发展，但是可能没有在外部表现出来；个体因为自己被排挤或被忽视而变得敏感；个体的懦弱不仅仅表现为逃避问题，还表现为逃避生活以及逃避生活对自身提出的要求。我们可以从这些为数不多的特质出发，以小见大描绘出孩子的生活图景。只有有野心的儿童才不会被一个可能超出自己能力范围的任务吓倒，在他们看来，仿佛选择走上另外一条路就能掩盖自己的懦弱一样。这就是我们通常在学校发现的孩子误入歧途的过程。道德丧失与某些已经发生或者即将发生的失败有关，它起初表现为旷课。因为儿童不能太明目张胆地逃学，所以我们会自然而然地发现，他们一开始会找借口请假，然后会在假条上伪造签字。但是，他们会在逃学的时候做些什么呢？他们必须找到一份"营生"。通常来说，所有旷课的儿童，即所有被同一命运压倒的儿童都会加入一个组织。这个组织中的儿童通常来说都十分有野心，并且想要发挥自己的作用，但是他们不相信自己能够通过人类共同奋斗于其中的主要线路来实现自己的野心，因此他们就会另寻道路，从事那些能够满足自己野心的活动。我们通常都能发现，其实有些个体十分有领导力，他们能够平衡好成员之间的竞争。通过模仿比自己年长的人的做法，他们最终发展出了一套适用于道德丧失的群体的道德准则。每个人对应该如何行事都有一些想法。他们会努力地进行尝试，并且充分地发挥自己的聪明才智，以便想出一套能够增强自己在同伴心中重要性的行为。因为他们十分怯懦，他们不相信自己能够公开地实现自己的目标，所以他们通常会通过欺骗或者瞒天过海的方式来实现自己的目标。一旦走上这条路，他们就没有回头路了。在偶然的情况下，心理有障碍的男孩也会加入这一群体。他们会受到取笑和捉弄，然后他们的自尊心就会驱使他们付出额外的努力。或者也有一种可能，那就是因为他们已经习惯人们对待自己的方式，即他们接受了关于顺从方面的特殊训练，所以他们的任务就是接受命令并且执行它们。普遍存在的一种情况是，有的人负责策划具体的犯罪方案，然后交由年轻的、没有经验的、自卑的个体来执行。尽管人们认为有些诱惑（比如充斥暴力的书籍和电影）与道德丧失有关，但是它们直到最近才成为导致个体变得颓废的直接力量，因此我会略过这些诱惑不说。如果影院没有巧妙地使用特定的技巧选择放映的主题，它们就不可能存活下来。不管是犯罪片还是侦探片都会刺激观众，从而吸引他们去贡献票房。个体过度使用花招和诡计体现了他们在面对生活时的怯懦。

因为帮派的形成十分普遍，所以我们在想到道德丧失的年轻人时首先想到的就是帮派。但是个体的道德丧失现象也是很常见的，它不同于群体的道德丧失。这种个体的生活类似于我们在前面描述过的那一类人，只不过他们的动机可能不同。在我们描述过的群体性的道德丧失的情况中，只要他们遭受了某种挫折或者想象自己遭受了某种挫折，就可以预知这些人的命运。对单一的个体而言，道理也是一样的。这一规律对简单的人与复杂的人的适用程度是一样的。儿童的自尊心受到的冒犯，他们对出洋相的恐惧，他们关于权力降低的感觉，以及他们想要获得权力的意愿，都成了他们偏离正常发展轨道的借口。这些儿童似乎正在寻找次级行动领域。在这里道德丧失通常体现为一种特殊形式的懒惰，我们既不能把它看作遗传而来的特质，也不能把它看作后天习得的坏习惯，而应该把它看作个体为避免自己接受考验而采取的手段。一个懒惰的儿童通常会拿自己的懒惰当借口，如果他考试失利了，那么错就错在他太懒。这样的儿童更喜欢把自己的失败归因于懒惰而不是无能。这样一来，就像一个有经验的罪犯那样，他被迫给出不在场证明，他必须在所有情况下都证明自己的失败是由懒惰导致的。他成功地做到了这一点。他的懒惰为他的失败打了掩护，从某个角度来说，这样做会保护他的自尊，因此他的心理处境会得到改善。

我们都知道德国学校的不足之处：教室太过拥挤，很多老师得不到充分的培训，有些老师对教学缺乏兴趣。因为老师的收入十分微薄，所以我们几乎不能对他们有更高的期待。但是这些学校最大的缺陷在于，学校的老师和领导通常都不怎么重视学生的心理发展。这也是目前的师生关系比生活中的其他关系更加无望的原因。如果一个学生犯了错误，他要么会被罚，要么会得低分。这类似于一个摔伤了的人去看医生，然后医生对他说："你骨折了，再见。"这确实不是教育的目的！大体上来说，儿童能够在这些可怕的情况下照顾好自己，并且发展下去，但是是什么造成了他们发展中的差距呢？儿童会一直向前，直到他们到达一个点，在这里，他们会因为自己的缺点而不得不停下来。即使是最好的儿童，要取得进步也是很困难的，经年累月地积累起来的困难会让他们痛苦不已。在这种痛苦的重压之下，有些儿童因为自己不能完成那些其他人已经完成的任务而产生了一种痛苦的感受，他们最终见证了自己的自尊心因为屡遭挫败而伤痕累累。当我们意识到这些时，我们感到十分悲伤。虽然很多人成功度过了这一阶段，但是仍旧有很多人选择了另外的道路。

这样一来，个体性道德丧失就通过像群体性道德丧失一样的方式发展起来。同样地，对道德丧失的个体而言，他们更容易感受到自卑、匮乏与屈辱。请让我在此处引用一个案例，案例的主人公是家里的独生子，他的父母花了很大的力气教育他。在他五岁的时候，父母外出时会把柜子锁上，他认为父母的这种做法是对自己的侮辱，于是他成功地弄到了一把"万能"钥匙，并且在柜子里乱翻一通。他之所以出于无奈做出这种行为，是因为他想获得独立。他通过敌视父母和社会法律来坚持自己的权力意志。即便到了十八岁，他依旧沉迷于家庭偷窃行为，虽然父母对其中的一些行为并不知情，但是他们认为自己对所有这一切都是知情的。父亲质问他："你这么做有什么用？你每次偷东西我都会知道的。"男孩骄傲地意识到，总有一小部分是父亲没有发现的，于是男孩继续偷窃，因为他确信只要别人觉察不到就没有问题。这个例子呈现了一种经常发生于儿童和父母之间的斗争，儿童会因此做出一些与社会道德准则相悖的行动。当这样的儿童长大成人之后，他们毫无疑问会继续使用这种心理保护机制去支持自己的错误行为，因为这样他们就可以在犯罪的时候免受良心的谴责。这个男孩的父亲是一个商人，虽然父亲不允许男孩参观工厂，但是男孩知道父亲从事链条制造行业。当男孩跟其他人交谈时，他说父亲对自己的抨击是不公平的，因为父亲跟自己做的事情是一样的，只不过规模更大而已。这个案例再次为我们提供了一个证据，那就是环境因素对儿童有着教育性的影响，而父母却往往忽略了这一点。

　　我再举一个来自普通家庭的例子。案例的主人公是个六岁的男孩。他是个私生子，当亲生父亲抛下他们母子俩后，母亲和他现在的继父结婚了，他便跟母亲一起住在现在的家里。他的继父是个脾气特别差的老头，尽管他对抚养孩子不怎么上心，但是他对自己的亲生女儿还不错。他会抚摸她并给她买糖果吃，而男孩就只能在旁边看着。一天，男孩的母亲无故丢了一大笔钱。不久之后，当她再次丢了钱时她才意识到这就是自己的儿子干的。男孩用这笔钱买了糖果来满足自己的口腹之欲。他偶尔也会将糖果与同伴分享，但目的是炫耀。这又是一个关于补偿行为的例子，男孩之所以转向次级行动领域，是因为他想在次级行动领域取得胜利，并且他会为了获得威望而不惜付出任何代价。这种偷窃行为已经发生过几次，男孩的继父为此没少揍他。我亲眼见过这个男孩，他身上布满了鞭痕、划痕等各种伤疤。虽然他受到了惩罚，但是父母希望他停止的偷窃行为却没有停止。男孩的母亲不怎么聪明，这让男孩有了可乘之机。但是没有几个母亲会在这种情况下表现得十分聪明。分析显示，邻村的一位老农妇曾经照顾过这个男孩，当她来到男孩所在的村子时，她总是让男孩跟自己待在一起，并且给他糖果吃。后来，当男孩的母亲结婚后，男孩和母亲一起来到了一个新环境中，男孩发现自己这时的处境比原来差多了。他的妹妹十分得宠并且有糖果吃，而且妹妹还很排斥他。继父关注的焦点全在妹妹身上。男孩在学校的成绩很好。我们发现，他开始寻找敌人的时候，正是他预谋反叛的时候，那么犯错几乎是不可避免的。在很多情况下，事实确实如此。道德丧失会让儿童采取报复性的行动，从而让他们在心理方面感到宽慰。

让我们再次强调一个事实，那就是除了个别例外的情况，道德丧失的个体所犯的罪行并不属于积极的、有勇气的类型，这再次说明这样的个体身上存在胆怯的特质。他们最常表现出来的罪行就是偷窃，而这往往是胆怯的人才会选择的犯罪方式。

如果我们既想明确地了解儿童与社会之间的关系，又想明确地了解儿童在社会中的位置，那么我们需要在头脑中牢记两件事。第一，他们的野心和虚荣心意味着他们渴望得到权力和优越感，因此他们会选择旁门左道而不是正常途径来获得威望。第二，他们与同伴之间的关系存在某些缺陷，他们不是好的伙伴，难以适应社会，用"占着茅坑不拉屎"的态度面对生活，并且他们很少接触外界。有时，毫无意义的假装和例行公事就是他们表达对自己人的爱的唯一方式。在很多情况下，他们连这些都懒得做，他们甚至会攻击自己的家人。他们这类人的社会情感是有缺陷的，他们不了解与自己的同伴接触的意义，并且认为别人对自己是有敌意的。他们身上经常表现出怀疑这一特质。他们的防卫心一直很重，担心别人占了自己的便宜。我经常听到这样的儿童声称自己为达目的可以不择手段，也就是说他们会不顾一切去获得优越感。怀疑渗透在他们所有的关系之中，这增加了人们与他们生活在一起的难度。由于他们对自己缺乏信任，因此他们便自动地发展出了怯懦这一伎俩。

我们现在要确认的问题是，这种对权力的渴望，这种有缺陷的社会意识是不是由多种因素导致的呢？我们可以明确地回答"不是"，因为它们代表同一种心理态度的两个方面。如果个体渴望得到权力，那么他必然会牺牲合作感，因为被追求权力的欲望所占据的个体只会想着自己以及自己的权力和威望，而完全不会考虑他人。如果个体成功地发展出了合作感，那么他就得到了防止自己变得道德丧失的最好保障。

在一个充斥着道德丧失现象的时代，我不清楚我们能够做些什么。很明显，立刻开始行动是既正确又妥当的做法。即使在完全和平的年代，我们也很难有效控制犯罪。在通常情况下，我们只能实施惩罚，震慑民众，但是这样做无法从根本上解决问题。这样做只是让我们与道德丧失的人保持了距离。如果用一种情形描绘他们的可怕命运，那么你会看到以下一幕：孤独驱使他们犯罪，他们仅仅因为自己与他人失去联系而成了罪犯，然后他们进一步成了惯犯。举个例子，在审问的过程中，将道德丧失的个体与其同类人或者罪犯聚集在一起是一件十分愚蠢的事情。

我们必须重视没有被发现的犯罪活动，它们大约占所有犯罪活动的百分之四十。在道德丧失的群体中，未被发现的犯罪活动的占比更高。在不久之前，一个年轻的杀人犯被判了刑，他的律师知道这是他第二次试图杀人。当罪犯见到彼此时，他们会谈论自己有多少次逃过了法律制裁，这自然而然地增加了我们对抗犯罪的难度，并且这通常会让罪犯鼓起勇气继续犯罪。

在社会采取的态度中，我们也可以觉察到邪恶的存在。在德国，法官和警察经常漫无目的地工作，他们通常将注意力放在表面问题而非根本原因或者决定性因素之上。为了改善这种处境，我们首先要做的就是建立一个不同以往的更加人性化的人事部门。我们应该设立专门的机构来照顾这些道德丧失的儿童，以便他们能够重新回归生活。设立这种机构的目的不是将他们排除在社会之外，而是让他们更适应社会。只有当我们完全了解他们的特点时，这一点才能实现。如果随便找一个热衷于进行政治保护的人，比如退休的军官或者陆军中尉来担任这种机构的主导者，这不见得会产生什么好的效果。只有一种人适合这个职位，那就是拥有强烈的社会意识，并且对人们托付自己照看的人十分了解的人。我的理由中包含了一个重点，那就是在一个"他者皆敌人"的文明中，我们是无法根除犯罪现象的。因为道德丧失和犯罪是个体为了生存而进行斗争的副产品，这一点在工业化的文明中特别明显。这种斗争的阴影很早就笼罩着儿童的心灵，它破坏了他们原本的宁静，促使他们渴望变得强大，但这（反而）让他们变得胆怯并失去合作的能力。

为了防止犯罪现象变得更严重，我们需要采取一种治疗性的教育方法。这样一种方法目前还不存在，这确实让人匪夷所思。现在，真正理解这个问题的人很少，所有能够找到方法解决这个问题的人都应该积极参与进来。这种专门的机构可以作为一种信息交换中心存在，它提供的信息可以帮助人们防治和对抗犯罪现象。

另外，我们也要设立以提供建议为主的机构，以便处理较轻的案例。对于更严重的案例，患者的家属必须参与进来，为治愈患者提供一些建议和方法，因为患者自己可能永远也给不出合适的建议。

　　总之，教师应该熟悉个体心理学以及相关治疗性的教学法，以便在一开始就能够辨认出孩子颓废的迹象，从而为青少年提供有用的干预，最终圆满而周到地将危险扼杀在萌芽之中。我们也应该成立示范学校来对全体教师进行实践教育。

　　　　　　　　　　（本章内容是作者于一九二〇年四月发表的演讲）